Margaretha Kopeinig

JEAN-CLAUDE JUNCKER

Der Europäer

unter Mitarbeit von Sabine Edith Braun

mit einem Vorwort von Martin Schulz

GEGRÜNDET
1999

Margaretha Kopeinig

JEAN-CLAUDE JUNCKER

Der Europäer

unter Mitarbeit von Sabine Edith Braun

mit einem Vorwort von Martin Schulz

Czernin Verlag, Wien

Gedruckt mit Unterstützung der Stadt Wien MA 7/ Kultur – Wissenschafts- und Forschungsförderung

Kopeinig, Margaretha: Jean-Claude Juncker.
Der Europäer / Margaretha Kopeinig
Wien: Czernin Verlag 2014
ISBN: 978-3-7076-0508-2

Coverfoto: Simela Pantzartzi / EPA / picturedesk.com
Umschlaggestaltung: sensomatic
Satz: Burghard List
Druck: Druckerei Theiss GmbH, A-9431 St. Stefan
ISBN Print: 978-3-7076-0508-2
ISBN E-Book: 978-3-7076-0509-9

INHALT

VORWORT

von Martin Schulz

Am 15. Juli wählte das Europäische Parlament Jean-Claude Juncker mit großer Mehrheit zum Kommissionspräsidenten – ein historischer Tag, der die Demokratie und den Parlamentarismus in Europa nachhaltig stärken und die EU verändern wird.

Jean-Claude Juncker hat ein starkes Mandat vom Parlament erhalten, dem eine breite Unterstützung im Europäischen Rat vorausgegangen ist. Das kann, muss und wird ihn stärken bei der Bewältigung der großen vor uns liegenden Herausforderungen. Er verfügt über einen Rückhalt, wie ihn in dieser Form noch kein Kommissionspräsident vor ihm hatte.

Seiner Wahl vorausgegangen war ein Prozess, wie ihn Europa bisher nicht kannte. Bei der Europawahl 2014 ging es um nichts Geringeres als um den Aufbau einer echten transnationalen Demokratie. Die Wahl war eine Zeitenwende in der demokratischen Entwicklung Europas. Erstmals waren mehr als 400 Millionen Wähler zur Wahl aufgerufen – um mit ihrer Stimme auch darüber zu entscheiden, wer Präsident der EU-Kommission wird. Ein Experiment, das es in der Geschichte noch nicht gegeben hat.

Was auf der nationalen Ebene als normal und selbstverständlich gilt – nämlich die Exekutive nach einer Wahl einzusetzen, sie in ihrer Arbeit durch die Gesetzgebung zu beauftragen und die Durchführung dieser Arbeit zu überwachen –, fehlte auf europäischer Ebene bislang. Eine überwältigende Mehrheit etwa im Europäischen Parlament hatte dies vor der Europawahl bemängelt und daraus die Konsequenz gezogen, dass nur jemand an die Spitze der nächsten Kommission gelangen soll, der sich zuvor als Kandidat bei den Bürgerinnen und Bürgern vorgestellt und um ein Mandat beworben hat.

– Das nennt man „Spitzenkandidat". Dieses Wort hat Eingang auch in viele andere europäische Sprachen gefunden. Es ist ein europäisches Wort geworden.

Die großen Parteien traten mit gesamteuropäischen Spitzenkandidaten, gesamteuropäischen Programmen und gesamteuropäischen Wahlkampagnen an. Es gab einen echten Wahlkampf mit Köpfen und Konflikten, jeder Kandidat stellte sein Programm vor und verteidigte es in mehreren TV-Duellen, die in ganz Europa ausgestrahlt wurden.

Die verschiedenen Spitzenkandidaten wurden in einem europäischen Verfahren von europäischen Parteien unter Mitwirkung von 27 Regierungschefs nominiert; die Konservativen kürten ihren Kandidaten in Dublin, die Sozialdemokraten in Rom, die Liberalen in Brüssel, die Linken in Madrid, die Grünen per Online-Abstimmung. Die Spitzenkandidaten zogen mit dem Anspruch, Kommissionspräsident zu werden, in den Wahlkampf. Die Menschen hatten damit eine echte Wahl zwischen echten Alternativen, zwischen Spitzenkandidaten und ihren Programmen für die Zukunft der EU. Eine solche Auseinandersetzung kennen wir alle aus nationalen Wahlkämpfen. In Europa gab es sie bislang nicht.

Beendet wurde mit der Europawahl 2014 nicht zuletzt die unselige Praxis, dass die Staats- und Regierungschefs das Amt des Kommissionspräsidenten hinter verschlossenen Türen auskungeln und ihren erstaunten Untertanen nach geheimen Beratungen einen Kommissionspräsidenten vorschlagen, dessen Namen buchstäblich niemand in Europa vorher auf dem Zettel hatte.

Weil es gelang, dass der neue Kommissionspräsident aus einer öffentlichen Wahl hervorging und er seine Legitimation vor allem aus einer Mehrheit im Europaparlament erlangte, ist es gerechtfertigt, von einer demokratischen Zeitenwende in Europa zu sprechen. Denn wir bewegen uns mehr und mehr in Richtung eines europäischen Parlamentarismus und eines transnationalen Gewaltenteilungsmodells.

Das wird Europa stärken – und ich bin sicher, dass wir damit auch ein Stück verloren gegangenes Vertrauen zwischen Europa, seinen Institutionen und den Menschen zurückgewinnen können. In den vergangenen Jahren ist viel Vertrauen in Europa und seine Institutionen verloren gegangen. Viele begegnen Europa mit Desinteresse und Gleichgültigkeit, ja wenden sich von Europa ab. Die Gründe hierfür sind vielfältig. Unbestritten ist jedoch, dass vielen Menschen Europa als zu abstrakt, als zu weit weg erscheint, als eine Macht, auf die der Einzelne keinen oder nicht ausreichend Einfluss nehmen kann. Die Politik muss dieses Gefühl ernst nehmen und Abhilfe schaffen, denn mangelndes Vertrauen in das Projekt Europa zerstört dessen Fundament und Legitimität. Wenden sich Menschen von einem Projekt, von einer Idee ab, dann geht dieses Projekt seinem Ende entgegen.

Im Vorfeld der Europawahl wurde eine Vielzahl an Einwänden formuliert, die einer genauen Analyse jedoch nicht standhalten; zu sehr waren sie aktuellen institutionellen Strukturen und Verfahren verhaftet: So wurde postuliert, dass die europäischen Spitzenkandidaten nicht „automatisch" die Anwärter für den nächsten Kommissionspräsidenten seien. Weiterhin wurde behauptet, das Aufstellen gemeinsamer europäischer Spitzenkandidaten sei Wählertäuschung, weil man nur Kandidaten auf den nationalen Listen wählen könne und die europäischen Spitzenkandidaten auf keiner europäischen Wahlliste auftauchten.

Diese Einwände übersahen in ihrer zwanghaften Ablehnung des neuen Verfahrens das Offensichtliche: dass in parlamentarischen Demokratien nicht „automatisch" die Spitzenkandidaten das Amt des Regierungschefs erhalten, sondern dass dieser Anspruch in einer jahrzehntelangen Praxis eingeübt wurde und sich allein daraus ergibt, dass es ein Hohn für die Demokratie wäre, wenn nicht einer der zur Wahl stehenden Kandidaten das Amt bekäme, für das er nominiert und von den Bürgern gewählt wurde, sondern eine willkürlich bestimmte dritte Person. Gleiches gilt für die europäische Ebene. Wäre keiner der Spitzenkandidaten Kommissionspräsident geworden, hätte die europäische Demokratie nicht wiedergutzumachenden Schaden genommen.

Richtig ist, dass europaweit die Wahlbeteiligung mit 43 Prozent in etwa gleich geblieben ist und dass das Modell Spitzenkandidat nicht überall funktioniert hat. Während in Deutschland, Griechenland, Großbritannien, Schweden, Finnland und Litauen teilweise deutlich mehr Menschen an die Urne gegangen sind, ist in anderen Ländern die Wahlbeteiligung auf ein erschreckend niedriges Niveau gesunken. Auch wenn diese Tatsache alarmierend ist, darf eine niedrige Wahlbeteiligung nicht als Argument herangezogen werden, um politische Legitimität grundsätzlich zu verneinen. Täte man dies, würde man auch so manchem Ministerpräsidenten, Landrat oder Oberbürgermeister in den Mitgliedstaaten seine Legitimität absprechen.

Eines ist klar: Alle Versuche, das Rad zurückzudrehen und über den Kommissionspräsidenten in Zukunft wieder am Votum der Menschen vorbei zu entscheiden, sind zum Scheitern verurteilt. Die Geschichte lehrt, dass Parlamente sich ihre Rechte und die der Menschen erkämpfen müssen – und dass sie sich einmal erkämpfte Rechte nicht wieder nehmen lassen.

Ich bin fest davon überzeugt, dass bereits weit vor den nächsten Europawahlen 2019 eine europaweite intensive Debatte einsetzen wird, wer für die unterschiedlichen Parteien als Kandidat und Kandidatin für das Amt des Kommissionspräsidenten antreten wird, und dass das Kandidatenkarussell voll besetzt sein wird. Und ich bin überzeugt, dass der Wahlkampf 2019 noch europäischer werden und eine noch größere europäische Dimension haben wird.

Mit der Europawahl 2014 und der sich anschließenden Wahl Jean-Claude Junckers zum Kommissionspräsidenten sind wir einen immensen Schritt zu einem demokratischeren Europa gegangen.

Natürlich funktionierte dieser neue Prozess nicht ohne Reibung, allein deshalb, weil mit ihm eine Neuordnung verbunden war. Manche haben an Einfluss eingebüßt – aber die Bürger haben erhebliche Macht dazugewonnen.

Martin Schulz, Präsident des Europäischen Parlaments

EINLEITUNG

„Ich glaube, wir haben irgendwann in Europa den Moment verpasst, wo man die europäische Erzählung ändern muss. Man muss Europa existenziell erklären: als Haus, in dem es keinen Krieg mehr gibt, und in dem man zusammensteht, weil wir immer weniger werden. Anfang des Jahrhunderts machten die Europäer noch 20 Prozent der Weltbevölkerung aus, Ende des Jahrhunderts werden es noch vier Prozent sein.“[1]

Ist ein Politiker seit Jahrzehnten im Geschäft, kann man seine Erfahrungen würdigen oder ihn als Vertreter des Establishments kritisieren. Auf Jean-Claude Juncker trifft beides zu. Aber: In Europa gibt es nur wenige Politiker, welche die Brüsseler Institutionen, die Mechanik der Macht, so gut kennen wie der langjährige Luxemburger Ministerpräsident und Euro-Gruppen-Vorsitzende. Und es gibt auch nicht viele Persönlichkeiten wie Juncker, die in einer Zeit der verbreiteten Skepsis und Entfremdung vieler Bürger gegenüber der EU dem europäischen Projekt so viel Enthusiasmus, Leidenschaft und Kompetenz widmen wie der neue Kommissionspräsident.

Die Fähigkeit, den Menschen das europäische Projekt und seine Bedeutung näherzubringen, hat mich als Journalistin, die sich seit vielen Jahren mit Fragen der EU beschäftigt, bewogen, Jean-Claude Juncker als europäischen Politiker zu beobachten. Ich begegnete ihm zum ersten Mal Anfang der Neunzigerjahre in Brüssel. Es war eine Sitzung des Wirtschafts- und Währungsausschusses, Juncker war damals luxemburgischer Finanzminister. Nach der Sitzung stellte er sich ohne Politiker-Attitüde den Fragen der Journalisten. Seither habe ich etliche Interviews mit ihm geführt und mich immer wieder gefragt, was ihn veranlasst, europäische Integrationsschritte wie die gemeinsame Währung, die Erweiterung oder den Aufbau einer gemeinsamen Außen-, Sicherheits- und Verteidigungspolitik so engagiert zu fordern und zu verteidigen – oft gegen den erbitterten Widerstand seiner Kollegen …

Jahre später – Juncker war Ministerpräsident und der Euro als Zahlungsmittel bereits eingeführt – habe ich beschlossen, ein Buch über ihn zu schreiben.[2] Einige Karrierestufen weiter ist es nun an der Zeit, das Buch zu aktualisieren.

Was dem Leser hier vorliegt, ist eine überarbeitete Zusammenfassung der ersten Auflage, erweitert um die Politik Junckers als Euro-Gruppen-Vorsitzender, die Entwicklung der EU in den vergangenen Jahren, das Krisenmanagement sowie die Dokumentation des zum Teil mühsamen Weges bis zur Kür des Präsidenten der Europäischen Kommission. Das Buch ist keine Biografie, sondern eine Beschreibung europäischer Politik und Entscheidungsprozesse, an denen Juncker substanziell mitgewirkt hat und die daher von ihm entscheidend geprägt worden sind. Biografische Hinweise dienen als Hintergrund zum besseren Verständnis bestimmter inhaltlicher Positionen. Die aktuellen Ereignisse konnten bis zum 8. September 2014 (Redaktionsschluss des Buches) berücksichtigt werden.

Jean-Claude Junckers Trumpf, die Brüsseler Behörde zu führen, ist seine Überzeugung, dass sich Europa nur durch gemeinsame Projekte, durch Kompromisse und durch eine Allianz gegen Rechtsextreme und populistische Kräfte weiterentwickeln kann. Schon seine Wahl gilt als demokratiepolitischer Fortschritt, auch wenn manche von einem „stillen Coup in der Verfassungswirklichkeit der EU"[3] sprechen: Erstmals konnten die Stimmberechtigten bei der EU-Wahl auch über den Spitzenkandidaten für den Kommissionspräsidenten mitbestimmen.

Nun steht Jean-Claude Juncker vor der Aufgabe, das europäische Staatenbündnis nicht nur zusammenzuhalten, sondern weiterzuentwickeln. Die Briten drohen mit Austritt, Nord- und Südstaaten entfernen sich immer weiter voneinander, Regionen wollen unabhängig werden, Frankreich und andere Länder müssen ihre Budgetdefizite reduzieren. Einige wollen die Sparvorschriften, den sogenannten Stabilitäts- und Wachstumspakt, lockern, für andere stellt er generell ein rotes Tuch dar. Trotz leichter wirtschaftlicher Erholung ist die Arbeitslosigkeit immer noch extrem hoch, Kriege in Europas unmittelbarer Nachbarschaft gefährden die Sicherheit und Stabilität, auch für die Flüchtlings- und Migrationsfrage gibt es keine befriedigende Lösung. Juncker muss außerdem gegen Steuerbetrug und Finanzspekulationen vorgehen, die nicht nur der Ökonomie schaden, sondern auch die Moral der Gesellschaft unterminieren.

Nicht nur deshalb wird die Position des Kommissionspräsidenten in den nächsten Jahren wichtiger; er muss auch die Balance zwischen den EU-Institutionen wiederherstellen. Darüber hinaus gilt es das Gleichgewicht zwischen einem selbstbewussten Europäischen Parlament und einem machtbewussten Europäischen Rat zu finden. Um den Menschen eine Perspektive und Hoffnung zu geben, wird Juncker kreative Konzepte gegen die Krise finden müssen. Er wird neue Regulierungen verlangen oder bestehende lockern – die Kommission darf als einzige EU-Institution vorschlagen. Jetzt muss Juncker sein Versprechen wahr machen, eine politische Kommission zu führen.

Die jahrzehntelange nötige Erfahrung im politischen Geschäft hat er: Als Euro-Gruppen-Chef hat er alle wesentlichen Entscheidungen zur Euro-Rettung und zur Krisenpolitik mitentworfen, er hat die Troika geschaffen und die deutsche Austeritätspolitik mitgetragen. Sein Ton den Schuldenländern gegenüber war dabei stets von Respekt getragen.

Will Juncker ein Kommissionspräsident für alle sein, wird er glaubwürdig für europäische Ziele eintreten müssen. Die Zeit, in der er als luxemburgischer Regierungschef knallhart für nationale Interessen – etwa bei den Steuern oder beim Informationsaustausch über Kontodaten von EU-Bürgern – kämpfen konnte, sind vorbei.

Damit der Neustart gelingt, muss der Christdemokrat Zeichen setzen. „Eine Revolution steht nicht auf der Tagesordnung“, skizziert er bei seiner Wahlrede im Europäischen Parlament in Straßburg. Er betont, dass Europa nicht gegen die EU-Staaten gebaut werden könne und dass er die Nationen nicht für eine temporäre Erscheinung der Geschichte halte.[4] Juncker will keinen Bruch mit den Mitgliedsländern, als Kommissionschef wird er sich von den Hauptstädten aber emanzipieren müssen, um seine Ziele verfolgen zu können. Sein Vorgänger José Manuel Barroso hat das nicht gemacht, sich immer wieder Handlungsanleitungen vornehmlich in Berlin geholt – und so die Rolle der EU-Institution missachtet.

Die Europäische Union braucht die Kommission wieder als Motor der Entwicklung und des Fortschritts. Juncker setzt gegen das Vorgehen der nationalen Regierungen, die sich alles untereinander ausmachen wollen, die Gemeinschaftsmethode und stützt sich dabei auf das Europäische Parlament. Plenum und Gemeinschaftsmethode sind die Prinzipien der EU-Politik, die Argwohn, Ablehnung und Kritik bei EU-Skeptikern hervorrufen. Europas Zukunft und die Handlungsfähigkeit der Juncker-Kommission werden an den Rändern der EU entschieden; in Großbritannien mit seinem angekündigten Austrittsreferendum und den europaskeptischen und europafeindlichen rechten und linken Rändern des politischen Spektrums.

Wie Junckers Vorbild, Jacques Delors, gefordert hat, müsse Europa die enttäuschten Bürger durch Leistung, durch konkrete Projekte, die ihnen nützen, überzeugen – und nicht durch Personal- oder andere Querelen. „‚Brüsseler Bürokratie‘ ist heute der Begriff, unter den immer wieder generell subsumiert wird, was […] Kritik, Ressentiment oder Wut auslöst“, schreibt der Schriftsteller Robert Menasse in seinem „Europäischen Landboten“. Juncker wird die Kommission modernisieren und menschennäher machen müssen.

Junckers Antreten als Spitzenkandidat beziehungsweise das System der Spitzenkandidaten hat die EU bereits verändert: Das zeigt eine Eurobarometer-Umfrage vom Sommer 2014. Die Menschen vertrauen der EU wieder. Demnach sind 42 Prozen der Befragten der Ansicht, dass „ihre Stimme in der EU zählt".[5] Das ist ein Zuwachs von elf Prozentpunkten binnen sechs Monaten – und der höchste je gemessene Wert. Die Bürger schätzen den Einfluss auf die Entscheidung, wer neuer Chef der EU-Kommission wird. Die Umfrage zeigt auch, dasss sich 65 Prozent der Befragten als „EU-Bürger" fühlen. Spürbar gewachsen ist auch die Zustimmung zum Euro. 55 Prozent sind der gemeinsamen Währung gegenüber positiv eingestellt. Der seit Anfang 2010 zu beobachtende Trend zu immer niedrigeren Vertrauenswerten ist gestoppt. In den Ländern der Eurozone sind die Werte beachtlich höher.

Die Erwartungen an Juncker sind groß: Wenn er an seinem Baustück Europa weiterarbeitet wie bisher, kann der Kandidat, der am Beginn selbst nicht wollte, und den dann so lange andere nicht wollten, der richtige Mann für den höchsten Posten der EU sein – und von der 13. Etage des Berlaymont-Gebäudes in Brüssel die Europäische Union lenken.

Wien, im September 2014

EU-WAHL 2014: UND DER WAHLSIEGER HEISST: ... – JEAN-CLAUDE JUNCKER!

25. Mai 2014: Das Wetter ist prächtig. Die meisten EU-Staaten wählen an diesem Sonntag, einige Länder haben den Urnengang schon hinter sich. Die Resultate aller 28 Mitgliedsländer werden nach dem Schließen der letzten Wahllokale in Italien erst Sonntagnacht bekannt gegeben.

Die Spitzenkandidaten der beiden großen europäischen Parteien, Jean-Claude Juncker und Martin Schulz, wählen in ihren Heimatgemeinden: der Christdemokrat Juncker in Capellen, der Sozialdemokrat Schulz in Würselen bei Aachen. Laut EU-weiten Umfragen liegt die Europäische Volkspartei voran.

Trotz des Spitzenkandidaten-Systems, der Fernsehduelle und einem EU-weiten Wahlkampf gehen nicht mehr Menschen zur Wahl als beim letzten Urnengang 2009. Im Schnitt geben nur 42,54 Prozent der EU-Wähler ihre Stimme ab – damit liegt der Wert leicht unter der Beteiligung von 2009 (43 Prozent).[6] Im Laufe des Nachmittags werden erste Trends veröffentlicht: Die EVP liegt – trotz Verlusten – vor den Sozialdemokraten. Noch vor der Veröffentlichung der vorläufigen Wahlergebnisse der einzelnen Staaten gegen 23.00 Uhr am Wahlsonntag beherrschen Begriffe wie „Erdbeben", „Schock" und „Vertrauensverlust" die Gespräche im Europäischen Parlament in Brüssel. Warum? – Ein Rechtsruck erschüttert die EU: In Frankreich, Dänemark und Großbritannien liegen rechtsextreme, rechtspopulistische beziehungsweise EU-feindliche Parteien auf Platz eins. In Griechenland hingegen ist die linkspopulistische Syriza-Partei der Wahlsieger. Das Erstarken der Rechten sowie der Europa-Gegner wird die Christdemokraten und Sozialdemokraten noch enger zusammenschweißen: Eine Große Koalition auf europäischer Ebene zeichnet sich ab.

Jean-Claude Juncker begibt sich noch am Sonntagnachmittag auf den Weg nach Brüssel; mit Kommentaren hält er sich zurück, aber er macht klar, dass die stimmenstärkste Partei im EU-Parlament den Nachfolger von José Manuel Barroso stellen muss. Martin Schulz will sich am Wahlabend noch nicht geschlagen geben, noch hängt er seinem großen Traum nach, Kommissionspräsident zu werden. Eine Parteienvereinbarung vor der Wahl hält allerdings fest, dass die stärkste Fraktion das Vorrecht bei der Suche nach einer Mehrheit für den Kommissions-Chefposten im Parlament hat. „Das ist der Automatismus der Demokratie", sagt in Berlin der SPD-Chef und Vizekanzler Sigmar Gabriel. Es ist ein Appell an Schulz, der ihn letztendlich zum Umdenken zwingt – aber noch nicht sofort.

Die Stimmung im Europäischen Parlament am Wahlabend gleicht der einer Trauerfeier. Jetzt ist Ursachenforschung für das Erstarken der Rechten und der Europa-Gegner angesagt. Auf einer riesigen Video-Wand am Place du Luxembourg direkt vor dem Parlamentsgebäude werden die Resultate aus allen Ländern übertragen.

Der Vorsprung der Europäischen Volkspartei auf die Sozialdemokraten ist weiter geschrumpft. In der Legislaturperiode 2009 bis 2014 stellte die EVP 265 Abgeordnete, die Sozialdemokraten kamen auf 184. Der EVP-Vorsprung von 81 Mandaten schrumpft nach der Wahl 2014 auf 30.

EU-kritische und EU-feindliche Parteien haben ab 2014 mehr Abgeordnete als je zuvor: Mehr als 200 Parlamentarier stellen die Europa-Gegner aller Lager und Schattierungen in der Legislaturperiode bis 2019. Rund 70 Abgeordnete davon fallen auf weit rechts stehende Parteien, wie eine Zählung des Europäischen Netzwerks gegen Rassismus ergibt. Das ist ein Zuwachs von 40 Prozent im Vergleich zur vorangegangenen Legislaturperiode.

Für die Abgeordneten solcher Parteien bedeutet das mehr Einfluss und auch mehr Redezeit. Eine eigene Rechtsfraktion, angeführt von der Chefin des Front National Marine Le Pen, kommt nach langem

Ringen nicht zustande. Zwei Kriterien müssen für die Bildung einer Fraktion im EU-Parlment erfüllt sein: Erstens braucht es 25 Abgeordnete aus sieben verschiedenen Ländern. Die Rechtsfraktion scheitert formal daran, dass die Länderzahl nicht erreicht wird, weil Parteien aus Osteuropa abspringen. Aber auch inhaltlich gibt es Differenzen. Generell ist es für nationale Parteien schwierig, eine europäische übernationale Fraktion zu bilden. – Denn genau das ist der größte Widerspruch zu ihrer Ideologie und ihrem Selbstverständnis.

Am Tag nach der EU-Wahl steht nun zwar Jean-Claude Juncker als Sieger fest, doch zum Feiern ist ihm nicht zumute. Ob er von den Staats- und Regierungschefs bei ihrem Sondergipfel am 27. Mai offiziell zum Kandidaten für den Kommissionspräsidenten vorgeschlagen wird, ist nach wie vor offen. Deutschlands Bundeskanzlerin Angela Merkel ist zurückhaltend: „Wir brauchen intensive Gespräche, und die haben noch nicht einmal begonnen.“[7] Im Hintergrund baut sich eine Abwehrfront gegen Juncker auf. Mehrere Länder – Großbritannien, Ungarn, die Niederlande, Schweden und Finnland – haben Zweifel an dem System zur Wahl des Spitzenkandidaten angemeldet und wollen Juncker nicht unterstützen. Seit dem Vertrag von Lissabon ist Einstimmigkeit im Kreise der 28 Regierungschefs allerdings nicht mehr nötig.

Martin Schulz will seine Niederlage noch nicht eingestehen. Beflügelt durch das gute Wahlergebnis der SPD in Deutschland kündigt er an, in den anderen Fraktionen für sich zu werben. Erst als er merkt, wie sehr sein Beharren an der eigenen Glaubwürdigkeit kratzt, beginnt er konstruktive Gespräche mit Juncker und dessen Partei zu führen.

JUNCKER: SEINE HERKUNFT, SEIN POLITIKVERSTÄNDNIS

Jean-Claude Junckers Politikverständnis ist ganz wesentlich durch seine Herkunft, durch sein soziales Umfeld, durch seine Familie geprägt.

Als Jean-Claude Juncker am 9. Dezember 1954 in der kleinen Gemeinde Redingen in Luxemburg zur Welt kommt, ist der Zweite Weltkrieg seit einem knappen Jahrzehnt vorbei; die Europäische Gemeinschaft für Kohle und Stahl (EGKS), eine Vorgängerorganisation der Europäischen Union, ist gerade einmal zwei Jahre alt. Den Krieg kennt Juncker nur aus den Erzählungen des Vaters, der als Soldat der deutschen Wehrmacht an der Ostfront im Einsatz war und dabei schwer verwundet wurde.

„Die deutsche Besatzung war eine nationale Zäsur. Krieg, Konzentrationslager und Zwangsrekrutierungen: Die Jahrgänge 1920 bis 1927 wurden in die Wehrmacht eingezogen. Mein Vater wurde gezwungen, in den Krieg zu ziehen. Er kam an die Front nach Russland, wo er sich schwere, heute noch sichtbare Kriegsverletzungen zuzog. Der Krieg war eine Zäsur im Leben meines Vaters. In meiner Jugend hat er kaum etwas erzählt, auch seine Brüder nicht. Das tut er mittlerweile stärker, weil er glaubt, mir das zumuten zu können."

Die Erzählungen Jos Junckers prägten das Politikverständnis des Sohnes: Sein leidenschaftliches Engagement für Europa wurzelt in den schrecklichen Erfahrungen, die seine Familie im Krieg machen musste. „Die Vorgänge in der Geschichte, die von wenigen ausgelöst wurden und viele betrafen, ganzen Generationen die Jugend nahmen, das hat mich immer sehr beschäftigt." Junckers Antwort zum Thema Krieg ist eindeutig: „Nie wieder!"

Konkret wird diese Forderung in der Bereitschaft der einzelnen Länder, sich freiwillig immer stärker zusammenzuschließen, nationale Souveränität an europäische Institutionen abzugeben und für gemeinsame Werte wie Offenheit und Toleranz einzustehen – als konstitutive Elemente des Zusammenlebens in Europa. Auch dieses Streben nach einer demokratischen Ordnung, die Unterstützung für soziale Gerechtigkeit, für Chancengleichheit, die Überwindung von Armut und das Gebot von Fairness wurzeln in Jean-Claude Junckers Familie – und in frühesten Kindheitserfahrungen.

Juncker wächst in Belvaux auf, einer Arbeitersiedlung in der Gemeinde Sanem mit etwas mehr als 13 000 Einwohnern. Es liegt im Kanton Esch-Uelzecht, dem südlichsten und bevölkerungsreichsten Kanton des Großherzogtums. Dort ist sein Vater Jos Juncker in einem der großen Stahlwerke des Landes angestellt. Auch viele italienische und portugiesische Gastarbeiter sind hier beschäftigt.

Der kleine Jean-Claude nimmt am Leben der eingewanderten Familien und der Schwerarbeiter in der Stahlindustrie regen Anteil. „Man wächst auf mit der Systematik des Schichtwechsels und lebt den Drei-mal-acht-Stunden-Rhythmus: von morgens um sechs bis nachmittags um 14 Uhr. Dann von 14.00 bis 22.00 Uhr, und von 22.00 Uhr bis sechs Uhr." Das Sirenengeheul, das den Schichtwechsel anzeigte, hat Juncker noch im Ohr. „Das ist der Rhythmus von Kindheit und Jugend. Man kann sich dem überhaupt nicht entziehen. Man sieht das ja auch im Straßenbild. Wenn die Menschen zur Arbeit fahren, ist plötzlich viel Verkehr – und dann bricht er wieder ab."

Aus seiner Herkunft hat Jean-Claude Juncker nie ein Hehl gemacht. „Man kann nicht 25 Jahre hinter einem Stahlwerk wohnen, ohne sich mit der sozialen Frage zu beschäftigen. Das geht ja nicht."

Junckers Zielstrebigkeit und Disziplin sowie das „Erbe" seiner Familie – im Besonderen das seines Vaters – bestimmen nachhaltig sein Leben: das christlich-soziale Umfeld ebenso wie die Besuche von Gewerkschaftstreffen und Parteiveranstaltungen an der Seite des Vaters.

Der Vater – während seines ganzen Arbeitslebens in der christlich-sozialen Gewerkschaft engagiert – exerziert die soziale Einstellung praktisch vor und prägt auch Junckers eigenen Umgang mit Menschen: „Das waren unendlich viele Begegnungen. Ich nahm am Gewerkschaftsleben und am christlich-sozialen Parteileben teil. Ich habe als Jugendlicher mit sehr vielen Politikern geredet, aus allen Parteien."

Nicht nur Junckers Vater, fast alle seiner elf Geschwister sind Mitglieder der Christlich-Sozialen Volkspartei oder Mitglieder der Gewerkschaft.

„Das Soziale ist tief in mir verwurzelt", sagt Juncker. „Ich war immer der Meinung und bin es heute noch, die Welt ist nicht gerecht. – Sie ist nicht gerecht", setzt er nach. „Die internationale Wirtschaftsordnung ist nicht gerecht. Es gibt die Kleinen und die Großen, diejenigen, die etwas haben, und die, die nichts haben. Diejenigen, die sich alles leisten können, und die, die sich nichts leisten können. Und es gibt die, die sich ein bisschen etwas leisten können und noch dazu denken, sie hätten das jenen zu verdanken, die sich alles leisten können, nur weil die gnädigerweise auf etwas verzichten."

Die diskreteste, aber wirkungsvollste Machtausübung, die es gibt, kultiviert Jean-Claude Juncker bereits in der Kindheit. Wird in der Schule – einem Jesuiteninternat in Clairefontaine in Belgien – Fußball gespielt, ist er der Kapitän der Mannschaft.

Geht es darum, der Schulleitung im Auftrag der Klasse etwas mitzuteilen oder mit ihr zu verhandeln, ist es wieder: Juncker. „Ich glaube, ich wollte das auch tun. Ich habe den Eindruck – und so beschreiben mich auch andere, die mit mir in der Schule waren –, dass ich immer gerne Menschen um mich geschart habe, um etwas zu tun. Ich habe kaum jemals etwas alleine getan. Ich hatte immer die Idee, was die Gruppe tun sollte."

Lenken und gestalten, das hat Juncker früh gelernt. Doch erst langsam wächst der Wunsch in ihm, Politiker zu werden. „Das hat sich entwickelt, so wie tausend Fäden, die langsam zu einem dicken Seil zusammenwachsen. Ich bewundere immer die, die genau wissen, wieso und weshalb sie Politik machen. Bei mir ist das langsam entstanden. Im Übrigen mag ich den Ausdruck ‚Politik machen' nicht. Politik ist gestalten. Aber ich kann ja nicht sagen, ich bin Politik-Gestalter."

Dieser Gestaltungswille – man könnte auch sagen: das Streben nach ganz oben und der Wille zur Macht – lässt sich am anschaulichsten verdeutlichen durch eine Episode aus Junckers Zeit als junger Staatssekretär. Seine erste Dienstreise führt ihn an der Seite von Arbeitsminister Jacques Santer zu einer informellen Sitzung der Arbeitsminister der EU nach Bonn. Das Abendessen findet im internationalen Klub *La Redoute* statt. Der Gastgeber: BRD-Sozialminister Norbert Blüm. Juncker will ihn begrüßen; doch in dem Moment, in dem er den Saal betritt, packen ihn vier Hände – vier GSG-9-Hände – und machen ihm unmissverständlich klar: Die Fahrer essen in dem Raum nebenan!

20 Jahre später, bei einer Rede in der *Redoute*, schildert Juncker diese Begebenheit und gesteht, sich damals vorgenommen zu haben, „eines Tages als Ministerpräsident unbehelligt diesen Saal zu betreten".[8]

Wann immer er kann, besucht Jean-Claude Juncker seine Heimatgemeinde Belvaux. „In diesem Ort ist das Stahlwerk – und die Arbeiter-Romantik, im guten Sinne des Wortes. Hier fühle ich mich getragen." Und hier leben noch heute sein Vater und seine Mutter. Auch wenn er über seine Mutter, Marguerite Hecker, seltener spricht als über seinen Vater („ich habe beide immer als Eltern begriffen, nicht getrennt als Vater oder Mutter") – es liegt große Bewunderung für die Frau, die ihn erzogen hat, in seinen Worten: „Meine Mutter war die, die sich ohne viel Aufhebens um die Kinder gekümmert hat. Eine sehr intelligente Frau, die problemlos hätte studieren können, sie ist Jahrgang 1928, wenn die Irrungen und Wirrungen der Zeit es zugelassen hätten."

Seine Mutter ist es auch, die ihm schon früh das Rüstzeug für den späteren Job als Finanzminister vermittelt: Sparen. – Das ist in einem Haushalt mit zwölf Kindern unerlässlich. „Wenn man zu Hause sparen lernt – nicht weil man diese Tugend besonders hoch schätzen würde, sondern weil man einfach sparen muss, um bis zum Monatsende durchzukommen –, dann bleibt davon etwas hängen."[9]

Die Fähigkeit, haushalten zu können, stellt Juncker schon als Finanzminister stetig unter Beweis: Als erstes Land der EU erfüllt Luxemburg bereits 1994 die Maastricht-Kriterien für die Teilnahme an der Wirtschafts- und Währungsunion, und erzielt sogar Budgetüberschüsse. Viele Jahre liegt Luxemburg an der Spitze der europäischen Arbeitslosen-Statistik; selbst in den Jahren der Wirtschaftskrise hat das kleine Land eine der niedrigsten Arbeitslosenquoten in der Europäischen Union.

Sparen und das Vorhandensein von Arbeitsplätzen stellen für Juncker zwei Seiten einer Medaille dar. Er erinnert sich an seine Studententage in Straßburg, als sein Studium auf der Kippe stand, weil das familiäre Haushaltsbudget knapp war: „Wenn man einen Vater hat, der Stahlarbeiter ist, und man sich plötzlich von einem Tag auf den anderen mit der Perspektive konfrontiert sieht, dass man dieses Studium nicht mehr finanzieren kann, weil einfach das Geld fehlt, dann denkt man – besonders wenn man in jungen Jahren in Ämter hineinwächst – ohne Anstrengungen an das zurück, was man zu Hause erlebt hat."

Belvaux lässt Jean-Claude Juncker nicht los. – Das Wahlverhalten der Bewohner eines Ortes, der seit Jahrzehnten eine sozialistische und kommunistische Hochburg war, ist Balsam für sein politisches Ego. Als Juncker 1995 Premierminister wird, verschieben sich die Gewichte in Belvaux, die Christlich-Sozialen werden zur Nummer eins.

Die Zustimmung und Sympathie für Juncker geht in Belvaux, aber auch in anderen Orten Luxemburgs, weit über die Parteigrenzen hinaus. Bis tief in die Kommunistische Partei hinein reicht sein Wählerpotenzial. „In der Industrieregion hat es immer einen starken Einfluss der Kommunisten gegeben. Sie waren stärker als die Christlich-Sozialen. Jetzt nicht mehr. Es gibt nicht viele Kommunisten in meiner Gemeinde, die mir nicht ihre Stimme gegeben haben. Darauf bin ich stolz, dass man mich dort, wo man mich besonders gut kennt, wählt."

Mit dem Heimatbegriff verbindet Juncker keine besonderen Emotionen, es gibt auch keine nationale Zuordnung. „Heimat ist dort, wo ich bin. Ich transportiere Heimat überallhin." Geborgenheit und Nähe findet der Politiker bei sich selbst.

Ein klassischer Familienmensch ist er nicht („nicht in dem Sinne, dass Familie mein einziges Umfeld wäre"), aber er möchte seine Familie nicht missen. „Sie hat für mich einen Wert und nicht nur archivarische Qualität. Die Familie ist die einzig authentische Umgebung, weil man in der Familie kein Theater zu spielen braucht und dort auch niemand erwartet, dass man sich anders gibt, als man ist."

Sich anders zu geben, als er ist, ist seine Sache nicht. Mit seiner Ehefrau Christiane Frising wohnt Juncker in einer Siedlung mit schlichten Einfamilienhäusern. Sein Lebensstil hat nichts von Luxus, seine Anzüge sind von der Stange. Protzereien sind ihm zuwider. „Ich habe das Talent, mich nicht anders zu geben, als ich bin. Ich lege Wert auf das Authentische – mit den nötigen Einschränkungen."

Juncker ist unermüdlich unterwegs – physisch und mental –, rastlos im Denken, im Überfliegen von Grenzen. Er besitzt eine in gewisser Weise ansteckende Form von Energie und Vitalität – doch Nachdenken, herzhaft Lachen, Lesen und Schreiben ist sein einziges Fitnessprogramm. Von der Churchill-Devise „no sports" kennt er nur zwei Ausnahmen: die Spaziergänge mit Plato, einem griechischen Straßenhund von der Insel Samos, den in seinem Wohnort Capellen, rund 20 Kilometer westlich von Luxemburg-Stadt, jeder Mensch kennt. Juncker ist dabei oft nicht ganz klar, wer von den beiden da gegrüßt wird – „das Herrl, oder der Hund?" So wie auch sein Herrl kennt den laut bellenden Vierbeiner im Kanton jeder. „Plato macht nicht alles richtig", entschuldigt sich sein Besitzer, „er ist eben ein richtiger Grieche – aber ich liebe die Griechen."[10]

Die andere Ausnahme von „no sports" ist zwar auch nicht gerade das, was man klassischerweise eine *Sportart* nennt, doch wenn Juncker zum Flippern in seine Garage geht, kann es ihm schon mal die Schweißperlen auf die Stirn treiben. „Den Automaten traktiere ich von Zeit zu Zeit." Seine Augen leuchten dabei auf wie die eines kleinen Jungen. „Der Flipper macht Krach, leuchtet, pfeift und tutet." – Nachsatz: „Ich hab das schrecklich gern."

Nachdem er erfahren hatte, dass die letzte Flipper-Firma in Kanada im Jahr 2003 dichtgemacht hat, schätzt er sein Spielzeug noch mehr. „Das war die schlimmste Nachricht. Mich erschüttert nur wenig, aber das hat mich erschüttert."[11]

Über seine Erfolge spricht der 59-Jährige, wenn überhaupt, ungern. Das überlässt er lieber denen, die ihn beobachten. Mehr interessiert ihn der jüngste Klatsch, die Politik von heute, die Entscheidungen von morgen – oder: ein guter Witz. Wenn ihm gerade ein neuer zu Ohren gekommen ist, dann gibt er ihn unverzüglich zum Besten: egal ob in Sitzungspausen, bei Pressekonferenzen oder sogar im Zuge einer Rede.

Bei seiner Laudatio zur Verleihung des Gottlieb-Duttweiler-Preises im Jahr 2004 an den damaligen deutschen Außenminister Joschka Fischer beschreibt Juncker den grünen Politiker vor 800 geladenen Gästen als einen im Grunde streitsüchtigen Menschen mithilfe folgenden Witzes: „Als George W. Bush von einer Unterredung mit Gott zurückkommt, schnauft er im Vorzimmer auf und sagt: ‚Puh, diese Prüfung war schwierig, aber ich darf noch einmal bleiben.' Dann geht Joschka Fischer zum lieben Gott. Erst nach einer Stunde kommt Gott heraus und sagt völlig erschöpft: ‚Puh, noch einmal davongekommen, ich darf bleiben.'"[12]

Bevor Jean-Claude Juncker Anfang der Achtzigerjahre zum jüngsten Politiker Luxemburgs (und der EU) wird, absolviert er „ohne großes Engagement und Enthusiasmus“ ein Studium der Rechtswissenschaften an der Universität Straßburg. 1980 erfolgt die Prüfung zum Rechtsanwalt, doch tätig wird er als solcher nie: Die Politik kommt ihm dazwischen.

Mitglied in der Christlich-Sozialen Volkspartei ist er noch vor Studienbeginn geworden. Was ihn dort hervorhebt, sind seine rhetorische Begabung und seine analytische Denkweise. So wird auch die Parteispitze früh auf ihn aufmerksam: Im Herbst 1979 wird Juncker Parlamentssekretär der CSV. Als dann im Dezember 1982 ein Regierungsposten frei wird, spricht Finanzminister Jacques Santer bei Premierminister Pierre Werner vor – und Juncker wird nur wenige Tage vor seinem 28. Geburtstag zum Staatssekretär für Arbeit und soziale Sicherheit ernannt: zwei Ressorts, die für ihn wie maßgeschneidert sind. So kann er schon früh an den Ministerräten der Europäischen Gemeinschaften (EG), wie die EU zu dieser Zeit noch heißt, teilnehmen.

1985 übernimmt Luxemburg die Präsidentschaft der EG. Juncker, der nach der Parlamentswahl[13] 1984 zum Arbeitsminister und delegierten Budgetminister avanciert, führt den Vorsitz im Rat für Soziale Angelegenheiten und Haushalt.

Als Arbeitsminister kommt Juncker an der Seite Santers mit den politischen Lenkern Europas zusammen – in jener spannenden Zeit, da die Errichtung des Binnenmarktes und der Wirtschafts- und Währungsunion vorbereitet werden.

Den endgültigen Sprung ins europäische Machtzentrum schafft Jean-Claude Juncker dann 1991 als Finanzminister. Routinemäßig hat Luxemburg wieder für sechs Monate den Vorsitz in der EG inne. Als amtierender Vorsitzender des Wirtschafts- und Finanzministerrates (Ecofin) wird Juncker zum Hauptakteur bei der Regierungskonferenz zur Ausarbeitung des Vertrags von Maastricht. Er schreibt eigenhändig Passagen des Textes und erfindet – gemeinsam mit Kommissionspräsident Jacques Delors – das Prinzip des *Opting-out* für Großbritannien. Damit „rettet“ er bei einem informellen Ecofin-Treffen im Mai 1991 in Luxemburg die Verhandlungen zur Wirtschafts- und Währungsunion. Umso enttäuschender ist für Juncker das Verhalten Delors' nach diesen entscheidenden Verhandlungen: „Er tat so, als wäre er selbst auf die Ausstiegs-Klausel für das Vereinigte Königreich gekommen.“

Junckers Ärger über den legendären Kommissionschef ist längst verflogen, was nicht nur der zeitlichen Distanz geschuldet ist, sondern auch Delors' Lebenserinnerungen, in denen dieser Junckers Rolle bei den Verhandlungen zur Wirtschafts- und Währungsunion bestätigt. „In seinen Memoiren ist er etwas gnädiger als zu seiner aktiven Zeit. Jetzt hat er das nachgereicht.“[14]

Mit der besagten Sonderregelung für Großbritannien wird der Weg für die Wirtschafts- und Währungsunion frei gemacht. „Wenn wir keine Lösung gefunden hätten dafür, dass nicht jeder bei der Wirtschafts- und Währungsunion mitmachen muss, und wir die Briten davon nicht überzeugt hätten, wäre daraus nichts geworden. Alle mit an Bord eines Schiffes zu nehmen, das sie nicht besteigen wollen, das geht nicht.“

Schon damals, Anfang der Neunzigerjahre, geht es um den Stabilitäts-Gedanken. „Wir hatten das damals fast vertragsreif gemacht.“

Zum Abschluss kommt es jedoch erst einige Jahre später; Deutschland und Frankreich brauchen lange, um sich in Fragen der Währungsunion einander anzunähern. Juncker zögert nicht und übernimmt abermals die Vermittlerrolle. „Die Franzosen taten sich anfänglich sehr schwer mit dem Gedanken, dass es eine unabhängige Europäische Zentralbank geben sollte. Ich habe irrsinnig viel Zeit dafür verwendet, den Franzosen das deutsche Denken verständlich zu machen. Ich habe eine Brückenbau-Funktion zwischen Deutschland und Frankreich eingenommen.“

Diese Aufgabe hat Juncker rasch verinnerlicht – und sie zu einem sehr effizienten Konzept politischen Handelns gemacht: „Ich baue Brücken, bevor die anderen überhaupt sehen, dass man eine Brücke braucht."

Viel Arbeitszeit investiert Juncker auch in Gespräche mit den Deutschen. „Ich musste ihnen die Anliegen und Zweifel der Franzosen übersetzen. Ich habe sehr viele Abende in Bonn verbracht und dem deutschen Finanzminister Theo Waigel (CSU) erklärt, dass es eine koordinierende Wirtschaftspolitik braucht – etwas, was die Franzosen wollten. Mit der unabhängigen Geldpolitik, einer Forderung der Deutschen, konnten wiederum die Franzosen nicht sehr viel anfangen. Eine gemeinsam zu verantwortende Wirtschaftspolitik lief den deutschen Einsichten zuwider."

Bei den anderen EU-Staaten erreicht Juncker Verständnis für die deutschen und französischen Befindlichkeiten – auch wenn ihm diese selbst zuweilen *contre cœur* gehen.

In dieser sensiblen Phase der Verhandlungen über die Wirtschafts- und Währungsunion ist Junckers Rolle von entscheidender Bedeutung: Er spricht Französisch und Deutsch, kennt Kultur, Befindlichkeiten und Sensibilitäten der beiden Nachbarn und schafft es, selbst aus völlig verfahrenen Situationen einen Ausweg zu finden.

Jahre später ist dieses erstaunlich diplomatisches Geschick neuerlich gefragt: im Dezember 1997, beim EU-Gipfel in Dublin, wo der Stabilitäts- und Wachstumspakt verhandelt wird. Es geht um Details; etwa die Kriterien, die ein Land erfüllen muss, um an der Wirtschafts- und Währungsunion teilzunehmen. Wieder einmal liegen sich Deutsche und Franzosen in den Haaren, das Treffen der Staats- und Regierungschefs droht zu scheitern. Da ruft der deutsche Bundeskanzler Helmut Kohl (CDU) Juncker zu sich und lässt ihn verhandeln. Der „Junior" – wie Kohl ihn nennt – setzt sich hin und formuliert den Text. Spätnachts, nach Stunden intensiver Gespräche, wird der Stabilitätspakt schließlich von den Regierungsspitzen in Paris und Bonn akzeptiert und Juncker als „Held von Dublin" gefeiert (siehe Kapitel S. 60).

Uneitel spielt er seine Erfahrungen und Erfolge herunter. „Ich habe keine Lust zu bilanzieren, nach so langer Zeit hat man nur das Gefühl, alle wichtigen Weggabelungen der Europäischen Union nicht nur gesehen, sondern auch Mitentscheidungsgewalt über die einzuschlagende Richtung bekommen zu haben. Das ist es schon. – Ich weiß, da sind wichtige Entscheidungen getroffen worden, und ich war dabei. Und einige wären nicht getroffen worden, wenn ich nicht dabei gewesen wäre. – In den seltensten Fällen hat man das aber alleine gemacht."

Juncker ist ein Mensch mit wenig Scheu vor Körperkontakten; ein Schulterklopfen hier, eine kleine Umarmung zur Begrüßung dort – das bringt Schwung in steife Verhandlungsrunden und langweilige EU-Treffen. Auf Video gebannt ist folgende kuriose Begebenheit: In einem von Euro-News ausgestrahlten Beitrag ist zu sehen, wie Jean-Claude Juncker bei einem Treffen der EU-Regierungschefs im Frühjahr 2004 im Brüsseler Ratsgebäude zur Begrüßung seines – bereits sitzenden – italienischen Amtskollegen Silvio Berlusconi mehrmals auf dessen kahlen Kopf trommelt. Empört dreht Berlusconi sich um, hebt sein gerade erst geliftetes Haupt und verkneift sich in letzter Sekunde eine Beschimpfung.[15]

Solche Szenen im Europäischen Rat sind nicht alltäglich. Im Rat ist vielmehr Routine angesagt. Die hat Juncker auch bei EU-Entscheidungen. „Man legt die Zündschnur für die Gruppendynamik. Mehr können die Luxemburger auch nicht tun", beschreibt er sein Mitwirken. „Man lässt Gruppendynamik entstehen dadurch, dass man andere überzeugt, begeistert und mitreißt. Sehr oft ist es auch mühseliges Tagwerk, vor allem in den Fachministerräten. Da findet nicht jeden Tag spürbar Geschichte statt. Das ist auch Knochenarbeit."

Seit seinem 28. Lebensjahr ist Junckers Karriere steil nach oben gegangen. Bevor sie mit der Wahl zum Kommissionspräsidenten

2014 einen vorläufigen Höhepunkt erricht hat, hat Juncker in Luxemburg alles erreicht, was man erreichen kann: Staatssekretär, Arbeitsminister, langjähriger Finanzminister, Premierminister ... Die Christlich-Soziale Volkspartei hat er zu einem Höhenflug geführt, er hat Luxemburg in Europa und im internationalen Wettbewerb hervorragend positioniert und die Interessen des Landes in der EU perfekt verteidigt.

Seinem Aufstieg – und auch seiner Beliebtheit – schienen keine Schranken gesetzt. Und doch wäre seine Laufbahn im Herbst 1989 beinahe beendet gewesen: Nach einem schweren Autounfall liegt Jean-Claude Juncker zwei Wochen im Koma. „Das war ein bestimmendes Erlebnis, das mich auch verändert hat, ich weiß nur nicht, wie. Ich weiß auch nicht im Detail, was sich verändert hat. Ich spüre, dass sich sehr viel geändert hat."

Es ist ein „anderer Zeitbegriff", den Juncker seit dem Ereignis entwickelt hat. „Es ist ein Verständnis dafür, dass Zeit jäh unterbrochen werden kann. Mit 34 oder 35 Jahren beschäftigt man sich nicht mit der Unterbrechung von Zeit. Aber wenn das plötzlich so kommt, dann merkt man früh, dass Zeit endlich ist, dass sie lange Unterbrechungen in einem lebhaften Leben haben kann." Diese Erfahrung sei „beeindruckend" gewesen; er könnte ihr „nichts Negatives" abgewinnen – „nicht nur deshalb, weil sie so gut ausgegangen ist".

Was bleibt, ist eine existenzielle Erfahrung. „Ich habe hinter die Gardinen geschaut. Ich habe den Abgrund gesehen – und das ist ein tiefes Erlebnis." Jean-Claude Juncker sagt, dass er seither ein größeres Mitgefühl für andere hat. „Ich bin rücksichtsvoller im Umgang mit anderen geworden." – (Selbst-)Ironischer Nachsatz: „Die haben das wahrscheinlich aber noch gar nicht bemerkt." Nachsichtiger sei er durch diesen schweren Unfall geworden, auch mit sich selbst. Und „für die anderen besser", wie er glaubt. „Also, ich würde von mir nie sagen: Ich bin besser geworden." Wenn diese Beschreibung aber von außen käme, von jemandem, der ihn beobachtet, würde er der Feststellung, er sei besser geworden, „nicht widersprechen". – Etwas, stellt Juncker entschlossen fest, habe sich dezidiert geändert nach dem schweren Autounfall: „Die eigene Person – und das mag arrogant klingen – wird unwichtig. Die kleinen Leiden, die man hat, finden als mitzuteilendes Erlebnis nicht mehr statt. Ich vergleiche alles, was mir selbst oder anderen zustößt, mit dem Absoluten, das einem zustoßen kann."

Juncker spricht von dem Unfall als einem „Erlebnis der besonderen Art", das ihn gelehrt habe, die Dinge zu relativieren. Konkret erinnert er sich an eine Begegnung im Spital. Nach dem Aufwachen aus dem Koma fährt er im Rollstuhl herum. Ein älterer Mann auf Krücken sieht ihn und fragt: „Herr Minister, ist es schlimm?" Er selber sei im Spital, weil ihm das Bein abgenommen werde. Als sich Juncker im Rollstuhl umdreht, sieht er: Der Mann hat nur noch ein Bein …

„Wenn ein solcher Mensch sich um dein Schicksal kümmert und dir Mut zuspricht, dann ist man ein ganz Kleiner, und er ist ein ganz Großer. Seither relativiere ich sehr. Auch das Leiden relativiere ich, und ich mache feine Unterschiede zwischen dem Luxusleiden, über das wir uns beklagen, und dem eigentlichen Leiden, das die meisten von uns nicht haben – oder das große Leiden, das andere haben und das wir überhaupt nicht sehen. Ich sehe es besser seither. Das ist die eigentliche, prägende Konsequenz aus dem Unfall."

Dass Juncker dadurch auch weniger hektisch, gar ruhiger geworden sei – wie manche Freunde sagen –, lässt sich nicht bestätigen: Ein Termin jagt den nächsten, das Telefon läutet, seine Mitarbeiter tragen Unterlagen ins Büro, Berge von Akten stapeln sich auf dem Tisch, und fast stündlich kommen neue hinzu. Juncker erledigt so viel wie möglich selbst – beim Delegieren tut er sich schwer.

Freizeit kennt Juncker nicht. Will er auch nicht. „Freizeit ist Ruhe, und Ruhe ist Freizeit. Das ist sehr selten." Nichts ist ihm mehr zuwider, als Freizeit zu planen. „Ich habe keine Gestaltungspläne. Ich tue das, worauf ich Lust habe. Meistens ist das Lesen. Ich räume die Bücher auch ständig um, ich berühre sie gerne, und ich spiele gerne mit den Blättern. Ja, ich habe ein erotisches Verhältnis zu Büchern."

Doch manchmal, so gesteht er, schaut er nur in die Luft – um seinen Kopf frei zu machen für Neues. „Ich kann sehr aktiv im Nichtstun sein" – um dann, wenn es erforderlich ist, wirkungsvoll zuschlagen zu können. Zum Beispiel bei freien Reden, dir für ihn so etwas wie geistige Gymnastik sind. Reden als permanentes Gehirntraining, bei dem tausend Gedanken zusammenfließen, wo – ohne Manuskript – ein Argument logisch dem anderen folgt, und der Blick zurück stets in eine Zukunftsbotschaft mündet.

WARUM JUNCKER 2004 NICHT KOMMISSIONSPRÄSIDENT WERDEN WILL

Schon einmal, vor zehn Jahren, hätte Juncker den Posten des EU-Kommissionspräsidenten einnehmen können. Ende 2003, Anfang 2004 ringt er mit der schweren Entscheidung: Soll er sich im Chefsessel Europas niederlassen? „Ich wusste es so Ende 2003 – also viel früher, als die Öffentlichkeit es wusste –, dass es dieses Angebot gibt, dass es alle wollen, dass ich es werde. – Und dass ich dann angesichts der Wahlen erklären müsste, ich mache das nicht, wenn ich die Wahlen gewinne. Das war der Kampf. Der Kampf war nicht, den Luxemburgern zu sagen, dass ich nach der Wahl das Angebot annehme. Der Kampf war die Entscheidung bei mir selbst, es nicht zu tun, wenn ich die Wahl gewinne, und das dann auch zu sagen. Ich hätte das getan, wenn ich die Wahl verloren hätte, und nicht, wenn ich gewinne."

Von diesem inneren Kampf ist außen wenig zu bemerken. „Ich musste eine Entscheidung treffen zu einem Zeitpunkt, als in Luxemburg niemand ahnte, dass sie ansteht."

Für die Öffentlichkeit sichtbar wird Junckers Ringen erst nach der gewonnenen Parlamentswahl in Luxemburg. „Danach wollten mich alle regelrecht in den Kommissions-Vorsitz tragen. Es hat mich sehr berührt, dass alle Regierungschefs, die großen politischen Parteienfamilien im Europäischen Parlament – so wurde das gesagt und auch geschrieben – mich zu ihrem Wunschkandidaten ausgerufen haben. Ich war froh über die breite Unterstützung angesichts dieser dummen Vereinfachung, Menschen nach Parteizugehörigkeit zu beurteilen. Das ist ja nachlesbar."

Die Freude darüber, dass er im europäischen Parteien-Spektrum nicht nur als Christlich-Sozialer taxiert wird – die Bezeichnung „Konservativer" lehnt er strikt ab –, sondern dass auch Mitglieder anderer Parteien finden, er könne etwas von ihren Anliegen transportieren, ist Juncker deutlich anzumerken: „Dass ich zu einer fast ökumenischen Gestalt in Europa wurde, das hat mich schon sehr berührt."

Sosehr Jean-Claude Juncker quer durch die Parteigrenzen in Europa geschätzt wird, so sehr lieben ihn die Luxemburger. Acht von zehn wollen daher ihren „Staatsminister", wie das im Großherzogtum heißt, im Land halten. Das Gerücht oder die Befürchtung, er könnte nach der Parlamentswahl am 13. Juni 2004 nach Brüssel gehen, um den europäischen Thron zu besteigen, wird er den ganzen Wahlkampf nicht los. „Ech bleiwen hei!"[16], ruft er seinen Landsleuten zu. Der Parteichef der Christlich-Sozialen Volkspartei (CSV), Franz Biltgen, geht einen Schritt weiter: „Nur wo CSV draufsteht, ist auch Juncker drin", versprach er auf allen Kundgebungen – und erntete dafür tosenden Beifall. Im Wahlkampf gibt es nur noch ein Thema: Juncker im Land zu halten. So wird die Parlamentswahl zu einer Abstimmung über Junckers Verbleib in Luxemburg.

„Die Vorstellung, den Leuten zu sagen, *ich bleibe, wenn ihr mich und meine Partei wählt* – was viele auch gemacht haben: sechs Prozentpunkte haben die Christlich-Sozialen dazugewonnen –, und mich dann nicht daran zu halten, hätte mich krank gemacht. Die Vorstellung, dass ich durch Luxemburgs Straßen gehe und die Leute sagen, *da kommt der Lügner*, würde schüttelfrostartige Reaktionen bei mir hervorrufen."

Die Luxemburger hätten ihm seinen Abgang nach der Wahl nie verziehen. Dem Wähler im Wort zu sein, hängt eng mit Junckers Demokratieverständnis zusammen.

Es ist durchaus nicht das erste Mal, dass Jean-Claude Juncker zu einem Karrieresprung Nein sagt. Vielmehr hat er im Ablehnen europäischer Spitzenjobs eine gewisse Routine: Schon 1991 bietet ihm Jacques Delors[17] in dessen zweiter Amtsperiode als Kommissionspräsident die Funktion des Vizechefs an. Doch Juncker winkt ab, er will sich seine Sporen als Finanzminister in Luxemburg verdienen. Denn das ist jener Posten, der im Großherzogtum als Sprungbrett für den Job als Premierminister gilt.

1994 dann der nächste Versuch – und das nächste Nein Junckers. Da wird er von seinem langjährigen Förderer und Vertrauten Helmut Kohl – damals deutscher Bundeskanzler – ersucht, Kommissionspräsident zu werden. Nachdem Juncker erneut ablehnt, fällt das Los auf seinen Landsmann Jacques Santer.

Als Juncker 2004 wieder Nein sagt, ist es also bereits das dritte Mal. Warum tut er das? – Es gibt für ihn schlicht keine Notwendigkeit, einen europäischen Posten anzunehmen, weil für ihn auch ein luxemburgischer Posten ein europäischer Posten ist. „Ich bin der Auffassung, dass ich als Premierminister dieses Landes auch einen europäischen Job habe. Ich muss nichts anderes werden, um Einfluss in Europa zu haben. Ich beschäftige mich nicht damit“, weicht Juncker nach der luxemburgischen Parlamentswahl 2004 allen Fragen nach seiner beruflichen Zukunft aus.

Er ist zu diesem Zeitpunkt beruflich und politisch ohnehin ausgelastet: nicht nur mit der Übernahme des EU-Vorsitzes per 1. Januar 2005, sondern vor allem durch seine Tätigkeit als Vorsitzender der Euro-Gruppe: Am 10. September 2004 wird Juncker einstimmig zum Vorsitzenden der Teilnehmerländer am Euro gewählt; von 2005 an leitet er zwei Jahre lang die Treffen der Euro-Gruppe. Seine Doppelfunktion als Premier- und Finanzminister gereicht ihm dabei wohl kaum zum Nachteil; auch die europäischen Euro-Kollegen beneiden Juncker um die Zeitersparnis, die diese Personalunion ihm bringt. Er selbst nimmt das doppelte Dasein als Premier- und Finanzminister durchaus mit Humor: „Meine Kollegen beneiden mich auch regelmäßig um diese Kombination, denn dies ist eine unheimlich zeitsparende Arbeitsteilung. Wenn ich den Finanzministern zuhöre, wie viel Zeit sie mit ihren Regierungschefs verbringen, und den Klagen der Regierungschefs über die Uneinsichtigkeit ihrer Finanzminister, dann finde ich diesen intimen Umgang mit mir selbst in höchstem Maße erfrischend. Insofern bin ich größter Überzeugungskraft fähig, wenn ich mir selbst entgegentrete, und normalerweise ist es auch so, dass der Finanzminister diese Auseinandersetzung gewinnt."

Schon Monate vor der geplanten Nominierung des Nachfolgers von Kommissionspräsident Romano Prodi beim EU-Gipfel am 17. und 18. Juni 2004 in Brüssel gilt Juncker quer durch alle politischen Gruppen als Wunschkandidat für den Spitzenjob. Doch der Berufs-Europäer – und eigentlich ideale Kandidat – hat andere Zukunftspläne; er will zum zweiten Mal als Spitzenkandidat der Christlich-Sozialen Volkspartei (CSV) in Luxemburg in den Wahlkampf ziehen. Seine EU-Partner lässt er darüber nicht im Unklaren. Höflich, aber bestimmt winkt Juncker ab. Sein Traumjob sei das Amt des Staatsministers.[18] Mit vollem Einsatz kämpft er im zweitkleinsten Land der EU für einen Sieg bei den Parlamentswahlen am 13. Juni 2004, demselben Tag, an dem auch über Europa abgestimmt wird.

Nicht alle nehmen seine Ambition, in Luxemburg zu bleiben, ernst. „Abwarten" ist die Devise. Wenn es so weit ist, wird man ihn überreden können, nach Brüssel zu wechseln. Wenn Europa ruft, könne Juncker nicht abseits stehen, tönt es aus der christdemokratisch-konservativen Europäischen Volkspartei (EVP). Sie ist die mandatsstärkste Fraktion im Europäischen Parlament, und Junckers Partei gehört dieser politischen Familie an. In der EVP erwartet man ein Ja von Juncker. „Wir werden ihn schon weichklopfen", hofft Elmar Brok, ein mächtiger Europa-Abgeordneter der CDU.[19]

Juncker brauche nur Ja zu sagen – und Europa hat einen Nachfolger für Romano Prodi, wünschen sich auch die Sozialdemokraten und die Grünen im Europäischen Parlament.

Als Vorgriff auf den neuen europäischen Verfassungsvertrag erhebt die Europäische Volkspartei lautstark den Anspruch, als größte Fraktion auch den neuen Kommissionspräsidenten zu stellen. Um die Wahl des Chefs der Brüsseler Behörde transparenter und demokratischer zu machen, ist im neuen EU-Vertrag geregelt, dass künftig jene europäische Partei den Kommissionspräsidenten stellt, die aus den Europawahlen als Siegerin hervorgegangen ist. Tatsächlich führt genau diese Regelung nach den Wahlen 2014 zu den Konflikten rund um die Besetzung des Kommissionspräsidenten. Beim Frühjahrsgipfel Mitte März 2004 wollen es die EU-Regierungschefs genau wissen. Sie bedrängen Juncker, offiziell um den prestigeträchtigen Job ins Rennen zu gehen – und sie wollen rasch eine Antwort hören. Parallel zu den Staats- und Regierungschefs machen die 15 EU-Außenminister eine Testwahl: Sie kritzeln die Namen ihrer Favoriten auf einen Zettel. Das Ergebnis: Der kaum bekannte, aber in europäischen Politikerkreisen sehr beliebte sozialistische portugiesische EU-Kommissar für Inneres und Justiz, António Vitorino, wird siebenmal genannt. Derjenige, der im Hintergrund mit dem Wechsel vom Posten des Ministerpräsidenten auf den Chefsessel Europas liebäugelt, der liberale Belgier Guy Verhofstadt, verzeichnet keine einzige Nennung.[20]

Kein Tag vergeht ohne Meldungen in europäischen Medien, in denen Juncker nicht als Favorit für das höchste Amt der EU genannt wird. Die Fragen von EU-Kollegen und Medienvertretern häufen sich. – Ob er nicht doch bereit wäre, die anspruchsvolle Tätigkeit in der EU-Metropole anzunehmen? Geduldig wiegelt Juncker ab. Er wird das Gerücht nicht los, der ideale Ober-Europäer zu sein. Wann immer man ihn wegen Brüssel anbohrt, antwortet er abschlägig, in allen Sprachen, die er spricht. „Neen!" – „Nein!" – „Non!" – oder: „No!"

In dem beschaulichen und überschaubaren Luxemburg, eingezwängt zwischen Deutschland, Frankreich, Belgien und den Niederlanden, wollen 80 Prozent der Stimmberechtigten, dass Juncker bleibt. – Seit 25 Jahren in Folge stellt seine Partei den Regierungschef. Die Bevölkerung weiß, was sie an ihrem Premier, dem politischen Aushängeschild des Landes, hat: eine florierende Wirtschaft, einen sicheren Standort, die niedrigste Arbeitslosigkeit in der EU und den höchsten Lebensstandard in Europa.

Um diesen Standard sicherzustellen, und um sämtliche statistische Rankings in Europa weiterhin anzuführen, brauchen die Luxemburger Jean-Claude Juncker. Er schaut auf sein Land. Es gibt genügend EU-Förderungen für die Landwirtschaft, für Forschung und Entwicklung und für EU-Institutionen: Der Europäische Gerichtshof, der Europäische Rechnungshof, EUROSTAT, das Statistische Amt der EU sowie Teile des Europäischen Parlaments befinden sich in Luxemburg. Das bringt Geld und schafft zusätzliche Arbeitsplätze zu den bestehenden Banken und Unternehmen.

Besonders für den Bankenplatz Luxemburg setzt Juncker sich ein: In mühevollen Verhandlungen mit den EU-Kollegen rettet er das Bankgeheimnis, die Basis für die Attraktivität des Luxemburger Finanzstandortes, der dem Land einen Großteil aller Steuereinnahmen bringt.

Auf seiner Suche nach einem Kandidaten für das Amt des Kommissionspräsidenten reist der irische EU-Ratsvorsitzende, Ministerpräsident Bertie Ahern, vor dem EU-Gipfel am 17. und 18. Juni durch die Mitgliedsländer. Dabei besucht er auch Jean-Claude Juncker in Luxemburg. Bei der gemeinsamen Pressekonferenz vor lokalen Medienvertretern eilt er seinem „lieben Freund Jean-Claude" zu Hilfe. „Wenn der Premierminister ein Kandidat wäre, dann hätte ich kein Problem. Denn jeder will ihn. Nur leider hat mein werter Kollege beim vergangenen EU-Gipfel im März ja eindeutig abgewunken, denn er fühlt sich seinem eigenen Volk verpflichtet."[21] Juncker freut sich über diesen Beistand, der sein Versprechen, in Luxemburg bleiben zu wollen, von außen besiegelt.

Das schafft Vertrauen – und seine Landsleute glauben ihm. Die Doppelwahl am 13. Juni 2004, bei der das Parlament neu bestellt und die Abgeordneten zum Europäischen Parlament gewählt werden, wird zum Plebiszit über Junckers Verbleib in Luxemburg. Das Votum beschert der Christlich-Sozialen Volkspartei den höchsten Zugewinn seit Jahrzehnten und dem Spitzenkandidaten den größten Wahlerfolg seiner Karriere. Die CSV legt rund sechs Prozentpunkte zu und kommt auf über 36 Prozent der abgegebenen Stimmen – das sind fünf zusätzliche Sitze im Parlament. Damit stellt die CSV 24 der 60 Mandatare in der Abgeordnetenkammer. Die Partei Junckers ist auch erfolgreich bei den Europawahlen. Der EU-Trend, amtierende Regierungen jeglicher Couleur zu strafen, bestätigt sich in Luxemburg nicht. Im Großherzogtum gehen die Uhren anders: Die Christdemokraten kommen auf rund 40 Prozent und schneiden damit noch besser ab als bei der Parlamentswahl.[22]

Junckers persönlicher Wahlerfolg und die überwältigende Bestätigung im Amt schüren erneut Gerüchte, er könnte – trotz Tausender Dementis – Lust verspüren, nach höheren Weihen zu streben. Er wird weiterhin als potenzieller Kandidat für die Prodi-Nachfolge gehandelt, weil er der Einzige sei, der die Akzeptanz der Regierungschefs *und* der politischen Fraktionen im Europäischen Parlament mitbringe. Juncker ist die Nummer eins unter allen möglichen Genannten – und nicht die Reserve für den Fall, dass es keiner der anderen Bewerber auf den Chefsessel schafft.

Nach der gewonnenen Wahl steigt der Druck auf Juncker. Der Sprecher der Europäischen Volkspartei, Elmar Brok (CDU), hält seinen Parteifreund nach wie vor für den Traumkandidaten – auch wenn er Verständnis für Junckers Haltung hat. „Er kann in den Tagen nach der Wahl nicht sofort Kandidat sein und Ja sagen, aus Rücksicht zu den Wählern. Aber in einigen Wochen, wenn alle nach ihm rufen, bringt er das in Luxemburg durch."[23]

Deutlich in Stellung bringt sich der liberale belgische Premier Guy Verhofstadt. Auf seiner Seite stehen die Schwergewichte der Union, Deutschland und Frankreich. Doch die EVP, die keinen Liberalen unterstützen will, lehnt Verhofstadt kategorisch ab. Umgehend deponiert der britische Premier Tony Blair sein Veto gegen den Belgier

– und seine Zustimmung für Juncker. Für den britischen Geschmack sei Verhofstadt zu „integrationistisch“, zu „föderalistisch“, so Blair.[24] Der Labour-Mann und engste europäische Verbündete der USA im Irakkrieg hat Verhofstadt den sogenannten „Pralinen-Gipfel“[25] im April 2003 nie verziehen.

Neben Verhofstadt kursieren Wochen vor der Nominierung des Prodi-Nachfolgers etliche andere Namen. Als Langzeit-Anwärter gilt der ehemalige finnische Ministerpräsident Paavo Lipponen.[26] Doch ihm als Sozialdemokraten werden von vornherein keine großen Chancen eingeräumt. Die *Financial Times* bringt den konservativen britischen Kommissar für Außenbeziehungen Chris Patten ins Spiel, für den Premierminister Tony Blair durchaus Sympathie zeigt.[27] Ein Brite als Chefeuropäer könnte die Europa-Feindseligkeit der Inselbewohner dämpfen und Blair eine Blamage beim Referendum über die europäische Verfassung ersparen.

Die sozialistische spanische Regierung favorisiert „ihren“ Mann Javier Solana, den Hohen Repräsentanten für die Außenpolitik der EU. Möchtegern-Kandidat für den Job in Brüssel ist auch der liberale irische Präsident des Europäischen Parlaments, Pat Cox. Für die Europäische Volkspartei setzt sich deren Fraktionsvorsitzender Hans-Gert Pöttering (CDU) seit Monaten für den österreichischen Bundeskanzler Wolfgang Schüssel ein.

EU-CHEF VERZWEIFELT GESUCHT, ODER: BARROSO, EIN KOMMISSIONSPRÄSIDENT VIERTER WAHL

Nach dem Wahltag am 13. Juni 2004 steht fest: Die Europäische Volkspartei geht gestärkt aus dieser ersten europaweiten Wahl hervor. Ihrem Anspruch, bei der Nominierung eines Kommissionspräsidenten entscheidend mitzureden, tut der negative Rekord hinsichtlich der Wahlbeteiligung keinen Abbruch. Vor allem die siegreichen CDU/CSU-Europa-Abgeordneten – angefeuert von CDU-Chefin Angela Merkel – wollen an der Spitze der Kommission einen Konservativen.

Trotz vieler Namen findet der irische Ratsvorsitzende Ahern auf seiner *Tour des Capitales* keinen Kandidaten, der die nötige Zustimmung der Regierungen hat. Nach dem Vertrag von Nizza, mit dem das Prinzip der Einstimmigkeit fallen gelassen wurde, ist die Zweidrittelmehrheit der Mitgliedsländer erforderlich – also 17 von 25 EU-Mitgliedern.

Der Ruf nach Juncker ist nach dem Sieg der EVP unüberhörbar. In seinem Luxemburger Büro glühen die Telefonleitungen. Etliche Politiker – wie der CDU-Abgeordnete Elmar Brok und EU-Außenrepräsentant Javier Solana – machen sich sogar selbst auf den Weg. „Es gibt zurzeit einen regelrechten Pilgerzug zu Juncker", witzelt ein EU-Diplomat.[28] Sogar der Chef der Grünen im Europäischen Parlament, Daniel Cohn-Bendit, wirbt für den Luxemburger. Alles umsonst: Juncker wehrt ab. „Ich erhalte im Moment viele europäische Telefonanrufe. Der Druck ist enorm, aber ich lasse mich nicht unter Druck setzen. Ich möchte nicht unhöflich sein, daher nehme ich jeden Anruf an und sage dann ‚Nein'."[29]

Hektisch wird es für Jean-Claude Juncker wenige Stunden vor dem Treffen der christdemokratisch-konservativen Parteiführer und Regierungschefs am Abend des 16. Juni 2004. In Meise, einem schmucken Vorort von Brüssel, treffen die EVP-Politiker zusammen, um ihren Kandidaten für den Kommissionspräsidenten aus dem Hut zu zaubern. Juncker wird noch einmal von seinen Parteifreunden bekniet – vergebens. Er lässt die Gremien vor Beginn der Sitzung wissen, „absolut keine Ambition auf das Amt zu haben".

Die Spannung steigt, als die EVP-Granden in dunklen Limousinen, eskortiert von Polizisten auf schweren Motorrädern, beim Château de Bouchout vorfahren. Als Erster trifft Bayerns Ministerpräsident Edmund Stoiber ein. Erneut erklärt Stoiber nach dem Angebot von Bundeskanzler Schröder und Staatspräsident Chirac, für den Posten des Kommissionspräsidenten nicht zur Verfügung zu stehen. „Das war keine Entscheidung gegen Europa, sondern eine Entscheidung für Bayern und Deutschland", begründet er seine Entscheidung.[30] – Selbst Nein gesagt zu haben, gibt ihm so richtig Energie, kräftig gegen andere zu poltern. „Verhofstadt", donnert er weiter, „kommt für uns nicht infrage." Dann verschwindet er. Dass Verhofstadt von den beiden Großen, Frankreich und Deutschland, vorgeschlagen wird, ist für den Bayern und für viele andere erst recht keine Empfehlung.

Präziser gibt sich EVP-Fraktionschef Hans-Gert Pöttering bei der gemeinsamen Ankunft mit CDU-Chefin Merkel: „Es gibt sehr viele gute Kandidaten." Nach Juncker ist der österreichische Bundeskanzler Wolfgang Schüssel ganz oben auf seiner Liste, gefolgt vom britischen EU-Kommissar Chris Patten, dem französischen Außenminister Michel Barnier und dem ehemaligen belgischen Ministerpräsidenten Jean-Luc Dehaene.

Als einer der Letzten trifft Jean-Claude Juncker ein. Gewappnet mit dem Entwurf für den europäischen Verfassungsvertrag und einer Aktenmappe mit Unterlagen, stellt er sich dem Wall von Fotografen und Kameraleuten. Dutzende Mikrofone werden ihm entgegengehalten, doch die Fragen sind stets die gleichen. *Werden Sie kandidieren?* – „Ich halte nach der Wahl das, was ich vorher versprochen habe: nicht dem Ruf nach Brüssel folgen zu wollen." *Stehen Sie zur*

Verfügung, wenn die EU mangels Kandidaten in eine Krise stürzt? – „Es geht hier ja nicht um die Rettung des Universums."

Über Verhofstadt denkt der Luxemburger – ganz anders als seine konservativen Kollegen – nur positiv. „Er ist ein guter Kandidat." Dann verschwindet Juncker durch das gotische Portal des Châteaus.

Die Tagung beginnt. Als die Beratungen über die Europäische Verfassung nahtlos in die Personal-Debatte übergehen, verlässt Juncker die Sitzung. „Meine Position kennt jeder der Anwesenden. Da mache ich nicht mit", sagt er und nimmt im Fond seines BMW Platz.

Am Vormittag des 17. Juni 2004 geht das Treffen der EVP samt Kandidatensuche weiter. Doch niemand im EVP-Kreis steht bereit, als „Zählkandidat" gegen Verhofstadt ins Rennen zu gehen. Erneut wird Juncker bedrängt, doch der bleibt seiner Linie treu: „Ich gehöre zu jenen altmodischen Politikern, die nach der Wahl das machen, was sie vorher versprochen haben. Ich bin meinen Wählern im Wort." Die Benelux-Länder halten an Verhofstadt fest, ebenso der französische Ministerpräsident Jean-Pierre Raffarin. Da greift Möchtegern-Präsidentenmacher Hans-Gert Pöttering zum Heft, schreibt eine Liste und legt sie vor. An erster Stelle: Wolfgang Schüssel, gefolgt von Michel Barnier, Chris Patten und dem portugiesischen Premier José Manuel Durão Barroso.

Nach heftigem Tauziehen schlägt EVP-Parteivorsitzender Wilfried Martens den Briten Chris Patten vor. Der 60-jährige Konservative vom linken Flügel der Tories – im Gegensatz zu vielen anderen in seiner Partei ein überzeugter Europäer – soll Verhofstadt verhindern. Einstimmig fällt das Votum jedoch nicht aus: Von den zehn konservativen Regierungschefs sprechen sich zwei dagegen aus; zwei weitere sollen sich enthalten haben.[31]

Parallel zur EVP tagen auch Europas liberale Partei- und Regierungschefs im Brüsseler Palais d'Egmont. Eine förmliche Empfehlung für „ihren" Favoriten Verhofstadt geben sie nicht ab. „Das

Hinterzimmer-Geschacher machen wir nicht mit", sagt eine Teilnehmerin. Verhofstadt selbst verschwindet durch die Hintertür.

Europas Sozialdemokraten (SPE) halten sich beim Personalpoker zurück. Sie wurden Zweite bei der Europawahl und wissen, dass ihre Kandidaten wohl keine Chance haben, durchgebracht zu werden. Die Meldung, wonach Chris Patten der EVP-Kandidat ist, nimmt man zur Kenntnis. Man sei nicht „a priori gegen den britischen Konservativen".[32] Die Roten können nicht mit dem Schröder-Favoriten Verhofstadt. Er ist vielen zu wirtschaftsliberal. Dezidiert lehnen die Sozialdemokraten den österreichischen Bundeskanzler Wolfgang Schüssel ab.

Die zum EU-Gipfel im Brüsseler Justus-Lipsius-Gebäude des EU-Ministerrats ankommenden Staats- und Regierungschefs lässt der Personalpoker kalt. Gerhard Schröder spricht sich nochmals für Verhofstadt aus. „Wenn sich alle anstrengen, gibt es eine Einigung", sagt er lapidar.

Trotz Junckers Absage und der Einigung der EVP auf Chris Patten sind mehr als ein halbes Dutzend Namen im Umlauf. In den dunklen Gängen des monströsen Ratsgebäudes blühen die Spekulationen. Kommt es zum Duell zwischen dem britischen Konservativen und dem belgischen Ministerpräsidenten? Oder wird Patten nur ins Feld geführt, um eine Kandidatur Verhofstadts zu verhindern? Kann Patten zwei Drittel der Staats- und Regierungschefs hinter sich vereinen, oder wird er verheizt, um einem Dritten den Weg zu ebnen? – Fragen, die Journalisten wie Delegierte beschäftigen.

Während des Abendessens geht das Schachern erst so richtig los. Bei Lamm und Spargel sowie exquisiten Weinen serviert Bertie Ahern den Anwesenden die Kandidaten. Dann prescht einer voran: In einer eilig einberufenen Pressekonferenz definiert Frankreichs Staatspräsident Jacques Chirac, was ein Europäer an der Kommissionsspitze zu sein hat: nicht Engländer, auch nicht Pole oder Ire, Schwede, Slowene, Ungar oder Däne. Denn, so verkündet Monsieur

Le Président, „es wäre eine schlechte Idee“, jemanden zum Chef in Brüssel zu küren, „dessen Land nicht an allen europäischen Politiken teilnimmt“. Wer also noch keinen Euro hat und auch nicht zum Sicherheitssystem von Schengen gehört, kommt für Frankreich nicht infrage. 14 von den 25 EU-Staaten hat Chirac damit die Hoffnung auf den Top-Job genommen.

Chiracs Modell einer „neuen europäischen Klassengesellschaft“[33] verbreitet sich in den langen Gängen des Betonklotzes wie ein Lauffeuer. Nicht unbedingt im positivsten Sinne. „Diese ungeschickte Arroganz des Franzosen hat die Stimmung von Anfang an versaut“, ärgert sich ein Diplomat.[34] Frankreich und Deutschland ist das egal: Sie rücken nicht von ihrem Ziel ab, den pro-europäischen Belgier Verhofstadt zum Nachfolger von Romano Prodi zu befördern. Die Art jedoch, wie die beiden Großen ihren Favoriten durchsetzen wollen, wird von EU-Diplomaten als „kontraproduktiv und schädlich“ bezeichnet.

Die Atmosphäre ist aufgeheizt. Gastgeber Bertie Ahern wagt es nicht, einen Kandidaten vorzuschlagen. Er weiß, dass Verhofstadt nicht die nötige Unterstützung bekommt. Zu laut und unmissverständlich war die Botschaft der Europäischen Volkspartei. Chirac versucht mit aller Gewalt eine Kampfabstimmung zu erzwingen. Die wird abgebogen, um den Kandidaten nicht vollends zu desavouieren. Angeblich sind die Wortwechsel zwischen den Staatschefs bis auf die Gänge zu hören …

Der Ire Ahern will sich so rasch nicht geschlagen geben – hat er doch auf seiner *Tours des Capitales* viel Sympathie für Verhofstadt signalisiert bekommen. Nach dem Abendessen versucht er in Vieraugengesprächen zu ergründen, wer wen weswegen ablehnt oder unterstützt. Im Beichtstuhl-Verfahren lotet er die Präferenzen seiner EU-Kollegen für die Chancen der beiden Kandidaten Guy Verhofstadt und Chris Patten aus. Einer nach dem anderen muss also zu Bertie Ahern und ihm sagen, was er sich in der großen Runde nicht zu sagen traut. *Beichtstuhl*, das ist in der europäischen Politikmaschine die Suche nach Konsens. Es ist aber auch: Zuspitzung, Spannung und Drama. Was nicht vorgesehen ist, ist die Absolution. „Eine Sixtinische Kapelle ohne Heiligen Geist", lästert Parlamentspräsident Pat Cox.[35] Nach vier Stunden gibt Ahern auf: Alle sind auf ihren Positionen geblieben. Es ist ein Uhr früh, als die Konvois im Minutentakt den Tagungsort verlassen. Nur Ahern bleibt noch kurz im Ratsgebäude. Dann begibt er sich zu den wartenden Journalisten. Sie wollen Informationen aus erster Hand.

Am zweiten Gipfeltag – Freitag – gibt es einen großen Verlierer: Guy Verhofstadt, der für eine stärkere europäische Integration kämpft, sich für die Verfassung starkgemacht hat, und dem bis zum Schluss signalisiert worden war, er könnte tatsächlich der nächste Kommissionspräsident sein. Selbst EU-Ratsvorsitzender Ahern habe ihm nach seiner Rundreise durch die Hauptstädte zu verstehen gegeben, die Mehrheit seiner EU-Kollegen würde ihn gerne an der Spitze der Kommission sehen. – Doch was Verhofstadt jetzt von der Europäischen Volkspartei bekommt, ist eine Abfuhr: Entgegen der vorherigen Zusicherung der konservativen und christdemokratischen Regierungschefs macht die EVP in ihrer Sitzung Chris Patten zum Kandidaten.

Als der irische Ratsvorsitzende Bertie Ahern Freitagabend noch einen Versuch unternimmt, einen mehrheitsfähigen Kandidaten für den Kommissionsposten zu finden, scheint Verhofstadt nicht mehr auf der Liste auf. – „Ich habe dem Vorsitz mitgeteilt, dass ich nicht länger zur Verfügung stehe."[36]

Auch Patten überlegt aufzugeben und lässt ausrichten, dass er sich mit seinen politischen Freunden noch einmal beraten wolle.[37] Tony Blair, der Verhofstadt nicht ausstehen kann, meint süffisant: „Wir wollen den allerbesten Kandidaten."[38] Um kein Spielverderber zu sein und nicht ohne Präferenz für einen Kandidaten zu sein, lässt Blair über die *Financial Times* verkünden, nun Juncker zu favorisieren (der ihm von seiner Art und europäischen Haltung natürlich auch suspekt ist).[39]

Es kommen neue Personen ins Spiel: der französische Außenminister und ehemalige EU-Kommissar für Regionalpolitik Michel Barnier, der österreichische Bundeskanzler Wolfgang Schüssel sowie der portugiesische Ministerpräsident José Manuel Durão Barroso. Keiner der Genannten hat die Mehrheit hinter sich.

Bertie Ahern vertagt die Entscheidung.

Lange dauert es nicht, bis erste Schuldzuweisungen laut werden. Jacques Chirac macht die Briten für den Misserfolg verantwortlich, weil sie Verhofstadt nicht wollten. Gerhard Schröder präsentiert sich als „ehrlicher Makler" und wirft der Europäischen Volkspartei vor, dass die Kandidatur Chris Pattens ganz erkennbar ein „taktischer Vorschlag" der EVP gewesen sei.[40] Deutschland, so Schröder, stelle keine Vorbedingungen bei der Auswahl des nächsten Kommissionspräsidenten, außer: Es sei wünschenswert, dass er aus einem Land kommt, das in den zentralen Bereichen der EU mitarbeitet.[41] Die Christdemokraten meckern zurück, wie denn sie als stärkste Kraft nach der Europawahl dazu kämen, einen nicht-konservativen Kommissionspräsidenten akzeptieren zu müssen? – Wo doch schon für den gemeinsamen EU-Außenminister der spanische Sozialist Javier Solana und für den mächtigen Wirtschafts- und Industriekommissar der deutsche Günter Verheugen vorgesehen sei …

Als sich Chris Patten selbst aus dem Rennen nimmt, steht Bertie Ahern schwer unter Zeitdruck, denn die irische Präsidentschaft läuft Ende Juni aus. Es bleiben nur noch wenige Tage. Noch einmal wird der Ruf nach Jean-Claude Juncker laut. Keiner will seine dutzendfach wiederholte Ablehnung wahrhaben. Die Strategie, den Traumkandidaten doch noch zu überreden, sieht so aus: Man fleht ihn an – und er opfert sich.

Juncker lehnt jedoch erneut ab. „Ich kann mir nicht vorstellen, dass der Druck noch weiter wächst."[42] Es dauert, bis man seinen Entschluss akzeptiert – und sich nach neuen Kandidaten umschaut.

Bertie Ahern muss zwar nicht bei null beginnen, weil er die Haltung aller Kollegen kennt und „nur" den kleinsten gemeinsamen Nenner ausloten muss. Doch ein zweites Scheitern kann er sich nicht leisten.

Freitag, der 25. Juni 2004, sieben Tage nach dem gescheiterten EU-Gipfel von Brüssel: Das Kandidaten-Karussell dreht sich weiter.

Die britische *Financial Times* nennt als möglichen Anwärter auf den Präsidentenposten den konservativen portugiesischen Ministerpräsidenten José Manuel Durão Barroso. Außenseiter-Chancen werden aber auch dem Vorstandsmitglied des Ölkonzerns British Petrol (BP), Peter Sutherland, eingeräumt, dem ehemaligen irischen EU-Kommissar für Wettbewerb.[43]

Die Ankündigung der *Financial Times* bestätigt sich: Am Abend des 25. Juni, 20.20 Uhr, geht eine Eilmeldung über die Agenturen, wonach der portugiesische Ministerpräsident den Posten angenommen hat.[44] Zuvor erklärt EU-Ratsvorsitzender Bertie Ahern dem irischen Fernsehsender RTE: „Ich glaube, wir haben eine Einigung gefunden."[45] Ein Name wird dabei nicht genannt.

Kurz nach diesem Statement meldet die portugiesische Nachrichtenagentur Lusa, dass in Lissabon alles auf einen Regierungswechsel hindeute. Barroso wolle am Samstag über einen Wechsel nach Brüssel entscheiden. Nach einem Bericht der spanischen Tageszeitung *El Mundo* haben Chirac und Schröder die Zustimmung zu Barroso bereits signalisiert.[46] Tags darauf prescht der Vorsitzende der christdemokratisch-konservativen EVP-Fraktion im Europäischen Parlament, Hans-Gert Pöttering, vor. Als Erster bezeichnet er die Nominierung Barrosos als „sehr gute Wahl" und lobt den Portugiesen als „einen überzeugten Europäer".[47]

Massive Einwände am Auswahlverfahren sowie an der Methode der Ernennung kommen indessen von dem Kurzzeit-Kandidaten Chris Patten.

Europas Sozialdemokraten, die zweitstärkste Fraktion im EU-Parlament, äußern inhaltliche Bedenken gegen den konservativen

Portugiesen. „Wir brauchen einen Präsidenten der EU-Kommission, der sicherstellt und deutlich macht, dass europäische Entscheidungen im Interesse der einfachen Leute getroffen werden", sagt der Vorsitzende der Sozialistischen Partei Europas (SPE) Poul Nyrup Rasmussen.[48]

Die Sozialdemokraten erinnern auch daran, dass der neue Kommissionspräsident vom Europäischen Parlament bestätigt werden muss. Dort habe keine Fraktion alleine die nötige Mehrheit.

Nach einem Telefonat mit dem deutschen Kanzler Gerhard Schröder schlägt Ahern am 27. Juni den Portugiesen offiziell als Kandidaten vor. Bei einem Sondergipfel am 29. Juni in Brüssel soll er als Nachfolger von Kommissionspräsident Romano Prodi gekürt werden. Trotz der formalen Kriterien, die Barroso erfüllt, fallen die Kommentare in den europäischen Medien mehrheitlich kritisch aus. „Jede Organisation hat den Chef, den sie verdient", schreibt die *NZZ am Sonntag*. Und weiter: „Die Entscheidung für Barroso entspringt einer Negativauswahl, wie der EU auch sonst keine großen Würfe gelingen. Kandidaten mit Überzeugungskraft und europapolitischem Profil waren chancenlos, weil sie diesem oder jenem Regierungschef nicht passten."[49]

Die liberale *Frankfurter Rundschau* kommentiert: „So kriegt einer dann den Spitzenjob, weil er erstens ein Regierungschef, zweitens ein Konservativer und drittens noch mit keinem in der EU angeeckt ist. [...] Es ist wohl vor allem sein Mangel an europäischem Profil, der Barroso im Kreis der Mitgliedsländer konsensfähig macht."[50]

Das niederländische *Algemeen Dagblad* interpretiert die Wahl Barrosos als „eine Ohrfeige für die Wähler. Barroso hat gerade eine historische Wahlniederlage bei den Europawahlen am 13. Juni erlitten. Sie beweist, dass er seine Politik schon daheim nicht deutlich machen kann. Warum sollte er das auf europäischer Ebene können?"[51]

Wie sehr sich europa-skeptische Länder vor dem Europäer Jean-Claude Juncker fürchten, unterstreicht ein Kommentar in der konservativen britischen *Times*. „Verglichen mit Romano Prodi ist Barroso kein schlechter Kandidat. … José Manuel Barroso war ein hilfreicher Verbündeter für Tony Blair – nicht nur im Irakkrieg, in dem er die angloamerikanische Koalition unterstützte, sondern auch beim Thema wirtschaftliche Reformen in Europa. Er ist allemal besser als irgendein anonymes Individuum, wahrscheinlich wieder aus Luxemburg."[52]

Am 29. Juni 2004 kommen die 25 Staats- und Regierungschefs zu einem Sondergipfel nach Brüssel, um Barroso offiziell zu küren. *Gebt dem Neuen eine Chance!*, lautet das Motto, das die EU-Granden für den designierten Kommissionschef ausgeben.

Noch am Abend der Präsidenten-Kür beginnt das Feilschen um die interessanten und mächtigen Dossiers. Da hilft es auch nur wenig, dass Barroso sich auf den Vertrag von Nizza beruft, der ihm das letzte Wort bei der Aufteilung der Portefeuilles und bei der Auswahl der Kommissare, der Bildung der „europäischen Regierung", zubilligt; hinter den Kulissen ist der Postenschacher längst im Gange.

Vor der Wahl, die der neue Kommissionspräsident im Europäischen Parlament am 22. Juli 2004 über sich ergehen lassen muss, lässt der sozialdemokratische Fraktionschef Enrique Barón Crespo die Muskeln spielen: „Wir sind nicht bereit, das Ganze so einfach abzusegnen", meldet er frühzeitig an.[53] – Dieser Satz ist ein Hinweis auf ein Ritual, das immer dann stattfindet, wenn es um etwas geht …

Schon nach den Hearings ist fix, dass Schwarz und Rot eine Elefantenhochzeit, ein *agreement of understandig*, eingehen werden. Sie besitzen zusammen die absolute Mehrheit mit 468 Sitzen.[54] – Eine „Bedingung" für die Sozialdemokraten, Barroso zu wählen, sei dieses Abkommen aber nicht, bekräftigt Pöttering. Wie sieht das Abkommen aus? Ohne langes Verhandeln werden sich der deutsche CDU-Politiker und sein Landsmann Martin Schulz, der neue Vorsitzende der Sozialdemokratischen Fraktion, einig: Die Sozialdemokraten stellen in der ersten Hälfte der fünfjährigen Legislaturperiode

(2004 bis 2009) den Parlamentspräsidenten, die EVP in der zweiten. Auch die Namen sind so gut wie fix: Zuerst kommt der Katalane Josep Borrell zum Zug, in der zweiten Hälfte ist der Posten für Pöttering reserviert.

Dieser Hinterzimmer-Deal wird den beiden Deutschen noch lange vorgehalten.

„Das Abkommen ist lächerlich und macht das Europa-Parlament für die Öffentlichkeit unverständlich", sagt Grünen-Co-Vorsitzender Daniel Cohn-Bendit.[55] Die Zusammenarbeit von Konservativen und Sozialdemokraten habe nichts mit dem Wählerwillen zu tun, wettert „Dany le Rouge". Er kündigt an, dass die Grünen bei der Wahl des Parlamentspräsidenten am 20. Juli 2004 nicht für den spanischen Sozialisten Josep Borrell, sondern für den Liberalen und ehemaligen polnischen Außenminister Bronisław Geremek stimmen werden.

Auch vielen Christdemokraten ist mulmig zumute. Es sei ein politischer Fehler gewesen, die eigene Unterstützung für Borrell nicht an die Zustimmung der Sozialdemokraten für Barroso zu knüpfen. „Das Pfand Borrell ist nach seiner Wahl weg. Wenn die SPE am 22. Juli gegen Barroso stimmt, sind wir die Dummen", fürchtet ein Sprecher der Konservativen.

Das große Zittern beginnt. Der Pole Geremek, Gründungsmitglied der Solidarność-Gewerkschaft, spiele mit seiner Erfahrung politisch in der Champions League, Borrell nur in der Landesliga, argumentieren Grüne und Liberale. Auch so mancher Christdemokrat sagt laut, Geremek, den brillanten Redner und Intellektuellen, wählen zu wollen.

Trotz der Kritik vieler Abgeordneter an der Posten-Packelei zwischen EVP und SPE wird der spanische Sozialist Josep Borrell gemäß des Koalitions-Abkommens am 20. Juli 2004 im ersten Wahlgang zum Präsidenten des Europäischen Parlaments gewählt. In geheimer Wahl erhält er 388 der 647 gültigen Stimmen. Für die erforderliche absolute Mehrheit hätte er nur 324 Stimmen benötigt.

Der Kandidat der Liberalen, Bronisław Geremek, bekommt 208 Stimmen, der dritte Kandidat, der französische Kommunist Francis Wurtz von den Vereinten Linken, 51.

Rot und Schwarz atmen auf – das „Koalitions"-Abkommen hat seine erste Probe bestanden. Jetzt muss der designierte Kommissionspräsident Barroso die Hürde des Parlaments überwinden.

In seiner Bewerbungsrede zieht der Konservative noch einmal alle Register: Geschickt versucht er Nord und Süd, Arm und Reich, Alt und Neu, Rechts und Links zu vereinen. Am Tag nach der Rede stellt Barroso sich den 732 Abgeordneten im Europaparlament zur Wahl. Er hat keinen Gegenkandidaten. Die Stimmen der Konservativen und Christdemokraten – 268 – sind ihm sicher. Doch in den Reihen der Sozialdemokraten – 200 Sitze – nimmt der Widerstand zu. Die Grünen (42 Sitze) und die Vereinte Linke (41 Sitze) sprechen sich erneut – unter anderem wegen Barrosos US-freundlicher Haltung im Irakkrieg – gegen ihn aus. Mit einem Mal ist die Bestellung Barrosos wieder offen. Verweigert das Europäische Parlament die Zustimmung, muss der Rat einen neuen Kandidaten ernennen.

Noch einmal ziehen sich Sozialdemokraten, Liberale und Grüne in der Nacht von Mittwoch auf Donnerstag zu Beratungen zurück.

Der Name Jean-Claude Juncker taucht nun plötzlich – kurz vor der Wahl – außerhalb der Konferenzräume immer wieder auf. Nostalgisch bemerkt so mancher Abgeordneter im Gespräch mit Journalisten in der Presse-Bar, dass es eine solche Packelei mit einem Kandidaten Juncker nicht gegeben hätte: Die Sozialdemokraten signalisierten schon im Vorfeld der Personal-Suche für den Kommissionschef die Zustimmung zu Juncker. Auch die Grünen wären aufseiten Junckers.

Donnerstag, 22. Juli 2004: Die Reihen der Abgeordneten des Europäischen Parlaments sind voll besetzt. Barroso erscheint im dunklen Anzug, in weißem Hemd mit quer gestreifter Krawatte. Noch einmal wirbt der Portugiese um jede Stimme. Er präsentiert sich als Sachwalter wirtschaftlicher, sozialer und ökologischer Anliegen zugleich. Um für alle wählbar zu sein, positioniert er sich nicht als Konservativer, sondern als Reformer im politischen Zentrum. Dann nimmt er wieder Platz und setzt seine Kopfhörer auf.

Die Fraktionschefs melden sich zu Wort. Die Spitzen der Europäischen Volkspartei lassen vorab verbreiten: „Es wird sich ausgehen."

Dann legt Martin Schulz von der SPE los: „Wir haben persönlich gar nichts gegen Sie. Die Integrität Ihrer Persönlichkeit steht außer Zweifel. Aber sind Sie der Mann, der gegenüber anderen Mächten die Europäische Union auf Augenhöhe bringen kann? Für die meisten von uns bleiben Sie der Initiator des Azoren-Gipfels. [...] Die sozialdemokratische Fraktion kann Ihnen ihr Vertrauen heute nicht aussprechen."[56]

Die Mehrheit für Barroso droht zu kippen. Die große Koalition, die sich im ersten Wahlgang reibungslos auf den Parlamentspräsidenten Josep Borrell geeinigt hat, scheint schon zwei Tage später zu zerbrechen. Jetzt sind die Liberalen die Königsmacher.

Die Sitzung wird beendet, die Abgeordneten unter strenger Aufsicht zu den Urnen gerufen. Eine Stunde dauert es, bis die Stimmen ausgezählt sind. Knapp nach 13.00 Uhr ist es so weit. Der neue Parlamentspräsident Borrell verliest das Ergebnis: Von 708 gültig abgegebenen Stimmen (bei 732 Abgeordneten) entfallen 413 auf Barroso, 251 gegen ihn – bei 44 Enthaltungen. Der 48-Jährige ist somit von 58 Prozent der Abgeordneten zum neuen Kommissionspräsidenten gewählt. Barroso steht auf und erklärt in seiner Dankesrede, dass er in seiner Amtszeit „Brücken" zwischen den politischen Lagern in der EU „bauen" wolle – auch zu jenen, die ihn nicht gewählt haben. An feierlichen Worten herrscht kein Mangel, Gemeinplätze gibt es im Überfluss.

„Mit dem Schmusekurs muss jetzt Schluss sein", schreibt die *Financial Times Deutschland* am nächsten Tag.[57]

Barrosos Personalauswahl ist umstritten. Einige Kandidaten fallen bei den Hearings wegen Inkompetenz, Befangenheit oder umstrittener Aussagen auf. Das Parlament fordert Barroso auf, den italienischen Christdemokraten Rocco Buttiglione, der als Kommissar für Inneres, Justiz und Grundrechte vorgesehen war, wegen umstrittener Aussagen zu Homosexualität und Gleichberechtigung ein neues Ressort zu geben. Als das nicht geschieht, wächst der Widerstand. Einzelne Fraktionen drohen mit einer Ablehnung der gesamten Kommission. Letztendlich zieht Barroso – auch auf Anraten Junckers – sein Team zurück: ein einmaliger Schritt in der Geschichte der EU. Die alte Kommission von Romano Prodi bleibt vorübergehend im Amt.

Buttiglione und die lettische Kandidatin Ingrīda Ūdre, der illegale Parteienfinanzierung vorgeworfen wird, werden durch neue Kandidaten ersetzt. Am 18. November 2004 wählt das EU-Parlament die neue Barroso-Kommission.

DER „HELD VON DUBLIN“: WIE JUNCKER 1996 DEN EURO-STABILITÄTSPAKT RETTET

Es regnet in Dublin. Kalter Wind bläst von der See. Die City der irischen Hauptstadt ist weihnachtlich geschmückt, doch von der Adventstimmung merken die Staats- und Regierungschefs sowie die Finanzminister der 15 EU-Mitgliedsländer an diesem Abend des 12. Dezember 1996 nur wenig, als sie in ihren Limousinen mit Polizeibegleitung durch die Stadt fahren. Ein Heer von Sicherheitskräften kontrolliert den Weg des Konvois vom Flughafen zum Tagungsort auf Schloss Dublin. Auf der Agenda steht der umstrittene Stabilitätspakt, der die Haushaltsdisziplin der Euro-Teilnehmerstaaten absichern soll. Die Stimmung ist gespannt: Zwischen Frankreich und Deutschland herrscht Alarmstufe rot, seit ein französischer Notenbanker via *Le Monde* die deutsche Bundesbank attackierte, indem über eine Abwertung des Franc gegenüber der Mark spekulierte.[58] Schon seit dem Sommer haben steigende Arbeitslosigkeit, Streiks und eine anhaltend schwache Konjunktur in Frankreich dazu geführt, dass im Vorfeld der Währungsunion mit den starken Sparauflagen – und dem Wunsch Deutschlands nach einem rigiden Stabilitätspakt – die Kritik an der gemeinsamen Währung stärker wird. Einige Parlamentarier fordern sogar eine Volksabstimmung über die Einführung des Euro.

„Wir müssen uns nicht damit abfinden, dass die Mark-Zone zum obligatorischen Vorzimmer der Währungsunion geworden ist. Zusammenarbeit ja! Unterwerfung nein!“, gießt Frankreichs Ex-Präsident Valéry Giscard d’Estaing Öl ins Feuer.[59]

Offen sind die Höhe und Art der Sanktionen für Defizitsünder sowie die Definition, wann ein Euro-Teilnehmerstaat in einer Rezession ist, und wie lange diese anhalten darf.

Eine Nacht lang ringen die Finanzminister über die Höhe der Geldstrafe, wenn ein Euroland die Maastricht-Vorgabe von drei

Prozent des Bruttoinlandsprodukts (BIP) für die Neuverschuldung überschreitet. Der deutsche Finanzminister Theo Waigel schlägt vor, dass die Geldbußen, die für maximal zwei Jahre als zinsenloses Depot bei der EU hinterlegt werden müssen, von 0,2 Prozent des BIP bis zu maximal 0,5 Prozent des BIP reichen sollen. Gelingt dem Budgetsünder nach zwei Jahren die Rückkehr unter die Drei-Prozent-Grenze, verfällt das Depot, es soll dem EU-Haushalt zugutekommen.

Gestritten wird auch über die Umverteilung des Geldes. Wie ein Zuchtmeister tritt Waigel auf. Er möchte, dass das Geld nur den „Tugendhaften" zufließen soll; andere EU-Staaten befürchten, dass die Sünder damit nur noch tiefer in den Sumpf gestoßen werden. Ein anderes „heißes Eisen" ist die Frage der Festschreibung der „außerordentlichen und vorübergehenden Umstände" (Einbruch der Wirtschaft, Naturkatastrophen), auf die sich ein Euroland berufen kann, um bei der Überschreitung der Neuverschuldungs-Obergrenze nicht mit einer empfindlichen Geldstrafe belegt zu werden. Der Stabilitätspakt sieht nämlich vor, dass Euroländer bei einer tiefen Rezession höhere Defizite ausweisen dürfen als in Zeiten normaler Konjunktur. Hier liegen die Finanzminister weit auseinander.

Immerhin wird Einigung darüber erzielt, dass gegen jene Teilnehmer der künftigen Währungsunion, die keine solide Haushaltspolitik betreiben, Geldstrafen verhängt werden sollen. Frankreich will im Unterschied zum deutschen Plan, dass der Ministerrat einen Ermessensspielraum erhält, wenn er Strafen verhängt.[60] Über die Größe des Spielraums klaffen die Ansichten weit auseinander. Das ungelöste Paket wird an die Staats- und Regierungschefs weitergereicht.

Mit dem Schlachtruf *Der Euro muss so hart wie die D-Mark sein!* wirbt der deutsche Kanzler Helmut Kohl für eine stabile Währung und für strenge Kriterien für die Teilnahme am Euro-Geld. Je weniger die Politik in die Geldpolitik eingreift, umso besser. Kohl geht aufs Ganze: „Wir gewinnen die Partie", versucht er die Franzosen weichzuklopfen und gleichzeitig Druck auf die EU-Partner zu machen.[61]

Der französische Staatspräsident Jacques Chirac denkt nicht daran, sein Land in das enge Euro-Korsett zu zwängen. Die erreichte Stabilisierung ist in Frankreich die Frucht einer immensen politischen Anstrengung – und so müsse es auch bleiben. Chirac plädiert für eine lockere Vereinbarung mit einem großen nationalen Spielraum. Immerhin habe Frankreich schon genug Zugeständnisse gemacht – was der Bonner Bundesregierung half, bei der skeptischen deutschen Bevölkerung Vertrauen in die Einheitswährung zu schaffen. So stimmte Paris für eine Europäische Zentralbank, die unabhängig ist, akzeptierte Frankfurt als deren Sitz und den Namen *Euro* statt des ursprünglich vorgesehenen *Ecu*.

Paris hält nicht viel vom harten Zwang zum Sparen. Das könne dem Wachstum schaden und produziere noch mehr Arbeitslose. Bedrängt wird Chirac von den oppositionellen Sozialisten unter Lionel Jospin, die ihm vorwerfen, vor den Deutschen eingeknickt zu sein, weil nur über einen harten Euro, nicht aber über Wachstums- und Beschäftigungspolitik in der EU verhandelt werde. *Kein Euro ohne eine gemeinsame Beschäftigungspolitik*, lautet die Formel von Frankreichs Sozialisten.

Der konservative britische Premier John Major eilt Frankreich zu Hilfe. „Jede Entscheidung über die Verhängung von Strafen im Falle einer Verletzung der zulässigen Obergrenze für die Neuverschuldung von drei Prozent ist letztlich politischer Natur", sagt er und desavouiert damit deutsche Politiker, die einen Stabilitätspakt mit konkreten Zahlen wollen.[62]

Die Chancen Deutschlands, seine Anliegen durchzubringen, schwinden. Auf Kanzler Kohl lastet enormer Druck: vonseiten der Wirtschaft und der Banken, die dem Euro entgegenfiebern, und vonseiten der deutschen Konsumenten, für die der Euro mehrheitlich ein Albtraum ist.

Der Stabilitätspakt steht auf Messers Schneide; da hilft auch eine provisorische Einigung über den Rechtsrahmen der geplanten

Europäischen Währungsunion nicht. Oder über das Währungssystem EWS II, das künftig das Verhältnis der gemeinsamen Währung Euro zu den übrigen EU-Währungen regeln soll. Der endgültige Beschluss über beide Punkte ist an eine Einigung über den Stabilitätspakt gekoppelt. Es geht um die Frage, ob und inwieweit die beiden offenen – das heißt im Entwurf in eckigen Klammern stehenden – Zahlen über Auslösungsschwellen von Sanktionen für alle annehmbar sind. Deutschland und Frankreich beißen sich daran die Zähne aus. Der EU-Gipfel droht zu scheitern, denn die beiden Großen wollen nicht aufgeben. – Jetzt ist ganz dringend ein Mediator gefragt …

„Wo ist der Junior?“, ruft Helmut Kohl nach Jean-Claude Juncker. Der Luxemburger genießt Kohls Vertrauen – und das seit vielen Jahren: In Währungsfragen kennt Juncker sich aus, er mischt seit 1989 als Finanzminister des Großherzogtums bei den Verhandlungen über die Wirtschafts- und Währungsreform mit. Der junge Premier mit der langen Regierungserfahrung ist es gewohnt, einzuspringen und an Kompromissformeln zu feilen. Die Wort-Akrobatik beherrscht er besser als so mancher Diplomat. Ihm zur Seite stehen der deutsche Finanzminister Theo Waigel, sein niederländischer Kollege Gerrit Zalm sowie der irische Ratspräsident und Finanzminister Ruairi Quinn. Nach 17 Stunden Verhandlungen schafft Juncker das Kunststück: Er schlägt ein Maßnahmenpaket vor, das klare Spielregeln als Schutz für die gemeinsame Währung Euro festschreibt.[63] Es trägt zwar die deutsche Handschrift, aber es wird von den Franzosen geschluckt.

In einer Nische des Konferenzsaales stimmen die Chefs aus Deutschland und Frankreich ab, was Juncker erarbeitet hat. Eine Viertelstunde genügt für den Kompromiss: Kohl kann mit Chirac – und ringt ihm so das Ja zum Stabilitätspakt ab, der den Deutschen die Angst vor dem Euro nehmen soll. „Wie Pferdehändler“ hätten die beiden Staatsmänner dagehockt und gezockt – und den anderen Regierungschefs gezeigt, wie in der EU Politik gemacht wird.[64] Zur Belohnung gibt es ein Schulterklopfen für „den Langen", wie Kohl seinen französischen Freund nennt. Dann geht es ab zum Mittagessen.

Juncker bringt mit der Einigung über das komplizierte Regelwerk den deutsch-französischen Motor wieder auf Touren und schafft es damit, die politischen und technischen Hindernisse für den termingerechten Start der Währungsunion am 1. Januar 1999 aus dem Weg zu räumen. Er beruhigt damit vorläufig auf Ebene der Staats- und Regierungschefs die weitere Diskussion über die Euro-Einführung. Der harmonische Ausklang des Gipfels unter irischer EU-Präsidentschaft wird auch durch ein kurzes Aufbäumen Chiracs am Ende der Tagung nicht getrübt. Als der Franzose in der Schlussrunde des Treffens noch einmal Bedenken anmeldet, ist es wieder Kohl, der ihm den letzten Ruck gibt. „Aber Jacques, du warst doch auf der ENA[65]", schmeichelt der Deutsche dem Absolventen der französischen Eliteschule, „du kannst doch rechnen, ich war ja nur auf dem Gymnasium."[66] Jetzt kann Chirac nicht mehr Nein sagen.

Bei der internationalen Abschluss-Pressekonferenz ist Kanzler Kohl voll des Lobes für Jean-Claude Juncker. „Er hat gekämpft. Einer für alle."[67] Der Ministerpräsident des kleinsten EU-Mitgliedslandes Luxemburg steht im Mittelpunkt des Dubliner Gipfels und stiehlt dem „Dicken" (Kohl) und dem „Langen" (Chirac) die Show.

Auch der irische Finanzminister würdigt den zustande gekommenen Kompromiss über den Stabilitäts- und Wachstumspakt und besonders die Vermittlerrolle Junckers. „Er hat wesentlich dabei mitgeholfen, eine Einigung zwischen Bonn und Paris herbeizuführen, deren Auffassungen diametral entgegengesetzt waren."[68]

Dass Waigel sich in der angestrebten Automatik für die Auslösung von Sanktionen gegen Haushaltssünder nicht durchsetzen konnte, darüber wird nicht mehr geredet. Die französische Regierung bestand ja mit Härte darauf, dass Geldbußen nach Artikel 104c des Maastrichter Vertrages letztendlich im Europäischen Ministerrat mit Zweidrittelmehrheit beschlossen werden müssen, und dass es keine Automatik gibt.

Verdrängt sind die stundenlangen Streits und Verhandlungen über den Stabilitätspakt. Geredet wird auch nicht darüber, dass der Lehrmeister vom Rhein selbst nicht schafft, was er predigt. Würden nämlich zum Abschluss der Verhandlungen über den Stabilitätspakt dessen Kriterien gelten, müsste Bonn sofort sechs Milliarden Mark Zwangseinlage auf ein Sperrkonto der Europäischen Zentralbank überweisen – wegen übermäßiger Schuldenmacherei.

Schwamm drüber. Waigel zeigt sich mit Junckers Kompromiss-Formel „voll zufrieden".[69] Die vereinbarten Schritte bezeichnet er als „Quasi-Automatik". Jetzt gebe es klare und eindeutige Spielregeln, die eine dauerhafte Orientierung am Stabilitätsziel ermöglichen.

Die Entscheidung von Dublin, den Stabilitätspakt nach deutschen Vorstellungen zu beschließen, bleibt als zentrales Ergebnis des Gipfels in Erinnerung.

In der internationalen Presse wird Juncker tags darauf als „Held von Dublin" und „Retter des EU-Gipfels" gefeiert.[70]

Mit der Einigung auf den Stabilitätspakt in Dublin sind die wichtigsten Ingredienzien für erfolgreiche EU-Gipfelkonferenzen gegeben: ein paar formelle Beschlüsse zur Wirtschafts- und Währungsunion, ein befreiender Entscheid zum Stabilitätspakt und die Identifikation der verbleibenden gemeinsamen Herausforderungen. – Die umfassende Reform der EU, die als Voraussetzung für die Erweiterung der Union gebraucht wird, wird in Dublin nicht angetastet. Der Abschluss der laufenden Regierungskonferenz für einen neuen EU-Vertrag und weitere Schritte zur gemeinsamen Währung sollen beim Gipfel im Juni 1997 in Amsterdam erfolgen.

Der Entwurf für einen neuen EU-Vertrag wird generell gutgeheißen, Verhandlungen über heikle Punkte werden auf den nächsten Gipfel in Amsterdam verschoben. Nicht ernst genommen werden in diesem Zusammenhang schrille Zwischentöne des britischen Premierministers John Major, London werde all jene Reformen verhindern, mit denen Brüssel die Union für die Osterweiterung rüsten will. „Wir sind nicht bereit, unser Veto aufzugeben", sagt er, wenn es darum geht, die Selbstblockade der EU durch den quälenden Zwang zur Einstimmigkeit aufzuheben und zum System der Mehrheitsentscheidungen überzugehen. Die Staats- und Regierungschefs verlassen Dublin in der Hoffnung, dass es im Mai 1997 Wahlen in Großbritannien gibt und dann die Blockade der kontinentalen Integration ein Ende hat.

Die Teilnehmer der Währungsunion verpflichten sich, nur bei gravierenden Rezessionen (Rückgang des BIP um jährlich mehr als zwei Prozent) von der Ausnahmeregelung für die Einhaltung der Obergrenze der Neuverschuldung von drei Prozent des BIP Gebrauch zu machen.

Bei einem Rückgang der gesamtwirtschaftlichen Leistung zwischen zwei und 0,75 Prozent soll ein kompliziertes Abstimmungsverfahren zwischen EU-Kommission und Ministerrat in Gang gesetzt werden. Zunächst muss die EU-Behörde einen Bericht erstellen, wann immer die geplante oder tatsächliche Neuverschuldung den Maastrichter Referenzwert von drei Prozent überschreitet. Dann muss der EU-Wirtschafts- und Währungsausschuss binnen zwei Wochen eine Stellungnahme zum Bericht der EU-Kommission vorlegen. Kommt die Kommission zu dem Ergebnis, ein Defizit sei als nicht übermäßig einzustufen, muss sie diese Haltung im Ministerrat rechtfertigen. Wenn dann die 15 Mitgliedsländer im Ministerrat beraten, ob ein übermäßiges Defizit besteht oder nicht, müssen sie Beteuerungen des betreffenden Mitgliedslandes berücksichtigen, dass ein Rückgang des BIP von weniger als zwei Prozent dennoch als Ausnahme anzusehen sei. Gelangt der Ministerrat zu dem Schluss, es besteht tatsächlich ein übermäßiges Defizit, so fordert er den Sünder auf, binnen vier Monaten geeignete Maßnahmen zu ergreifen. Kommt der Mitgliedstaat dieser Aufforderung nicht nach, beschließen die Teilnehmer an der Währungsunion mit qualifizierter Mehrheit, ob Sanktionen verhängt werden (Artikel 104c des Maastrichter Vertrages). Das betreffende Land stimmt nicht mit. Spricht sich die Mehrheit für eine Bestrafung aus, müssen die Geldbußen binnen zehn Monaten als unverzinsliche Einlage in Brüssel hinterlegt werden. Sie betragen bis 0,5 Prozent des BIP und werden – wenn das Defizit bleibt – nach zwei Jahren endgültig in Geldbußen umgewandelt.

Geht die gesamtwirtschaftliche Leistung um weniger als 0,75 Prozent des BIP zurück, so verpflichten sich die Teilnehmer der Währungsunion nach der Juncker-Formel, in der Regel nicht das Limit von drei Prozent Neuverschuldung zu überschreiten.

Trotz politischer Vereinbarung in Dublin ist der Stabilitäts- und Wachstumspakt noch lange nicht abgehakt. Jetzt sind die Juristen am Werk. Sie gießen die Beschlüsse in Rechtstexte, die im Juni 1997 in Amsterdam von den Staats- und Regierungschefs angenommen werden müssen, um die Wirtschafts- und Währungsunion termingerecht am 1. Januar 1999 starten zu können.

Doch weder in der Öffentlichkeit noch in den Staatskanzleien – und schon gar nicht in den Parteien – kehrt nach dem Gipfel Ruhe ein. Die Kontroversen über den Stabilitätspakt gehen weiter. Die Wirtschaft begrüßt ihn, bedauert aber, dass die geplante Automatik bei den Sanktionen fehlt.[71]

Befürworter wie Kritiker verteidigen auf den Leserbriefseiten der Medien und in Fernseh-Talkshows ihre Positionen. Doch nicht nur in der breiten Öffentlichkeit wird Stimmung für und wider den Stabilitätspakt gemacht. Auf politischer Ebene bringen sich Oppositionsparteien diverser Regierungen in Stellung, allen voran die Parti Socialiste (PS) in Frankreich. Die Sozialisten wünschen den Euro-Beitritt von Italien und Spanien sowie von Großbritannien und fordern eine „europäische Regierung" zur Kontrolle der

Europäischen Zentralbank. Der Stabilitätspakt soll durch einen Solidaritäts- und Beschäftigungspakt – eine erweiterte europäische Sozialcharta – ergänzt werden.[72]

Nicht nur die französische Opposition übt Kritik am Stabilitätspakt. Auch zwischen den Regierungen in Paris und Bonn geht das Kräftemessen unterschwellig weiter: Die Deutschen sind stolz auf die Unabhängigkeit ihrer Notenbank; die harte Mark hat darin ihren Ursprung. Paris stellt die Unabhängigkeit der EZB wieder infrage. Premierminister Alain Juppé fordert einen „Stabilitätsrat", der über den Euro wachen sollte. Die künftige Gemeinschaftswährung soll zu einem Kampfinstrument vor allem gegen den Dollar gemacht werden. Die Differenz zwischen den beiden Regierungen dies- und jenseits des Rheins nährt gegenseitige Verdächtigungen und lässt die Schwächen der europäischen Institutionen bei der Steuerung der europäischen Währung hervortreten. „Verträge nützen wenig, wenn die Konvergenz in den Köpfen nicht vorankommt", kommentiert die *Frankfurter Allgemeine Zeitung* die Divergenzen zwischen Deutschland und Frankreich.[73]

Wenige Wochen vor dem alles entscheidenden EU-Gipfel am 16. und 17. Juni 1997 in den Niederlanden erreicht der Streit seinen Höhepunkt: Die innenpolitischen Ereignisse in Frankreich stellen die Verabschiedung des Stabilitäts- und Wachstumspaktes infrage. Überraschend kündigt Staatspräsident Jacques Chirac am 21. April 1997 in einer Rede an die Nation die Auflösung der Nationalversammlung an, elf Monate vor dem regulären Termin. Er begründet den Schritt mit den „bedeutenden Entscheidungen, die im Laufe der kommenden Monate" in Europa getroffen werden müssen. Zu den wichtigen Entscheidungen in Europa zählt er die Einführung des Euro, die Reform der Europäischen Institutionen, die Osterweiterung der EU und die Reform der NATO. Den Euro, um den sich alles dreht, bezeichnet der französische Staatspräsident als „unverzichtbar, wenn wir uns als eine wirtschaftliche und politische Großmacht behaupten wollen".[74]

Mit den Neuwahlen will die französische Regierung verhindern, dass der Euro neuerlich zum Zankapfel wird. Dem Maastricht-Vertrag mit der Wirtschafts- und Währungsunion als Kernstück hatten die Franzosen 1992 in einem Referendum nur mit 51,05 Prozent knapp zugestimmt.

Die Sozialisten als größte Oppositionspartei sehen die Ankündigung von Neuwahlen als „Eingeständnis des Scheiterns der Regierung".[75] Der Chef der Sozialisten und potenzielle Premierminister Lionel Jospin fordert einen Tag vor der Parlamentsauflösung ein „soziales Europa" und kündigt seine Absicht an, die Maastrichter Konvergenzkriterien mit den europäischen Partnerländern neu zu verhandeln. Jospin betont, zu einer „Währungsunion um jeden Preis" nicht bereit zu sein und die Beschäftigungsmaßnahmen zur neuen Priorität der EU-Politik erheben zu wollen.[76] Im Wahlkampf verlangt er zahlreiche Nachbesserungen für die Einführung des Euro: einen Beschäftigungspakt, keine Überbewertung des Euro im Vergleich zu Dollar und Yen, eine Art Europäische Wirtschaftsregierung als Gegengewicht zur Europäischen Zentralbank sowie die Beteiligung Italiens und Spaniens am Euro von Anfang an. Zur Überraschung aller vertritt auch der bisherige Parlamentspräsident Philippe Séguin von der Gaullistenbewegung RPR eine ähnliche Position wie Jospin.

Das französische Wahlergebnis am 1. Juni schlägt in Deutschland wie eine Bombe ein. Bundeskanzler Helmut Kohl wiederholt nervös, dass Neuverhandlungen der Maastrichter Konvergenzkriterien nicht zur Debatte stehen. Doch nichts anderes will der Wahlsieger und neue französische Premierminister Lionel Jospin. Er hat es seinen Wählern versprochen. Seine Linkskoalition aus Sozialisten, Kommunisten und Grünen verheißt nichts Gutes für Bonn. Jospin verlangt noch am Wahlabend eine „Neuorientierung des europäischen Aufbaus".[77] Er erklärt, „nicht um jeden Preis zu einer Währungsunion" bereit zu sein, und Beschäftigungspolitik zu einer neuen Politik der EU zu machen.[78]

Der Stabilitäts- und Wachstumspakt, den die 15 im Dezember 1996 in Dublin unterzeichnet haben, und der scharfe Sanktionen vorsieht, falls ein Land der Währungsunion die Drei-Prozent-Schwelle des Bruttoinlandsprodukts übersteigt, könnte demnach bereits noch vor seiner Anwendung der Vergangenheit angehören. Selbst der ehemalige Langzeit-Präsident der EU-Kommission, Jacques Delors, ein Vorkämpfer des Maastricht-Vertrages, fordert in einem Interview mit dem Wochenmagazin *Nouvel Observateur*, dass eine „Abänderung der Regeln zur Budgetüberwachung" nötig sei.[79] Der Knalleffekt erfolgt eine Woche nach der französischen Wahl, am Montag, den 9. Juni 1997, beim Vorbereitungstreffen der EU-Finanzminister für den Gipfel in Amsterdam. Internationale Agenturen vermelden knapp: „Frankreich fordert Bedenkzeit für den Stabilitätspakt." Der Nachsatz, „die geplante Annahme des Stabilitätspaktes beim EU-Gipfel kommende Woche könnte verschoben werden", deutet auf eine schwere Krise hin.[80] Eine halbe Stunde später vermeldet Frankreichs Finanzminister Dominique Strauss-Kahn: Eine Bedenkzeit von gut einer Woche sei nötig. Am Starttermin der Wirtschafts- und Währungsunion zum 1. Januar 1999 gebe es aber keine Zweifel.[81] Strauss-Kahn betont, dass Frankreich die Beschäftigung stärker im Stabilitätspakt verankern wolle. Auch soll ein politisches Gegengewicht zur Europäischen Zentralbank geschaffen werden. Wie diese „Ergänzungen" zum Stabilitätspakt aussehen sollen, ist offen. Für Europa-Minister Pierre Moscovici steht fest, dass der Stabilitätspakt beim EU-Gipfel am 16. und 17. Juni in Amsterdam „nicht verabschiedet werden kann".[82] Die Regierung brauche einen „echten Aufschub". Frankreich werde sich nicht dem Druck der EU-Partner beugen, sagt Moscovici. Unterstützung bekommt Frankreich vom neuen britischen Finanzminister Gordon Brown. „Zurzeit müssen Arbeitsplätze die erste Priorität für die EU sein", sekundiert er seinem Pariser Kollegen.[83] Großbritannien denkt nicht daran, zum Kern der Euroländer zu gehören. Europas Sozialdemokraten verbreiten die These, dass dank der französischen Forderungen für Neuverhandlungen des EU-Vertrages die Erfolgschancen der Währungsunion insgesamt gestiegen seien. – Schlechte Nachrichten für Deutschlands Finanzminister Theo Waigel: Nach Wochen innenpolitischer Erschütterungen angesichts eines nahezu außer Kontrolle geratenen Budgets kommt der Druck jetzt aus dem Ausland. Die Skepsis der französischen Regierung gegenüber einem Stabilitätspakt stellt infrage, was Waigel seinen Landsleuten als persönliches Meisterwerk dargestellt hat: die Garantie für die Ablösung der Deutschen Mark durch einen mindestens ebenso stabilen Euro. Zwei Jahre lang hat Waigel in Europa für den von ihm erdachten Stabilitätspakt gekämpft, der jedes Land mit drastischen Strafen bedroht, das mit seinen Schulden zu großzügig umgeht.

Erneut legt er sich darauf fest, dass es keinen Raum für Abweichungen geben dürfe: „Drei heißt 3,0 und nicht 3,1" – lautet Waigels Definition über den zulässigen Prozentanteil des Defizits am Bruttoinlandsprodukt. Klar sei auch, dass „die Beschäftigungspolitik in nationaler Verantwortung bleibt".[84] Waigel will damit feststellen, dass es keine frischen EU-Gelder für neue Jobs und keine Einmischung Brüssels in die Gestaltung der Arbeitsmärkte geben wird. Auffallend ist, dass sich Bundeskanzler Kohl nie so ausdrücklich Waigels Drei-Prozent-Doktrin zu eigen gemacht hat. Hingegen wird der deutsche Finanzminister von seiner Partei, der CSU, massiv unterstützt. Deren Chef, der bayerische Ministerpräsident Edmund Stoiber, will einen Stabilitätspakt mit Biss.

Um den Gipfel in Amsterdam zu retten, wirft die EU ihre gesamte Verhandlungsmaschinerie an. Der niederländische Ratsvorsitzende, Ministerpräsident Wim Kok, reist nach Paris, EU-Kommissionspräsident Jacques Santer folgt, um mit der französischen Staatsspitze Details des Stabilitätspaktes zu erörtern und der Regierung einen Resolutionstext vorzulegen, in dem auf ihre Bedenken eingegangen wird. Als Hüter der Verträge tritt der französische

EU-Finanzkommissar Yves-Thibault de Silguy für eine rasche Verabschiedung des Stabilitätspaktes ein. „Das ist sehr wichtig. Andernfalls würde es sich um ein Rückzugssignal handeln, das für Frankreich und alle anderen sehr schädlich wäre.“[85]

Auch die christdemokratischen Regierungschefs der EU haben ein Vorbereitungstreffen für den EU-Gipfel in Straßburg. Vor dem Hintergrund der französischen Bedenken zum Stabilitätspakt schließen die Teilnehmer, unter ihnen auch Luxemburgs Ministerpräsident Jean-Claude Juncker, einen zusätzlichen Gipfel nicht aus. Von den sozialdemokratischen Kollegen verlangen sie „Treue“ zur EU.

In Frankreich übt Staatspräsident Jacques Chirac Druck auf die sozialistische Regierung aus, dem Stabilitätspakt in Amsterdam zuzustimmen. Entwarnung gibt es nach dem Gespräch des amtierenden EU-Ratsvorsitzenden Kok mit Premier Jospin.

„Wir werden es tun, glaube ich.“[86]

Bei den deutsch-französischen Konsultationen der Regierungsspitzen und zahlreichen Fachministern im westfranzösischen Poitiers drei Tage vor dem Gipfel in Amsterdam geht es um nichts anderes als um den Stabilitätspakt. „Am Stabilitätspakt wird nichts geändert“, legt sich Helmut Kohl erneut fest.[87] Mit seinem Visàvis, Jacques Chirac, verständigt er sich darauf, dass die französischen Forderungen für eine bessere Abstimmung der Wirtschaftspolitiken unter den 15 Mitgliedsländern und für Initiativen im Kampf gegen die mehr als 18 Millionen Arbeitslosen in der gesamten Union durch ein Zusatzprotokoll zur Beschäftigungspolitik ausgeräumt werden soll. Die deutsche Regierung hat sich überraschend zur Aufnahme eines unverbindlichen Beschäftigungskapitels in den EU-Vertrag bereit erklärt.

Zeitgleich mit dem deutsch-französischen Treffen wird in Brüssel ein knapp drei Seiten langer Entwurf für eine Entschließung über die engere Koordination der Wirtschaftspolitik veröffentlicht. Die Entschließung soll beim Gipfel verabschiedet werden. In diesem Text akzeptiert die EU die Notwendigkeit, mehr für eine aktive

Beschäftigungspolitik zu tun, die Hauptverantwortung dafür aber den Mitgliedstaaten zu überlassen. Weiters wird betont, dass durch die Währungsunion und den Stabilitätspakt ein wirtschaftliches Umfeld mit niedrigen Zinsen und ohne Inflation geschaffen werde. Dies verbessere die Voraussetzungen für Wirtschaftswachstum und Beschäftigungschancen.[88]

Die Staats- und Regierungschefs schicken ihre Finanzminister schon am Tag vor dem EU-Gipfel am 16. und 17. Juni zu Beratungen nach Amsterdam. Sie sollen die letzten Stolpersteine für den Stabilitätspakt aus dem Weg schaffen. „Ich habe den Eindruck, dass viele unserer Partner verstanden haben, dass wir einen neuen Ausgleich zwischen der notwendigen Haushaltsdisziplin und der ebenso notwendigen neuen Betonung im Bereich von Wachstum und Beschäftigung finden müssen", gibt Frankreichs Ressortchef Dominique Strauss-Kahn die Lösung vor.[89] Ein offenes Ohr findet er beim belgischen Kollegen Philippe Maystadt. Schon 1991 bei den Verhandlungen über den Maastricht-Vertrag habe „Übereinstimmung geherrscht, nicht nur den monetären Aspekt zu behandeln, sondern auch andere Aspekte der Wirtschafts- und Beschäftigungspolitik zu koordinieren", erinnert sich Maystadt.[90]

Ganz anders tönt es aus Kreisen der deutschen Regierung. Mehr Beschäftigung in der Europäischen Union dürfe nicht zu kreditfinanzierten EU-Programmen führen. Luxemburgs Regierungschef und Finanzminister Jean-Claude Juncker unterstützt die Bonner Bedenken. „Ich bin der Auffassung, dass ein Beschäftigungskapitel nicht auf Kosten der europäischen Steuerzahler zu Mammut-Konjunkturprogrammen führen darf."[91]

Bei dem Essen der Finanzminister am Sonntagabend vor dem offiziellen Beginn des EU-Gipfels gibt es keine Annäherung der Standpunkte. Der amtierende Ratspräsident, der niederländische Finanzminister Gerrit Zalm, verbreitet Zuversicht. „Meine Erwartung ist, dass wir am Ende des Gipfels in der Lage sein werden, einen für jedes Land akzeptablen Text fertigzustellen."[92] Auch wenn von allen Seiten Kompromissbereitschaft beschworen wird – in der Geschichte der europäischen Integration kommen deutsche und französische Verantwortungsträger erstmals mit unterschiedlichen Ansichten zum EU-Gipfel.

Parallel zu den Verhandlungen der Finanzminister treffen sich in Amsterdam die sozialistischen und sozialdemokratischen Regierungschefs der EU zur Vorbereitung des Gipfels. Im Mittelpunkt ihrer Besprechung am Vorabend des Gipfels steht die Verankerung der Beschäftigungs- und Sozialpolitik im neuen EU-Vertrag. Tenor der Sitzung: verhaltener Optimismus über einen positiven Ausgang der Debatte über den Stabilitätspakt. „Es gibt noch viel zu erledigen", sind sich die Regierungschefs einig.[93]

In Amsterdam wird die EU-Politik erstmals von der sozialen Realität eingeholt. Zehntausende aufgebrachte Arbeitslose aus ganz Europa ziehen während der Gipfelberatungen randalierend durch die Straßen. „Der Euro ist nicht alles – ohne Arbeit ist Europa nichts", ist auf ihren Spruchbändern zu lesen. Der Maastricht-Vertrag mit seiner Wirtschafts- und Währungsunion hat Europa als Jobkiller in Verruf gebracht.

Dem Gipfeltreffen fehlt jeder Hauch von Feierlichkeit. Verhandelt wird im nüchternen, braunen Klinker-Bau der Niederländischen Zentralbank. Die Regierungschefs und Finanzminister umweht der Duft des großen Geldes und jener währungspolitischen Stabilität, die Notenbanken für gewöhnlich verkörpern. Das Gebäude, kalt und funktional, wird unversehens zum Symbol dieses Gipfeltreffens.

Die Mienen der Finanzminister sind ernst. Gefeilt wird an zwei Entschließungen: einer zu Wachstum und Stabilität, die dauerhaft solide Staatsfinanzen in der Endstufe der Währungsunion gewährleisten soll, und einer zweiten zu Wachstum und Beschäftigung. Zusätzlich soll die Europäische Investitionsbank mit weitreichenden Kompetenzen zur Beschäftigungsförderung ausgestattet werden.[94]

Der luxemburgische Premier Juncker erkennt den Ernst der Stunde: „Wir müssen sicherstellen, dass Europa den Euro regiert – und nicht umgekehrt", versucht er eine Brücke zwischen Deutschland und Frankreich zu schlagen.[95]

Das Szenario gleicht dem beim Gipfel in Dublin vor einem halben Jahr: Auch damals mussten die Finanzminister den Weg zum Gipfel ebnen, auch damals ging es um den Stabilitätspakt, und auch in Dublin standen Deutsche und Franzosen mit unterschiedlichen Ansichten zur Bedeutung von Haushaltsdisziplin, Währungsstabilität und Beschäftigung einander gegenüber. Dass jetzt in Amsterdam neuerlich darüber verhandelt wird und die meisten Regierungen sich mit der Statistenrolle zufriedengeben müssen, zeigt, wie langsam die europäischen Mühlen mahlen und wie oft auch der Rückwärtsgang eingelegt wird. Als Kronzeuge tritt der Kleinste unter den Großen auf, Luxemburgs Ministerpräsident Jean-Claude Juncker: „Es ist zwar alles gesagt, aber noch nicht von jedem."[96]

Während die Finanzminister an den Texten zur Entschließung tüfteln, beraten die Staats- und Regierungschefs über das Beschäftigungskapitel im neuen EU-Vertrag, für das sich die skandinavischen Länder und Österreich starkmachen. Dieses Kapitel soll zwar die Hauptverantwortung für die Schaffung neuer Jobs in den EU-Staaten belassen, EU-Kommission und Ministerrat sollen aber stärker als bisher ins Spiel gebracht werden. Am Ende geht es nur um eines: Frankreich soll zur Unterschrift unter den Stabilitätspakt gebracht werden, und Deutschland soll seine Haltung nicht aufgeben müssen.

Montagnachmittag sickert eine Kompromissbereitschaft der Franzosen durch. Im Entwurf zu einer Resolution zum Stabilitätspakt wird Beschäftigung als „oberstes Ziel der politischen Agenda der EU" festgeschrieben.[97] Die Freude währt nur kurz. Umgehend stellen der deutsche Kanzler Kohl und der britische Premier Tony Blair fest, dass die im Vertragsentwurf der niederländischen Präsidentschaft vorgesehenen Anreize oder Pilotprojekte zur Beschäftigungspolitik nur einstimmig verabschiedet werden dürfen. Die Präsidentschaft hat einen Mehrheitsbeschluss vorgesehen. Die deutsche Regierung will sich aber ein Vetorecht sichern. „Keine neue EU-Politik durch die Hintertür", stärkt Blair die Bonner Position.

Der Gipfelstress nimmt zu, als nach diesen Einwänden die Nachrichtenagenturen vermelden, dass die Finanzminister den Stabilitätspakt doch beschlossen haben. „Wir haben eine komplette Einigung über den Stabilitätspakt und die Resolution über Wachstum und Beschäftigung erzielt", wird der Niederländer Gerrit Zalm zitiert.[98] Zugleich verständigen sich die Minister darauf, wegen rigider Sparprogramme zur Erreichung der Maastricht-Kriterien keine zusätzlichen Haushaltsmittel für den Kampf gegen die Arbeitslosigkeit bereitzustellen. Die Europäische Investitionsbank soll in den nächsten Jahren rund 600 Millionen Euro flüssigmachen. Der französische Währungskommissar Yves-Thibault de Silguy bestätigt den Sondergipfel über Beschäftigungsfragen im Herbst in Luxemburg.

Mit dieser Einigung geben die Finanzminister den Staats- und Regierungschefs grünes Licht, den Stabilitätspakt mit einem Zusatzprotokoll zur Beschäftigungspolitik in Amsterdam zu beschließen.

Deutschlands Ressortchef Waigel atmet auf. Der auf seine Initiative geschaffene Stabilitätspakt wird nicht verwässert. Die Vereinbarung verlangt von den Euro-Mitgliedern dauerhafte Haushaltsdisziplin mit einem Defizit von nicht mehr als drei Prozent des Bruttoinlandsprodukts. Wenn diese Grenze überschritten wird, werden abschreckend hohe Geldbußen fällig. Die Strafe setzt sich aus einem Grundbetrag von 0,2 Prozent des BIP und einer Variablen von 0,1 Prozent für jeden Prozentpunkt über der Drei-Prozent-Marke bis zu einem Höchstbetrag von 0,5 Prozent des BIP zusammen.[99] Es gibt jedoch Ausnahmen bei den Strafen: Dies sind Situationen, die außerhalb der Kontrolle des Mitgliedslandes stehen, wie eine Naturkatastrophe oder eine schwere volkswirtschaftliche Krise. Erst von einem Konjunkturrückgang des BIP um 0,75 Prozent an kann eine Ausnahme zugelassen werden. Von diesem Wert bis zu einem Rückgang um zwei Prozent muss der EU-Ministerrat entscheiden, ob die Ausnahme anerkannt werden kann.

Die neue französische Linksregierung kann in der Schlussrunde der Verhandlungen nur einen zu wenig konkreten Verpflichtungen zwingenden Zusatz durchsetzen. Ob das Protokoll zu Beschäftigung, das – ebenso wie der Stabilitätspakt – nicht Bestandteil des neuen EU-Vertrages von Amsterdam ist, konkrete Auswirkungen haben wird oder nur ein Mittel zur Beruhigung der innenpolitischen Lage in Frankreich bleibt, ist offen. Jospin steht in Amsterdam jedenfalls unter Zugzwang, hat er doch im Wahlkampf die Schaffung von 700 000 neuen Arbeitsplätzen versprochen. Im Ergebnis von Amsterdam sieht Jospin jedenfalls „einen Erfolg, einen bedeutenden Fortschritt für Frankreich. Amsterdam eröffnet die Debatte über die soziale Dimension des europäische Aufbaues."[100]

Auch Deutschland geht mit seinem Ja zum Stabilitätspakt nicht als souveräner Gewinner hervor. Bonns Credo, der Euro müsse genauso hart wie die D-Mark sein, büßt mit dem Ergebnis von Amsterdam an Glaubwürdigkeit ein. Der deutschen Regierung gelingt es zwar, den Inhalt des Stabilitätspaktes nicht zu verändern. Für die termingerechte Einführung des Euro zum 1. Januar 1999 wird aber an den strengen Konvergenzkriterien „herumgedoktert" werden müssen. Die Chancen, die Haushaltsdefizitgrenze von drei Prozent des BIP einzuhalten, stehen in Bonn so schlecht wie in Paris. Um die Teilnehmerzahl an der Euro-Union mit Italien, Belgien und Spanien zu erhöhen, werde der Spielraum hinter dem Komma genutzt werden müssen, so die weit verbreitete Meinung.

Nie zuvor war bei entscheidenden EU-Verhandlungen der Spielraum zwischen Frankreich und Deutschland so eng wie im Falle des Euro-Stabilitätspaktes. Für Kohl und Waigel sind Neuverhandlungen des Stabilitäts- und Wachstumspakts ausgeschlossen. Die beiden sind auch strikt gegen ausgabenwirksame, europäische Programme:

Die Unabhängigkeit der künftigen Europäischen Zentralbank ist unantastbar.

Jospin hingegen will nicht mit einer weichen Entschließung nach Hause zurückkommen, die sich einreiht in zahlreiche Absichtserklärungen und Weißbücher. Der Sozialist weiß sich darin weitgehend einig mit Chirac: Auch der konservative Staatspräsident hält angesichts von mehr als 18 Millionen Arbeitslosen in der EU wirksamere gemeinsame Anstrengungen im Kampf gegen die Arbeitslosigkeit für nötig.

Der ungewöhnliche Gipfel von Amsterdam verlangt den Teilnehmern gleich mehrere Bewährungsproben ab: zum einen der Test für die französische Kohabitation (linke Regierung, konservativer Staatspräsident), zum anderen die Prüfung, ob die deutsch-französische Zusammenarbeit funktioniert. Können Deutsche und Franzosen auch unter den Bedingungen zweier ungleicher Partner in Paris und schwieriger wirtschaftlicher Bedingungen eine Einigung zum Wohle der Gemeinschaft erzielen?, lautet die bange Frage am Beginn des Treffens. – Das Ergebnis zeigt: Bonn und Paris haben die Belastungsprobe bestanden.

Ein hartes Auswahlverfahren für alle EU-Staaten ist das Euro-Examen, mit dem sich erweisen wird, ob die 15 schon reif sind für eine auf Haushaltsdisziplin und Stabilität gegründete Gemeinschaftswährung. Und dann ist da noch der Test für eine dritte große Vertragsreform nach der Einheitlichen Europäischen Akte (EEA) 1986 und dem Maastrichter Vertrag von 1992. Amsterdam zeigt deutlich: Selten lagen die Hürden höher. Doch mit großer Anstrengung werden sie genommen. Mit der Vereinbarung über den Stabilitäts- und Wachstumspakt steht das gesamte Regelwerk für die Europäische Wirtschafts- und Währungsunion und ihre Einführung per 1. Januar 1999. Beschlossen werden auch die Bestimmungen über den rechtlichen Status des Euro und das künftige Wechselkurssystem mit jenen Währungen, die nicht von Beginn an im Euro aufgehen.

Die größte Hürde für alle Euro-Teilnahmeländer ist das Drei-Prozent-Kriterium für das Haushaltsdefizit. Zu einem neuen Aufflammen der Debatte über diesen Stabilitätspakt, die Härte des Euro und über das Tempo des Abbaus der Staatsschulden kommt es vor dem Sondergipfel der EU am 2. Mai 1998 in Brüssel, der über die Aufnahme in den Euro-Klub beschließt. Wieder ist es der deutsche Finanzminister Theo Waigel, der im Rat der Wirtschafts- und Finanzminister verlangt, dass Staaten, die der Europäischen Währungsunion angehören wollen und hohe öffentliche Verbindlichkeiten haben – der Vertrag von Maastricht sieht einen Referenzwert von 60 Prozent des BIP vor –, „so schnell wie möglich" ein ausgeglichenes Budget oder einen Haushaltsüberschuss erreichen.[101] Dies trifft Italien und Belgien, deren Staatsschulden sich in einer Größenordnung von 120 Prozent, gemessen am Bruttoinlandsprodukt, bewegen.

Die Deutsche Bundesbank warnt vor möglichen Risiken für die Stabilität des Euro.[102]

Weniger hart geht die Europäische Kommission in ihrer Empfehlung über die Aufnahme der einzelnen Länder am Euro mit Italien und Belgien um. Ohne Einschränkung stellt sie fest: Beide Länder sind fit für die Teilnahme an der Wirtschafts- und Währungsunion.[103] Die italienische Regierung bedankt sich und will den Zweiflern entgegenkommen. Ministerpräsident Romano Prodi garantiert, die Staatsfinanzen zu sanieren.[104]

Deutschland verlangt, dass der Stabilitätspakt nicht erst mit Beginn der dritten Stufe der Wirtschafts- und Währungsunion Anfang 1999 in Kraft tritt, sondern sofort, und drängt auf eine diesbezügliche Erklärung, die beim Sondergipfel Anfang Mai 1998 in Brüssel verabschiedet werden soll. Vor allem auf Wunsch der französischen Regierung ist an Waigels Stabilitäts-Erklärung ein Beschäftigungskapitel angehängt worden; auch das Ziel einer Steuerharmonisierung kommt in dieser Erklärung vor.

Nach Angaben der EU-Kommission dürfen elf Mitgliedsländer am Euro teilnehmen. Sie sollen verpflichtet werden, den Stabilitätspakt schon ab Mai 1998 umzusetzen.

Vor dem Treffen in der EU-Metropole kommt es erneut zu Spannungen zwischen Deutschland und Frankreich wegen Waigels Forderung, Haushaltsüberschüsse in den Euroländern ausschließlich zur Schuldentilgung zu verwenden. Paris beharrt darauf, auch Arbeitsmarktmaßnahmen finanzieren zu können. Vergiftet ist das Klima zwischen Bonn und Paris auch wegen des Gerangels um den ersten Präsidenten der Europäischen Zentralbank (EZB). Der französische Ministerpräsident Lionel Jospin droht mit dem Veto gegen den niederländischen Kandidaten Wim Duisenberg, falls es keine Lösung für den eigenen Bewerber, Notenbankchef Jean-Claude Trichet, gibt. Da kommt Frankreich eine Aussage von Jacques Attali sehr gelegen. Der langjährige Berater des verstorbenen Staatspräsidenten François Mitterrand behauptet, dass der deutsche Kanzler Helmut Kohl Frankreich bei einem „informellen Abkommen" zugesagt habe, den ersten Präsidenten der Europäischen Zentralbank zu stellen.[105] Das sei von Mitterrand und Kohl persönlich vereinbart worden. Im Gegenzug habe sich Paris einverstanden erklärt, dass die EZB ihren Sitz in Frankfurt/Main bekommt. Auch die Niederländer berufen sich auf eine Zusage Kohls für Duisenberg als Ausgleich dafür, dass als Sitz der Europäischen Zentralbank Frankfurt und nicht Amsterdam oder eine französische Stadt gewählt wurde. Und was sagt Kohl selbst dazu? – Nach Ende des EU-Sondergipfels in Brüssel bezeichnet er Behauptungen über etwaige Abmachungen als „verlogen".[106]

Hinter den Kulissen beruft sich Frankreich seit Längerem auf eine solche Vereinbarung, um seinen Notenbankchef Jean-Claude Trichet als EZB-Gründungspräsidenten durchzusetzen. Deutschland will davon nichts wissen und gibt – wie die meisten anderen EU-Staaten – dem ehemaligen niederländischen Zentralbankchef Wim Duisenberg den Vorzug im Streit um den EZB-Posten.

Am 2. Mai 1998 fassen die Staats- und Regierungschefs in Brüssel den Beschluss über die Euro-Teilnehmer. Elf Staaten erfüllen die Kriterien: Deutschland, Frankreich, die Benelux-Länder, Finnland, Spanien, Portugal, Italien, Irland und Österreich. Griechenland wird später dazustoßen. Großbritannien und Dänemark haben eine Ausnahme, Schweden überlegt noch.

Die gemeinsame europäische Währung sei „unumkehrbar", wie Helmut Kohl zu sagen pflegt. Den Weg für den Beschluss hatten bereits am 1. Mai die Finanzminister geebnet. Tags darauf segnet diese Entscheidung auch das Europäische Parlament ab. Mit einer überwältigenden Mehrheit von 467 Ja-Stimmen bei 65 Nein-Stimmen und 24 Enthaltungen votieren die europäischen Volksvertreter für die Wirtschafts- und Währungsunion.[107]

Doch die blitzschnelle und von allen als „historisch" bezeichnete Einigung über den Euro-Start ist überschattet von personalpolitischen Querelen über die Ernennung des ersten Präsidenten der Europäischen Zentralbank. Zwölf Stunden verhandeln die Staats- und Regierungschefs über die umstrittene Personalie. Unnachgiebig stehen sich Deutschland und Frankreich gegenüber. Kohl will Duisenberg, Chirac setzt auf Trichet.

Frankreich bringt den Kompromiss ins Spiel, die achtjährige Amtszeit zu teilen. Chirac will der Nominierung des Niederländers zum ersten EZB-Chef nur dann zustimmen, wenn ein Datum für dessen vorzeitigen Rücktritt vereinbart wird. Er fordert die feste Zusage, dass Frankreichs Notenbankchef Jean-Claude Trichet am 1. Juli 2002 Präsident der EZB wird. Gegen diesen Vorschlag protestiert Luxemburgs Ministerpräsident Jean-Claude Juncker. Er droht mit einem Veto. Auch Kohl lehnt einen Kompromiss ab, in dem schriftlich festgehalten werden sollte, dass die Amtszeit geteilt wird. Deutschland argumentiert, dass eine Teilung der Amtszeit nicht mit dem Maastricht-Vertrag vereinbar sei. Die Unabhängigkeit der Europäischen Zentralbank wäre dadurch gefährdet.

Helmut Kohl ist genervt. Zwei- bis dreimal will er die Verhandlungen platzen lassen. Seit Stunden wird verhandelt, die Nacht ist über Brüssel hereingebrochen. Im engsten Kreis warnt er davor, eine historische Chance zu verspielen: „Wir dürfen hier nicht die Arbeit von zehn Jahren kaputt machen."[108] Während der Kanzler im Sitzungssaal seine Stimme erhebt, machen im Ratsgebäude Gerüchte die Runde, die deutsche Delegation sei uneinig. Kohl wolle einlenken und einem festen Datum für die vorzeitige Übergabe von Duisenberg an Trichet zustimmen. Sein Finanzminister Theo Waigel und der Chef der Deutschen Bundesbank, Hans Tietmeyer, seien strikt dagegen. Umgehend werden die Gerüchte dementiert. „Die Deutschen ziehen an einem Strang", melden Diplomaten.[109] Kohl berät sich mit Waigel und Tietmeyer, dann gibt er nach. Er ringt Duisenberg eine schriftliche Erklärung ab. Der niederländische Banker greift zur Feder. Er notiert, freiwillig während der Amtszeit abzutreten. Sein letzter Satz: „Auch in Zukunft wird die Rücktrittsentscheidung einzig meine Entscheidung sein."[110] Die Gipfelteilnehmer stimmen erschöpft zu.

Formal wird Duisenberg für die im Maastricht-Vertrag festgelegte Amtszeit von acht Jahren ernannt. Der „Advokaten-Trick", mit dem die von Frankreich erzwungene Halbzeitlösung vertragskonform gestaltet werden soll, ist die mündliche Erklärung Duisenbergs, zwischen 1. Januar und 1. Juli 2002, nach der effektiven Einführung der Euro-Banknoten und Euro-Münzen, „aus Altersgründen" ausscheiden zu wollen. – Warum die mündliche Erklärung vor den 15? Darauf besteht der deutsche Kanzler Kohl, um Klagen vor dem deutschen Bundesverfassungsgericht wegen Vertragsbruch vorzubeugen. Ein schriftliches *Gentlemen's agreement* des Rates, das die britische Präsidentschaft ausgearbeitet hat, wäre als Verstoß gegen die im Maastricht-Vertrag verbriefte Unabhängigkeit der EZB auszulegen. Welchem Druck Duisenberg in der Nacht vom 2. auf den 3. Mai 1998 ausgesetzt ist, kann man nur erahnen. Vor dem Gipfel hat er seine Bereitschaft bekundet, den EZB-Chefposten die volle Amtszeit innezuhaben. In Brüssel erklärt er nach der Anhörung im Europäischen Rat, die Entscheidung des vorzeitigen Rücktritts „ganz allein und ohne Druck von außen“ getroffen zu haben.[111] Doppeldeutig fügt er hinzu, „die Entscheidung zu kündigen, wird ebenfalls allein meine Entscheidung sein“.[112]

Frankreich setzt sich – manche sagen: brachial – durch und ringt den EU-Partnern die Zustimmung ab, dass der französische Notenbankchef Jean-Claude Trichet Duisenbergs Nachfolger wird. Für die Ernennung des EZB-Präsidenten ist Einstimmigkeit erforderlich. Ein Veto kann jeden Kandidaten blockieren. Das berührt Staatspräsident Chirac keineswegs, er hat „die Interessen seines Landes verteidigt“, begründet er sein Beharren auf Trichet. Einen Streit mit Deutschland in der Personal-Geschichte leugnet er. „Das war kein Drama, kein Krieg. Und es hat keine Folgen für die Zukunft.“[113]

Was vielen Regierungschefs bei diesem längsten Mittagessen der Welt – die Verhandlungen über die Postenbesetzung in Frankfurt beginnen beim Lunch und gehen erst nach Mitternacht zu Ende – verborgen bleibt, ist die Vermittlungs-Tätigkeit Jean-Claude Junckers. Vier Tage vor dem Gipfeltreffen habe er „in eigenem Auftrag“, wie er der deutschen Wochenzeitung *Die Zeit* anvertraut, bei seinem persönlichen Freund Wim Duisenberg angerufen, um eine Lösung im Konflikt zwischen Deutschland und Frankreich zu fnden.[114]

Der Niederländer stimmt einer Ämterteilung, die im Einklang mit den EU-Verträgen steht, zu. „Ich will früher aufhören. Aber ich muss mitteilen können, dass ich aus freien Stücken zurücktreten werde“, teilt Duisenberg mit. Er stellt eine klare Bedingung – wohl aus Sorge um die Unabhängigkeit seiner Funktion als Chef der Europäischen Zentralbank: „Das Datum lasse ich mir nicht vorschreiben.“

Juncker ist erleichtert. Die Eckpfeiler des Kompromisses stehen. – Noch am selben Tag informiert er den deutschen Kanzler Helmut Kohl und Frankreichs Ministerpräsident Lionel Jospin sowie

Staatspräsident Jacques Chirac. Auch der niederländische Regierungschef Wim Kok und Tony Blair als EU-Ratsvorsitzender seien laut Juncker eingeweiht gewesen.[115]

Wie sehr die Jahrhundertentscheidung für den Start der Wirtschafts- und Währungsunion unter dem Krach über die Besetzung des EZB-Postens leidet, zeigt die noch während der Verhandlungen einsetzende Kritik. „Ohne Zweifel verstößt die geplante Amtsteilung gegen den Geist des Maastricht-Vertrages", meldet der Präsident des Europäischen Parlaments, José María Gil-Robles. Der spanische Konservative, von Natur aus kein Scharfmacher, warnt vor einem Vertrauensverlust der Märkte in die neue Währung. „Das Baby Euro kommt in einer schlechten Form zur Welt."[116]

Eine tiefe Verachtung für bestimmte Debattenverläufe zeigt auch Helmut Kohl. Nach dem Euro-Gipfel in Brüssel wollte er in den Wahlkampf ziehen und seinen Anteil an der „Jahrhundertentscheidung" herausstellen. Das historische Ereignis hatte jedoch einen Schönheitsfehler: die „ungewöhnlich ärgerliche Diskussion", so Kohl, über die Person des ersten Präsidenten der unabhängigen Europäischen Zentralbank.[117]

Als „blamable Veranstaltung" kritisiert auch Jean-Claude Juncker den EU-Gipfel.[118] Wie der deutsche Kanzler verliert Juncker kein gutes Wort über die Vorgangsweise des Ratsvorsitzenden Tony Blair am Brüsseler Gipfel. „Mein Eindruck ist, dass die Regierung Tony Blair, die noch bis Juli die Ratspräsidentschaft führt, sich nur ungenügend an den Vorbereitungen beteiligt hat", kritisiert er im Interview mit der Tageszeitung *Die Welt*.[119] Die Lösung für das Problem der EZB-Präsidentschaft „wäre bei guter Vorbereitung auch schon nach einer Stunde möglich gewesen". Doch die meisten Staats- und Regierungschefs seien in die Konsultationen im Vorfeld des Gipfels nicht eingebunden gewesen, bemängelt Juncker. „Da darf man nicht glauben, ein paar Stunden Debatte würden schon reichen, um einen solchen Streit beizulegen." Der luxemburgische Ministerpräsident ergreift Partei für die Position des deutschen Kanzlers, wonach der designierte EZB-Präsident Duisenberg durchaus die achtjährige Amtszeit vollenden könne. „Er hat keine Äußerung vor dem Europäischen Rat getan, die ihn als Lügner erscheinen lassen würde, wenn er so lange im Amt bliebe."[120] An den Pannen in Brüssel trage Kohl keine Schuld. Zunächst habe er auf die Vorbereitung der britischen Regierung vertraut. Erst Ende April sei London ermahnt worden, „dass die Präsidentschaft jetzt etwas unternehmen muss, damit wir in Brüssel nicht an die Wand fahren. Aber nichts ist passiert. Erst danach hat sich Kohl eingeschaltet", verteidigt Juncker den älteren Freund.[121] Es war Frankreichs Staatspräsident Chirac, der während des Gipfels wiederholt versucht habe, ein Datum festzulegen, „wann Duisenberg zurücktritt und den Platz freimacht für einen Franzosen. Dem hat sich Kohl entschieden widersetzt und deutlich gemacht, dass er einer zeitlichen Festsetzung nicht zustimmen werde. Kohl ist beim besten Willen nicht eingeknickt", verteidigt Juncker den deutschen Kanzler.[122]

Kritisch beobachtet werden die dramatischen Auseinandersetzungen in Brüssel von der US-amerikanischen Administration. Das Interesse der Medien gilt ausschließlich dem Kampf der beiden Männerfreunde Chirac und Kohl um die Besetzung des Chefpostens in der Europäischen Zentralbank. Dass zu diesem Zeitpunkt auch die elf Mitglieder der Euro-Gruppe bestimmt und die bilateralen Wechselkurse der elf Euro-Teilnehmer fixiert werden, wird den amerikanischen Lesern vorenthalten.

In einer offiziellen Mitteilung des Weißen Hauses begrüßt Präsident Bill Clinton die Entscheidung, die Währungsunion mit elf Ländern zu beginnen. „Wir bewundern die Entschlossenheit, mit der die europäischen Staaten auf wirtschaftlicher Ebene die Konvergenz verwirklicht haben, die die Europäische Währungsunion erst möglich macht. Ein starkes und stabiles Europa mit offenen Märkten und robustem Wachstum ist gut für Amerika und die Welt insgesamt."[123]

Nicht allein durch die historische Tragweite der definitiven Einführung des Euro unterscheidet sich das Brüsseler Treffen von der europäischen Gipfelroutine. Obwohl die Festlegung über die Teilnehmer der ersten Euro-Gruppe nicht überraschend ist, zeigt der Streit über den Präsidenten der Europäischen Zentralbank die Unterschiede in den wirtschafts- und geldpolitischen Konzeptionen der EU-Mitglieder – vor allem zwischen Deutschland und Frankreich. Auch wenn der EZB-Konflikt mit dem Euro-Sondergipfel von Brüssel beendet ist – die eigentlichen Schwierigkeiten beginnen erst …

Die Währungsunion war ein französisches Projekt. Die Form, in der sie umgesetzt wird, folgt einem deutschen Bauplan. Von der Unabhängigkeit der EZB und ihrem Standort in Frankfurt/Main über den Stabilitätspakt zur Abstützung der Währungsunion und der Härte des Euro bis hin zur Ablehnung einer „Wirtschaftsregierung" als politischer Gegeninstanz zur Zentralbank hat sich stets die deutsche Regierung durchgesetzt.

Selbst der im Maastricht-Vertrag festgeschriebene Name der Einheitswährung „Ecu" – in Erinnerung an eine historische französische Münze – ging zugunsten des neutralen „Euro" verloren. Letztlich gelang nicht einmal die Unterstützung für Trichet, den Gouverneur der Banque de France. – Frankreich steht, was sein Prestige angeht, mit leeren Händen da.

Der Gipfel von Brüssel markiert ein entscheidendes Datum in der europäischen Integration. Die große Frage lautet, ob die Einheitswährung es ermöglichen wird, die Übereinstimmung der Wirtschaftssysteme der Euro-Mitglieder zu erreichen, oder ob die nationalen Ungleichheiten und Eigentümlichkeiten weiter bestehen, wie es Euro-Skeptiker voraussagen.

„Der Meilenstein in der europäischen Einigungspolitik", wie Helmut Kohl den Euro-Gipfel von Brüssel bezeichnet, wird allgemein als Katalysator für eine politische Union gesehen.[124]

„Der Euro gibt Europa mehr Stabilität nach innen und mehr Gewicht nach außen", interpretiert der deutsche Bundespräsident Roman Herzog die Ergebnisse des Brüsseler Treffens und drückt damit auch die Erwartungen aus, die Wirtschaft und Politik mit dem Euro verbinden.[125]

Die Hoffnung ist groß, dass der Euro die Teilnehmerländer noch fester zusammenschweißt. Das verlangt Disziplin, besonders von Deutschland und Frankreich, die größere Reformen bislang scheuten und wegen der Erfüllung der Maastricht-Kriterien schwierige Strecken vor sich haben. Fest steht: Der Stabilitätspakt zwingt die Regierungen zu längst fälligen Strukturanpassungen. Daraus kann viel Streit erwachsen, namentlich zwischen den Staaten, die ihre Hausaufgaben machen, und den anderen, die zu Problemfällen werden. Im Euro-Klub wird eine strenge gegenseitige Kontrolle herrschen. Beim ersten Anzeichen, dass ein Land die übrigen gefährdet, wird es in die Pflicht genommen werden.

Im siebten Jahr nach der Formulierung des Stabilitätspaktes, im Herbst 2003, spitzt sich der Streit über die Einhaltung des Stabilitätspaktes zu. Am 29. August 2003 ist es amtlich: Deutschland durchbricht die Defizit-Obergrenze des Stabilitätspaktes von drei Prozent des BIP. Die größte EU-Volkswirtschaft verstößt zum zweiten Mal in Folge gegen den Stabilitätspakt, bleibt vom blauen Brief aber verschont.[126] Frankreich bekommt als erstes EU-Land eine Frühwarnung für das für 2003 zu erwartende Defizit schriftlich zugestellt.[127]

Regierungen, EU-Kommission, Juristen und Wissenschaftler üben sich in der hohen Kunst der Paragrafen- und Artikeldeutung und sind uneins über die Konsequenzen des andauernd hohen Defizits in den beiden Länden. Die Debatte um Strafmechanismen und „Kann-Bestimmungen" spaltet große und kleine EU-Staaten. Auch in Brüssel ist man uneins. Die deutsche Regierung will ein Strafverfahren verhindern. „Der Pakt ist kein Strafgesetzbuch, sondern ein Handlungsrahmen. Hier geht es nicht um Sünder oder gar Gesetzesbrecher, sondern um ökonomisch verantwortungsvolles Handeln", sagt der deutsche Finanzminister Hans Eichel (SPD) vor der Sitzung der EU-Kommission am 17. November 2003.[128]

Die Brüsseler Behörde will dort über Empfehlungen für das weitere Vorgehen hinsichtlich Deutschlands und des Mitsünders Frankreich beraten. Beide wollen mithilfe einer Mehrheit von Staaten ein Strafverfahren zunächst gegen Paris anhalten und frühere Sparempfehlungen neu aufleben lassen. EU-Währungskommissar Pedro Solbes lehnt dies – wie einige kleinere EU-Staaten – strikt ab.

Eine Nagelprobe für den Stabilitätspakt ist die Entscheidung der EU-Finanzminister vom 25. November 2003.[129] Auf Druck von Deutschland und Frankreich setzen sie das Defizitverfahren gegen die zwei Großen aus – diese werden ohne Strafandrohung zum Sparen verdonnert.[130] Schon zum dritten Mal werden beide Länder das Defizit-Kriterium 2004 nicht einhalten können – der Stabilitätspakt ist in einer tiefen Krise. Währungskommissar Solbes ruft erbost aus: „Das ist illegal!"[131]

Ein Streit zwischen großen und kleinen Ländern beginnt, die Zukunft des Stabilitätspaktes wird zur Disposition gestellt. Deutschland will am Pakt festhalten und verteidigt sich. Die Voraussetzungen für die von der Kommission der Europäischen Union geplanten Sparmaßnahmen seien nicht gegeben gewesen, erklärt Finanzminister Hans Eichel.[132]

Für die Europäische Kommission ist die Entscheidung der Finanzminister mehr als ein Affront. Sie wird als Hüterin der Verträge desavouiert. Nach einer Krisensitzung befinden die Kommissare das Vorgehen der Finanzminister als „nicht zufrieden stellend", Kommissionspräsident Romano Prodi bekräftigt, dass es „keine Regeln à la carte geben kann".[133] Die Kommission denkt über eine Klage gegen den umstrittenen Beschluss nach, der Juristische Dienst prüft rechtliche Schritte.

„Meiner Ansicht nach müsste es Gründe für einen Gang vor den Europäischen Gerichtshof geben", kündigt Währungskommissar Pedro Solbes an.[134] Rückendeckung bekommt er von der Europäischen Zentralbank. Die Entscheidung der Finanzminister berge „ernste Gefahren" in sich, erklärt der EZB-Rat in Frankfurt.[135]

Im Januar 2004 eskaliert der Machtkampf zwischen Kommission und Ministerrat. Die Kommission entscheidet am 13. Januar 2004 über die EuGH-Klage zum Stabilitätspakt. Erstmals in der Geschichte der EU bringt die Kommission den Ministerrat wegen Verletzung des EU-Rechts vor den Kadi. Beim Streit um die Auslegung des Stabilitätspakts geht es vor allem auch um die Frage, wer in Brüssel das wirtschafts-, finanz- und haushaltspolitische Sagen hat: die Kommissare oder die Regierungen? – Gleichzeitig kündigt die EU-Kommission neue Vorschläge zur Reform des Stabilitätspakts an, was sie als Vordenkerin der EU auch leisten muss. An einem Kriterium will die EU-Kommission aber nicht rütteln: an der Defizitgrenze von drei Prozent des BIP.

Für Jean-Claude Juncker ist die Klage völlig unverständlich. „Die Kommission verbreitet – gestützt von der Europäischen Zentralbank – die Propaganda: Vertrag ist Vertrag, drei Prozent sind drei Prozent, und wer mit seinem Haushaltsdefizit darüber hinausschießt, muss sofort bestraft werden. Dabei steht das da nicht so. Das war viel feinfühliger gemeint."[136] Anders als die Kommission meine, lasse der Stabilitätspakt durchaus „Spielraum für politische Entscheidungen. Schließlich geht es hier um hochpolitische Fragen."[137] Bloß habe sich die Interpretation des Paktes inzwischen weit von der ursprünglichen Absicht entfernt, bedauert einer der Väter des Vertragswerkes. Verwundert ist Juncker auch darüber, dass er in Gesprächen mit seinen Kollegen in Brüssel feststellen muss, dass „kaum einer den Text des Stabilitätspaktes kennt".[138] Bis zur „Lächerlichkeit" habe er sich „wund geredet und erklärt, wie der Pakt einst gemeint war".[139]

Junckers Hauptsorge betrifft nicht nur die einseitige Interpretation des Paktes, sondern auch die Auswirkungen der Klage auf die europäische Öffentlichkeit. „Der eingeleitete Vorgang ist schädlich, weil die Bürger nicht mehr verstehen, worum es eigentlich geht."[140] Denn die Klage beziehe sich nicht auf den Inhalt des Stabilitätspaktes, sondern auf Verfahrensfragen. „Kooperation, nicht Konfrontation ist angesagt. Wer aber vor Gericht geht, der hat sich eindeutig für die Konfrontation entschieden. Das halte ich nicht für zweckdienlich."[141] Die Kommission, so Junckers Resümee, habe dem Euro keinen Dienst erwiesen.[142]

Der frühere Kommissionspräsident Jacques Delors, „Vater" der Wirtschafts- und Währungsunion, spricht sich ebenfalls gegen die Klage der EU-Kommission aus. „Die Kommission hätte sich die Hände vollkommen frei halten sollen, um zu versuchen, die Antagonismen zwischen jenen Ländern zu beruhigen, die nicht imstande sind, sich über die Reform der Institutionen zu einigen."[143]

Allen Warnungen zum Trotz reicht die EU-Kommission am 28. Januar 2004 nach mehrstündiger Debatte die Klage gegen den EU-Finanzministerrat beim Europäischen Gerichtshof in Luxemburg ein. „Es gab keine Abstimmung. Das heißt aber nicht, dass es Einstimmigkeit gab", deutet der Sprecher von Währungskommissar Solbes ein internes Ringen an.[144] Kommissionspräsident Romano Prodi, der selbst einmal den Stabilitätspakt als „dumm" bezeichnet hat, lässt die Abstimmung nicht zu. Sechs Kommissare (von 15), darunter der Deutsche Günter Verheugen und seine beiden französischen Kollegen Pascal Lamy (Außenhandel) und Michel Barnier (Regionalpolitik), lassen ihren Protest schriftlich festhalten. Mehrheitlich sieht die Kommission den Beschluss der Finanzminister, die Defizit-Strafverfahren gegen Deutschland und Frankreich anzuhalten, als illegal an.

Bevor das Urteil des Europäischen Gerichtshofes zum Stabilitätspakt feststeht, bahnt sich im Vorfeld des EU-Gipfels am 17. und

18. Juni 2004 in Brüssel ein neuer Konflikt zum Instrument der Geldpolitik in der EU an. Berlin will das im Verfassungs-Entwurf vorgesehene Vorschlagsrecht der EU-Kommission bei Defizitverfahren einschränken. In der letzten Verhandlungsrunde der EU-Außenminister zur Verfassung bezeichnet der deutsche Ressortchef Joschka Fischer die Forderung seiner Regierung als „Schlüsselfrage", Frankreich unterstützt die Forderung.[145] Gegenüber den derzeit geltenden Empfehlungen könnten Vorschläge der EU-Kommission künftig nur mehr einstimmig von den Finanzministern abgewehrt werden. Eine Reihe von kleinen Ländern, darunter Luxemburg und Österreich, spricht sich für den Verfassungs-Entwurf zum Stabilitätspakt aus. Das hätte der Kommission deutlich mehr Einfluss auf den Konsolidierungskurs in Ländern mit zu hoher Neuverschuldung gegeben.

Doch dabei bleibt es nicht. Die irische EU-Präsidentschaft legt einen neuen Vorschlag vor, wonach die EU-Finanzminister weiterhin Forderungen der EU-Kommission für Einsparungen von Ländern mit zu hohen Defiziten per qualifizierter Mehrheit ändern können. Deutschland gibt sich damit nicht zufrieden. Für Berlin sei immer noch offen, ob die Finanzminister über das Budgetdefizit einstimmig oder mit qualifizierter Mehrheit entscheiden können.

In der Schlussrunde der EU-Verfassungsverhandlungen ist die Frage der EU-Kompetenzen bei Defizitverfahren der schwierigste Punkt. Der irische Ratsvorsitzende Bertie Ahern greift zur Methode des Beichtstuhl-Verfahrens. Vier-Augen-Gespräche sind angesagt, um die Regierungschefs auf eine Einigung einzuschwören. Deutschland kämpft bis zum Schluss.

Wie immer in der EU wird ein Kompromiss angepeilt und gefunden. Der Verfassungsvertrag bekommt eine Erklärung zum Stabilitätspakt angehängt. In diesem Protokoll werden die Staaten aufgerufen, in guten wirtschaftlichen Zeiten Budgets mit Überschüssen zu erzielen. Einhellig bekennen sich die Staats- und Regierungschefs in der Erklärung zum Stabilitäts- und Wachstumspakt zur Absicherung der Euro-Währung.

Im Verfassungsvertrag werden auch der EU-Kommission im Strafverfahren gegen Defizitsünder mehr Kompetenzen eingeräumt als bisher. Demnach wird die Strafprozedur auf „Vorschlag" der Kommission gestartet und kann von den Finanzministern nur einstimmig zurückgewiesen werden. Für konkrete Sparvorschläge an die Defizitsünder reicht eine „Empfehlung" der Kommission aus, die von den Kassenwarten der EU leichter abgeblockt werden kann.

Bewegung kommt in den Streit um den Stabilitätspakt durch interne Diskussionen in der EU-Kommission. Währungskommissar Joaquín Almunia regt gleich nach dem EU-Gipfel eine Debatte über die Reform des Stabilitätspaktes an. Almunia ist der Nachfolger von Pedro Solbes, der im April 2004 nach Madrid zurückgeht und Super-Minister für Wirtschaft und Finanzen unter der sozialistischen Regierung von José Luis Rodríguez Zapatero wird. Der Spanier will mit einem völlig neuen Ansatz die Ziele Haushaltsdisziplin und Wirtschaftswachstum miteinander verbinden, was Deutschland und Frankreich entgegenkommen würde. Brüssel müsse aber auch, so das Ziel Almunias, mehr Druck auf die EU-Staaten ausüben, um Arbeitsmärkte und Sozialsysteme zu reformieren. Deshalb sollen die „Grundzüge der Wirtschaftspolitik" – das sind jährliche Vorschläge der EU-Kommission – wichtiger werden, um das schwache Wachstum zu steigern. Im Gegenzug könnten andererseits Länder wie Deutschland mehr Zeit erhalten, ihre Defizite zu senken. Auch soll die Gesamtverschuldung eines Landes stärker berücksichtigt und eingemahnt werden.

Das Urteil im Eilverfahren der Luxemburger Richter mit der Aktenzahl C-27/04 fällt – wie erwartet – salomonisch aus. Ganze 30 Sekunden dauert die Urteilsverkündung des Präsidenten des Europäischen Gerichtshofes, Vassilios Skouris. Die Richter in ihren bordeauxroten, mit Hermelin besetzten Roben retten mit ihrem

Beschluss den Stabilitätspakt, der in der Diskussion oft genug als tot, dumm oder unbeweglich gescholten wurde.

Im Streit um die Auslegung des Stabilitätspaktes ist die EU-Kommission Sieger nach Punkten: Der Europäische Gerichtshof kippt den Beschluss der EU-Finanzminister, der die Defizit-Strafverfahren gegen Deutschland und Frankreich ausgesetzt hat. Dies sei nicht mit EU-Recht vereinbar, urteilt das Gericht am 13. Juli 2004. Der Finanzministerrat dürfe sich nicht von den Vorschriften des Euro-Stabilitätspaktes lösen, lautet die Begründung. Der Ministerbeschluss beruhe nicht auf einem Vorschlag der EU-Kommission, wie dies der Stabilitätspakt vorsieht, heißt es im Urteilsspruch.[146]

Einen Teil der Klage der EU-Kommission weist das höchste EU-Gericht hingegen als unzulässig zurück. Dabei geht es um die Weigerung der Finanzminister, die Vorschläge der Kommission zur Verschärfung der Strafverfahren gegen Deutschland und Frankreich 2003 anzunehmen. Knapper Kommentar der Richter: Eine Nichtannahme von Vorschlägen der Kommission könne nicht mit einer solchen Klage angegriffen werden. Nach der Entscheidung des EuGH sind die Minister gezwungen, einen neuen Beschluss zu Deutschland und Frankreich zu fällen. Ein Termin wird nicht genannt.

Das Luxemburger Urteil begrüßen sowohl Kommission als auch Rat. „Wir sind glücklich", heißt es seitens des niederländischen Ratspräsidenten, Finanzminister Gerrit Zalm.[147] Als „sehr weises Urteil" bezeichnet der deutsche Finanzminister Hans Eichel die Entscheidung der obersten Richter.[148] Frankreich reagiert gelassen: Die haushaltspolitische Ausrichtung der rechtsliberalen Regierung werde durch das Urteil „nicht in Frage gestellt".[149] Die Europäische Zentralbank ist beruhigt – der Stabilitätspakt muss nicht geändert werden.

Kommissionspräsident Romano Prodi erwartet sich nach der Rechtssprechung „mehr Transparenz und Vorhersehbarkeit" bei den EU-Defizitverfahren.[150] Er sei „sehr, sehr glücklich", dass der

Europäische Gerichtshof die Entscheidung des Rates zum Defizitverfahren gegen Deutschland und Frankreich aufgehoben habe.[151]

Luxemburgs Regierungschef und Finanzminister Jean-Claude Juncker kontert umgehend – er fühlt sich durch das Urteil der Richter in seiner Haltung bestärkt: „Der Europäische Gerichtshof hat das Recht der Finanzminister bestätigt, Vorschläge der EU-Kommission zurückzuweisen."[152] Und das Gericht habe festgestellt, dass der Ministerrat nicht „automatisch" den Sanktionsmechanismus des Stabilitätspaktes anwenden müsse. Die politische Kernfrage, ob die Regeln des Paktes einen „Automatismus" bis zur Verhängung von Sanktionen beinhalten, was der EU-Kommission ein starkes Machtinstrument in die Hände gegeben hätte, wurde aus Sicht der EU-Finanzminister zu ihren Gunsten vom Europäischen Gerichtshof entschieden.

Mit einer „Mitteilung" reagiert die EU-Kommission im September 2004 auf das Urteil des Europäischen Gerichtshofes, das den Beschluss der EU-Finanzminister zur Aussetzung der Defizit-Strafverfahren gegen Deutschland und Frankreich kippt. Bereits in der ersten Sitzung der Kommission nach der Sommerpause legt der spanische Währungskommissar Joaquín Almunia neue Reformvorschläge auf den Tisch. „Das Urteil macht es für die EU-Kommission und den EU-Ministerrat einfacher, den Pakt anzuwenden", erklärt Almunia nach dem ersten Treffen der neuen EU-Kommission.[153] Er will bei den Defizit-Strafverfahren lang anhaltende Konjunkturschwächen in Rechnung stellen. Deutschland und Frankreich können nun darauf hoffen, dass einige Regeln des Stabilitätspaktes von 1996 zur Absicherung der Euro-Währung entschärft werden.

Noch eine Ankündigung macht Almunia, der sein Amt in der Barroso-Kommission behält: Mit seinen Kollegen wird er darüber beraten, wie mit den Defizitsündern Deutschland und Frankreich umgegangen werden soll. Almunia lässt mehrere Optionen durchblicken. Die EU-Finanzminister sind nach dem EuGH-Urteil gezwungen, eine neue Entscheidung zu den Defizitverfahren gegen Deutschland und Frankreich zu fällen. Dafür ist jedoch ein neuer Vorschlag der Kommission nötig.

Kein Regelwerk oder Politikbereich der EU ist seit seinem Bestehen so umstritten wie der Stabilitätspakt für den Euro. Regierungen, Ökonomen sowie die EU-Kommission als Hüterin der Verträge rufen nach einer Reform des Paktes. Juncker, selbst Autor dieses Werkes, ist später einer übereilten Reform des Stabilitätspaktes gegenüber reserviert. „Ich habe eine persönliche Abneigung gegen das Gerede über den notwendigen flexiblen Umgang mit dem europäischen Stabilitätspakt. Erstmal sollten wir gehen, bevor wir einknicken. Wenn wir schon auf den ersten 100 Metern einknicken, dann ist der aufrechte Gang für die nächsten Jahrzehnte nicht garantiert.“[154] Den aufrechten Gang, so Juncker, braucht Europa, um sich auf seine Zukunftsaufgaben hinzubewegen. „Europa ist deshalb erwachsener, als viele denken, weil wir uns aufrechten Ganges auf viele Zukunftsaufgaben (die Wirtschafts- und Währungsunion, *Anm.*) – so schwer sie auch sein mögen – zubewegen. Aber Europa ist auch kleinwüchsiger, als viele denken“, sagt Juncker und meint damit den Umgang mit dem Stabilitätspakt.[155]

Juncker verlangt von den Regierungen der Eurozone, dass sie größte Sorge der Frage entgegenbringen, „die Bedingungen für den Eintritt in die europäische Wirtschafts- und Währungsunion nicht zu momentanen Erscheinungen währungspolitischer Geschichte und Geschicklichkeit abrutschen zu lassen“.[156] Die Stabilitätsanfordernisse an die europäische Wirtschafts- und Währungsunion müssten dauerhaft bleiben. Gerade das hat der Stabilitätspakt trotz der Defizit-Verstöße einiger Länder auch erreicht. Die Wirkung des Paktes ist antizipierend, sozusagen pädagogisch, und hat zur Haushaltsdisziplin in den Euroländern beigetragen und größere Defizite verhindert.[157] Eine Reform sollte nicht erst dann erfolgen, „wenn alle Euro-Teilnehmer den bisherigen Auflagen des Paktes wieder einwandfrei entsprechen". Deutschland und Frankreich sollten 2005 ihre Neuverschuldung unter die Marke von drei Prozent drücken und damit ihre eigenen Sparverpflichtungen erfüllen. Im Visier der Währungshüter in der EU-Kommission stehen aber nicht nur die beiden großen EU-Staaten – die seit 2002 notorisch den Stabilitätspakt verletzen –, sondern auch fünf weitere Mitgliedsländer, wenngleich deren Fall weniger krass ist. Gegen die Niederlande und Großbritannien läuft ein Defizitverfahren, weil sie 2003 und 2004 die Neuverschuldung von drei Prozent am BIP überschreiten.[158] Portugal und Griechenland haben das Kriterium ebenfalls nicht eingehalten; ein Verfahren wird jedoch nicht eingeleitet. Mit einem blauen Auge kommt auch Italien davon: Trotz drohenden übermäßigen Defizits bekommt es keine Frühwarnung. Die EU-Finanzminister beschließen Anfang Juli 2004, einer Empfehlung der EU-Kommission nicht zu folgen, weil zuvor Italiens Regierungschef Silvio Berlusconi den Ministern zugesagt hatte, die nötigen Einsparungen noch 2004 durchzusetzen.[159] Erst wenn die Haushaltslage im Laufe des Jahres 2005 bei allen Defizitsündern wieder in Ordnung sei, solle konsequent über eine Reform des Stabilitätspaktes nachgedacht werden. „Vorher nicht", lautet Junckers Credo.[160] Bei einer sofortigen Änderung des Stabilitätspaktes sei die Gefahr zu groß, dass „in der europäischen Öffentlichkeit und an den Finanzmärkten der Eindruck besteht, dass wir jetzt den Stabilitätspakt ändern wollen, weil einige dem Stabilitätspakt nicht Genüge leisten".[161] Juncker warnt vor verheerenden Auswirkungen auf die Finanzmärkte und vor einer „Glaubwürdigkeitskrise" des Euro.[162] Öffentlich rügt er Deutschland und Frankreich, 2005 „wieder stabilitätskonform zu sein", ansonsten werde sich „die Sanktionsfrage neu und in verschärfter Form stellen".[163]

Im Mittelpunkt steht für Juncker die Frage, wie die europäische Wirtschaftspolitik besser koordiniert werden kann. Die EZB in Frankfurt, die die Geldpolitik regelt, habe als Ansprechpartner eine „in Parzellen aufgeteilte wirtschaftspolitische Landschaft".[164] Die

Wirtschaftspolitik ist mit dem Vertrag von Maastricht – und der folgenden Vertragswerke – Sache der Nationalstaaten. Das Dilemma liegt auf der Hand: „Wenn jeder Wirtschaftspolitiker das tut, was ihm in seiner Lage als die angemessenste Form der Politik erscheinen mag, dann ist klar, dass diese richtungsgebende Politikfestlegung sehr oft einen kollidierenden Effekt mit den Politiken anderer Staaten in der Europäischen Union hat.“[165]

Man könne auf dem Gebiet einer Wirtschafts- und Währungsunion keine völlig divergierenden wirtschaftspolitischen Entwürfe vorlegen, weil dies zum Schaden der gemeinsamen Währung sei. Juncker gibt ein Beispiel: „Es gibt keinen Beschluss des deutschen Bundestages mehr, der nur noch den deutschen Bundestag anginge. Jeder, der mit den Deutschen das gemeinsame europäische Geld teilt, hat die Pflicht, sich in vormals noch innenpolitische deutsche Debatten einzumischen. Wenn über mangelnden Reformeifer in Deutschland geredet wird, wenn über Reformmüdigkeit in anderen Staaten der Europäischen Union geredet wird, dann ist dies eben nicht nur das Anliegen des angesprochenen Staates, sondern ein gemeinsames europäisches Anliegen.“[166]

Juncker erinnert daran, dass es deutsche Initiatoren waren, die den Stabilitätspakt auf den Weg gebracht haben, um „die unorthodoxen Finanzkünstler in Südeuropa an die Leine zu legen“. Nach mehrmaligem Überschreiten der Defizitgrenze in Deutschland habe sich die Situation nun geändert. „Heute ermahnen die Südeuropäer die orthodoxen Nordeuropäer, zu den europäischen Stabilitäts- und Konvergenzkriterien zurückzufinden. Insofern war dies eine gute deutsche Idee mit guten kontinentalen Folgen zum eigenen Nutzen.“[167] Künftig, meint Juncker im Frühjahr 2003, sei eine bessere und effizientere Endabstimmung der Wirtschaftspolitiken der EU-Staaten und eine neue institutionelle Ausrichtung nötig.[168] Bei der Einhaltung des Stabilitätspaktes können ja nicht die Regierungen über die Einleitung eines Frühwarnverfahrens beziehungsweise das

Abschicken eines blauen Briefes befinden, wenn ein Land sich vom orthodoxen Finanzpfad wegbewegt. „Da wäre es besser, wenn die Europäische Kommission, die das Gemeinwohl im Auge haben muss und es auch hat, selbstständig und in eigener Regie darüber befinden will, ob ein Staat sich von dem Pfad der Tugend wegbewegt, oder Vorschläge machen würde, wie sich dieser Staat wieder auf den europäischen Mainstream zubewegen könnte."[169]

Zur besseren Abstimmung in Sachen Wirtschafts- und Währungsunion will Juncker, dass die Euro-Finanzminister, die sich derzeit vor dem Ecofin treffen und nur informell Beschlüsse fassen können, enger und strukturierter zusammenarbeiten, um zu verhindern, dass ihre informellen Beschlüsse im Rat der Finanzminister bei der endgültigen Abstimmung verwässert werden. Dies sei umso dringlicher, als sich durch die Erweiterung die Zahl von Mitgliedstaaten erhöht, die zwar dem Ecofin angehören, aber keine Euro-Mitglieder sind. Es könne nicht sein, dass hier eine Mehrzahl an Nicht-Euro-Staaten mit darüber beratschlage und beschließe, welche Wirtschaftspolitik die Mitglieder der Eurozone zu leisten hätten, so Juncker.[170] Was Juncker 2003 anspricht, mündet im September 2004 in eine bessere Koordinierung der Wirtschafts- und Haushaltspolitik und in die Schaffung eines für zwei Jahre gewählten Vorsitzenden für die Euro-Gruppe.

60 JAHRE FRIEDEN IN EUROPA – DOCH IM IRAKKRIEG 2003 FINDET DIE EU KEINE GEMEINSAME LINIE

In den Reden zum Europatag[171] am 9. Mai, dem sogenannten europäischen „National"-Feiertag, der zwar in den Europäischen Institutionen gefeiert wird, aber in vielen Mitgliedsländern so gut wie unbekannt ist, wird die Grundidee der Europäischen Gemeinschaft beschworen: „Nie wieder Krieg!"

An diesem Tag wird zweier Persönlichkeiten, der Gründerväter der Europäischen Gemeinschaft, gedacht: Jean Monnet und Robert Schuman.

Obwohl nach 1945 die Waffen in Europa schweigen, ist der Frieden durch das gegenseitige Misstrauen der früheren Kriegsgegner Deutschland und Frankreich gefährdet. Eine dauerhafte Aussöhnung scheint fast unmöglich. Besonders in Frankreich hat man Angst, ein wirtschaftlich wiedererstarktes Deutschland könne eines Tages neuerlich zu einer militärischen Bedrohung werden.

So entwirft der Leiter des französischen Planungsamtes, Jean Monnet, einen Plan für Europa mit drei Hauptanliegen – in politischer, wirtschaftlicher und institutioneller Hinsicht. Politisches Ziel ist die Erhaltung des Friedens, die europäische Vereinigung sowie die deutsch-französische Aussöhnung. Wirtschaftliche Ziele sind die Zusammenlegung der Kohle- und Stahlindustrien zur Rationalisierung der Produktion, die Beseitigung von Wettbewerbsverzerrungen sowie die Verwirklichung der Zollfreiheit unter den Teilnehmerländern. Institutionelles Ziel sind unabhängige und starke Einrichtungen, denn nur solche können große politische Ambitionen wie die zuvor genannten verwirklichen.[172]

Monnet legt seinen visionären Plan im April 1950 Außenminister Robert Schuman vor, der sich schon seit Jahren für die Aussöhnung mit Deutschland einsetzt und nun eine Möglichkeit sieht, das friedliche Zusammenleben aller europäischen Staaten zu sichern. Schuman: „Ich wusste genau, welche persönliche Verantwortung ich in diesem Moment übernommen habe. Ich habe keinen Sinn für Abenteuer, aber ich weiß, was meine Pflicht ist.“[173]

Nur wenige Tage braucht es, bis der Schuman-Plan, wie er fortan heißt – obwohl Monnet der Initiator und Verfasser ist –, vertraulich den politischen Spitzen Frankreichs, Deutschlands und der USA vorgelegt wird. Per Kurier wird der Plan dem deutschen Bundeskanzler Konrad Adenauer zugestellt. In seinen Memoiren erinnert sich Adenauer: „Ich teilte unverzüglich Robert Schuman mit, dass ich seinem Vorschlag aus ganzem Herzen zustimme.“[174]

Auch der amerikanische Außenminister befürwortet das Vorhaben, nachdem ihn Schuman von der Wichtigkeit des Projektes überzeugt hat. Der französische Ministerrat wird offiziell erst am Tag der Bekanntgabe, dem 9. Mai 1950, informiert. Der Plan wird einstimmig gebilligt. Anschließend wird die internationale Presse in den Uhrensaal des französischen Außenministeriums am Quai d'Orsay gerufen, um eine „Erklärung von höchster Bedeutung“ entgegenzunehmen. Robert Schuman stellt den Plan der Öffentlichkeit vor.

„Der Weltfriede kann nur durch schöpferische, den drohenden Gefahren angemessene Anstrengung gesichert werden. [...] Wenn Frankreich, Deutschland und weitere Beitrittsländer ihre wirtschaftliche Grundproduktion zusammenlegen und eine Hohe Behörde einsetzen, wird dieser Plan die ersten konkreten Grundlagen für eine europäische Föderation schaffen, die zur Erhaltung des Friedens notwendig ist.“

Man schlug also vor, die Rohstoffe, die damals Grundvoraussetzung für militärische Rüstung waren – nämlich Kohle und Stahl –, durch ein supranationales europäisches Organ verwalten zu lassen. Die Staaten, die nun aufgerufen sind, auf nationale Alleingänge zu verzichten, waren wenige Jahre zuvor noch in einem schrecklichen Krieg zerrissen.

In seiner Erklärung kommt Schuman zu dem Ergebnis: „Europa lässt sich nicht mit einem Schlag herstellen und auch nicht durch eine einfache Zusammenfassung. Es wird durch konkrete Tatsachen entstehen, die zunächst eine Solidarität der Tat schaffen. Die Vereinigung der europäischen Nationen erfordert, dass der Jahrhunderte alte Gegensatz zwischen Frankreich und Deutschland ausgelöscht wird. Das begonnene Werk muss in erster Linie Deutschland und Frankreich erfassen."[175] Um dieses Ziel zu erreichen, schlägt Schuman vor, „die gesamte deutsch-französische Kohle- und Stahlproduktion einer Hohen Behörde zu unterstellen, in einer Organisation, die den anderen Ländern Europas zum Beitritt offen steht. […] Dies wird den ersten Grundstein einer europäischen Föderation bilden, die zur Bewahrung des Friedens unerlässlich ist."

Der Schuman-Plan sieht im Detail vor, die alliierte Kontrollbehörde des Ruhrgebietes aufzulösen und durch eine gemeinsame europäische Behörde zu ersetzen. Indem man Deutschlands und Frankreichs Wirtschaftspotenziale in supranationale Strukturen einbinde, sei eine Kontrolle möglich. Außerdem, so die Absicht, werde das wirtschaftliche Wachstum Europas gefördert.

Am Ende der Pressekonferenz bemerkt Schuman, dass „Frankreich hier einen Vorschlag unterbreitet, dessen Schicksal es nicht voraussieht. Die Antwort liegt bei Europa."[176]

Ein Journalist fragt: „Dann ist es also ein Sprung ins Ungewisse?"

Und Schuman antwortet: „Genau das ist es. Ein Sprung ins Unbekannte."[177]

Schon Ende Mai liegen die positiven Reaktionen Belgiens, der Niederlande, Luxemburgs, Italiens und der Bundesrepublik Deutschland vor: Man wolle die Vorschläge prüfen und überlegen. Die Kommunisten in Europa und die UdSSR nehmen eine scharfe Gegenposition ein. Nationalistische Kreise in Frankreich und die deutsche Schwerindustrie reagieren ablehnend.

Noch im Juni 1950 beginnen Verhandlungen zwischen Frankreich,

Deutschland und Delegationen der anderen Länder, der EU-Gründerstaaten sozusagen. Schon am 18. April 1951 unterzeichnen die Außenminister der Benelux-Staaten, Frankreichs, Italiens und der Bundesrepublik Deutschland in Paris den Vertrag zur Gründung der Europäischen Gemeinschaft für Kohle und Stahl (EGKS). Das Gebiet der sechs Mitgliedstaaten wird für Kohle und Stahl zu einem einzigen Wirtschaftsraum ohne Ein- und Ausfuhrzölle oder sonstige Handelsschranken und entwickelt sich so zum Kern der europäischen Einigung. Nur sechs Jahre nach Kriegsende übergeben die Kriegsgegner Deutschland und Frankreich die wichtigen Wirtschaftsbereiche Kohle und Stahl einer gemeinschaftlichen Organisation, der Hohen Behörde. Diese besitzt direktes Einspruchsrecht in den Vertragsstaaten. Erster Präsident der Hohen Behörde: Jean Monnet.

Der Schuman-Plan ist viel mehr als der bloße Vorschlag zur Gründung einer Montanunion. Diese ist nur der erste Schritt in Richtung einer Europäischen Föderation, die auch anderen Ländern offensteht. Dieser Zusammenschluss soll die friedliche Zukunft Europas garantieren. Der Schwerpunkt einer solchen institutionellen Zusammenarbeit soll auf die Achse Paris – Bonn verlagert werden. Schuman will durch diese diplomatisch-politische Strategie ein dauerhaftes Gleichgewicht zwischen den ehemaligen Kriegsgegnern schaffen. Er erkennt als erster europäischer Politiker, dass dauerhafter Friede in Europa der echten Aussöhnung zwischen Deutschland und Frankreich bedarf.

Heute ist diese Aufbruchstimmung von einst verflogen. Die Anfänge der Europäischen Union spielen im kollektiven Bewusstsein der europäischen Gesellschaften kaum eine Rolle. Friede, Stabilität, Wohlstand, Lebenschancen sind innerhalb der EU zu einem festen Bestandteil geworden.

Jean-Claude Juncker erinnert immer wieder an die Voraussetzungen dieser Union, „obwohl das in den Ohren vieler Zeitgenossen inzwischen überromantisch klingt“. Nicht für ihn. Er findet es selbstverständlich, stets darauf hinzuweisen, dass es Eltern, Großeltern, ja Urgroßeltern waren, die „dieses europäische Integrationswerk auf den Weg gebracht haben. Das waren die Männer und Frauen der Kriegsgeneration, die Europa aus der Taufe gehoben haben. Das sind doch diejenigen, die von den Schlachtfeldern und aus den Konzentrationslagern in ihre Dörfer, Städte und Länder zurückgekehrt sind und sich gesagt haben: *Das machen wir nie wieder!*"[178]

Am Beispiel des europäischen Projektes – nur einmal – habe diese Strategie geklappt, dass „Krieg als normale Fortsetzung der Politik mit anderen Mitteln keine Chance mehr auf unserem Kontinent hat". Für Juncker „ein Erbe, das uns verpflichtet". Die Kriegsgeneration hätte jeden Grund gehabt, den Kopf hängen zu lassen und sich zu beklagen. Sie hat es aber nicht getan. „Wenn man die Begeisterung der Gründergeneration mit der Resignation der heute Lebenden vergleicht, ist man hin und wieder beschämt."[179]

Junckers Idee und Vision von Europa rührt aus den Erfahrungen seines Vaters im Zweiten Weltkrieg. – „Nicht weil er mit Hitler gegen die anderen losmarschieren wollte, sondern weil Luxemburg von den Nazis besetzt war, und die Luxemburger, die zwischen 1920 und 1927 geboren wurden, gezwungen waren, Soldaten der deutschen Wehrmacht zu werden."[180]

Als kleiner Bub sieht Juncker die Einschüsse, die sein Vater an Hals, Knie und an der Hand hat. „Was war da los?", fragt der Sohn. Vom Vater kommt keine Antwort. „Jetzt erzählt er mir das. Aber ich weiß aus der Geschichtsbetrachtung heraus, dass mein Vater im Krieg war, ohne dass Luxemburg im Krieg war, ohne dass wir etwas kriegerisch bewegen wollten. Ich möchte nicht, dass unsere Kinder und Kindeskinder wieder in diese Drangsal hineingeraten."[181]

Nie wieder Krieg in Europa! – Diesen Satz, erklärt Juncker, haben die Europäer nach jedem Krieg auf diesem Kontinent gesagt, und sich vor vielen Denkmälern auch immer wieder die Hände gereicht, doch erst 1945 war jenes Jahr, in dem die Menschen, die aus den

Konzentrationslagern sowie von den Frontabschnitten in ihre Heimatländer zurückkehrten, den Satz verstanden – und Ernst machten: „Sie haben sich Instrumente in die Hand gegeben und alles getan, dass Europa nach dem Zweiten Weltkrieg wieder auf die Beine kommt und aus Europa etwas wurde.“[182] Es wäre nur allzu verständlich gewesen, wenn diese Männer und Frauen, die so Schlimmes erlebt haben, nichts getan hätten. Deswegen, resümiert Juncker, sollten die Jüngeren „respektvoller auf die Lebensleistung dieser Kriegsgeneration zurückblicken. Dass es uns heute gut geht, hat wesentlich mit der Lebensleistung unserer Eltern und der Kriegsgeneration zu tun.“[183]

Die schrittweise europäische Integration in den vergangenen Jahrzehnten hat laut Juncker nicht allein „mit weisen Staatsmännern aus dieser Zeit zu tun, sondern damit, dass viele Männer und Frauen ohne Namen das, was diese Staatsmänner an ihrer Stelle für sie formuliert haben, mitgetragen haben. Hätten die sich verweigert, hätten Adenauer, hätten Schuman, hätten De Gasperi und viele andere das nicht bewirken können, was sie im wahrsten Sinne des Wortes lostraten. Deshalb gehört unsere volle Anerkennung denen, die nicht nur unsere Vorgänger als Staatslenker waren, sondern auch unsere Vorgänger als Eltern.“[184]

Juncker lässt keine Gelegenheit aus, Respekt und Demut gegenüber der Kriegs- und Nachkriegsgeneration einzufordern. „Wir sollten uns schämen, dass wir manchmal so tun, als ob wir es unwahrscheinlich schwerer und schwieriger haben, als diese Generation es hatte. Es war die beste europäische Generation, die es auf unserem Kontinent je gab.“[185]

Die Sorge Junckers gilt der Entwicklung Europas in den nächsten Jahren und Jahrzehnten. „Ich bin ein skeptischer Betrachter europäischer Zukunft, weil ich die europäische Vergangenheit kenne, und ich hätte gerne, dass Krieg auf ewig von dem europäischen Kontinent verbannt würde. Das ist die Aufgabe meiner Generation, die mit dem

Kriegsgeschehen nichts mehr zu tun hat, die aber aus den Erzählungen ihrer Großeltern und Eltern noch weiß, was Krieg mitten in Europa, in Luxemburg, in Trier, in Bonn, in Berlin, in Warschau, in Brüssel und in Paris bedeutet."[186]

Der aus dem Leitsatz „Nie wieder Krieg!" hervorgegangene Druck, ein geeintes Europa zu schaffen, werde sich verflüchtigen, wenn die Generation nicht mehr da sein wird, die vom Krieg erzählen kann, fürchtet Juncker.

Die Gefahr eines neuerlichen Krieges auf diesem Kontinent ist für ihn noch nicht gebannt. Der Krieg im ehemaligen Jugoslawien, mitten in Europa, hat dies gezeigt. Und nichts ärgert Juncker nach der jüngsten Erfahrung von Tod, Folter, Vertreibung und Vergewaltigung in Europa mehr, als dass „die leichtfüßigen, die oberflächlichen Betrachter europäischer Dinge nicht sehen, dass die alten Dämonen den europäischen Kontinent nicht verlassen haben, sondern nur eingeschlafen sind. Ich hätte gerne, dass sie dauerhaft pennen."[187]

Es sei nicht so – wie viele denken –, dass die alten Dämonen die europäischen Landschaften auf immer und ewig verlassen hätten. „Ich glaube, dass die dramatische Frage in Europa in diesem Jahrhundert, so wie in den vergangenen Jahrhunderten, die Frage zwischen Krieg und Frieden bleibt: die Versuchung, das Gesetz des Stärkeren anderen aufzuzwingen, die Versuchung, politische Konflikte mit militärischen Mitteln zu lösen, statt durch geduldiges Zuhören und Zureden. Diese Versuchung wird immer eine europäische bleiben. Und wer die Geschichte unseres Kontinentes kennt, wer sie zumindest geistig durchlitten hat, der wird wissen, dass diese Frage nie endgültig geklärt sein wird. Und deshalb bleibt die eigentliche Ursache, die uns zu überzeugten und überzeugenden Europäern machen sollte, die Frage, die ewige europäische Frage, zwischen Krieg und Frieden."[188]

Um die alten Geister nicht wachzurütteln, müsse „Europa neu begründet werden", verlangt Juncker. Er fürchtet, nachfolgende

Politiker-Generationen „werden von Hitler und Stalin so weit entfernt sein, wie Wilhelm II. und Clemenceau heute von uns. Man wird sie nur noch als entfernte historische Gestalten zur Kenntnis nehmen – falls überhaupt – und wird sich überhaupt nicht vorstellen können, für welches Tun und für welches Nichtstun beide und andere eigentlich standen. Und auch die Erinnerung an die ‚Heiligen' der zweiten Hälfte des 20. Jahrhunderts, an Adenauer, an Schuman, an andere, wird auch verblasst sein."[189] Der europäische Entwurf, so das Anliegen Junckers, muss so neu begründet werden, dass er als Beweiskette für die restliche Zeit des 21. Jahrhunderts und vor allem für dessen zweite Hälfte reicht. „Und deshalb muss man, so paternalistisch das klingt, auf die eigentlichen Beweggründe eingehen, die schon während des Zweiten Weltkrieges und sofort nach dem Zweiten Weltkrieg Millionen Männer und Frauen in Europa auf die Idee brachten und auf den Weg brachten hin zu einem besser zusammengefügten Europa."[190]

Juncker versteht es als Aufgabe seiner Generation, die mit dem Kriegsgeschehen nichts mehr zu tun hatte – die aber aus den Erzählungen der Großeltern und Eltern noch weiß, was Krieg mitten in Europa bedeutet –, zu erreichen, dass „Krieg auf ewig von dem europäischen Kontinent verbannt würde".[191] Die europäische Integration werde nur verständlich, wenn man das tragende Fundament für die europäische Integration, die Frage von Krieg und Frieden, stets vor Augen hat. Im politischen Alltagsgeschäft sei es nicht leicht, damit durchzukommen und auf nationale Sonderwege zu verzichten, weil „das Europäische an unserem Tun uns dazu verleitet, Kompromisse zu schmieden". Das ist es, was die Europäische Union bisher weitergebracht hat und Projekte wie die Wirtschafts- und Währungsunion sowie den Euro entstehen ließ. Für Juncker sind diese Integrationsschritte „Friedenspolitik mit anderen Mitteln".[192] Er sucht heute Anknüpfungspunkte an die originäre Begeisterung derer, die damals – im Auftrag der heutigen und zukünftigen Generationen – gehandelt und die europäische Integration eingeleitet haben. Aber was sind diese Anknüpfungspunkte? In den Fünfziger-, Sechziger-, Siebziger-, Achtzigerjahren und am Beginn der Neunzigerjahre war es die Ökonomie, das stetige Wachstum. Die Wirtschaft war das mobilisierende Element für Europa. „Das war der einzige gangbare Weg. Die Ökonomie war die Antwort auf die Verfehlungen der ersten Hälfte des 20. Jahrhunderts."[193]

Ab der zweiten Hälfte der Neunzigerjahre wurde der monetäre Pfad beschritten – „und so wichtig ist es heute, den politischen Weg einzuschlagen". Man könne die Menschen heute nicht mehr mit dem Binnenmarkt begeistern, so wichtig er auch sei. „Man braucht schon ein bisschen mehr in der europäischen Pfanne, damit die Menschen das Brutzeln noch hören, und das wird man nicht mehr nur mit ökonomischen Sachzwängen bewältigen können. Hier braucht es eigentlich mehr Herz und mehr Gefühl."[194]

Was Juncker damit meint, macht er deutlich, wenn er gegen die stets zitierte Parole „Europa ist vor allem Wirtschaft" wettert. „Europa ist auch Wirtschaft, aber es ist nicht *nur* Wirtschaft. Wirtschaft ist ein Mittel zum Zweck, ist nicht ein Zweck an sich. Deshalb muss das Wirtschaftliche auch um das Soziale ergänzt werden. Man kann Europa nicht gegen den Willen der Arbeitnehmerschaft gestalten."[195]

Die soziale Frage ist Juncker ein Herzensanliegen. „Die konkreten Lebensumstände der Menschen haben etwas mit Europa zu tun. Und wer jetzt sagt, der Binnenmarkt würde eigentlich reichen, der versündigt sich an der europäischen Zukunft."[196]

Jeder Schritt der Integration sei den Menschen vermittelbar. So müsse man erklären, dass klassische Nationalstaaten die Aufgaben der Gegenwart nicht im Alleingang bewältigen können. „Wer heute denkt, Wirtschaftspolitik noch im Sinne der Nationalökonomien betreiben zu können, der irrt sich fundamental über die Elementarzusammenhänge in der globalisierten Welt. Es müsste eigentlich kommunizierbar sein, dass auch in Wirtschaftsfragen ein Mehr an Europa und in Währungsfragen ein gleiches Maß an Europa auch für die kommenden Jahrzehnte unabdingbar von uns gefordert werden."[197] Die Tatsache, dass europäische Politiker die Wirtschafts- und Währungsunion mit dem Euro durchgesetzt haben und nunmehr auch die nötige Akzeptanz unter den Bürgern der Union dafür besteht, zeige doch, dass „die Europäer zu unwahrscheinlichen Leistungen fähig sind, wenn sie politische Überzeugungen und einen klaren Zeitplan in ausreichendem Maße haben, und wenn sie von einem politischen Willen beseelt sind, der nicht erlahmt, wenn die Schwierigkeiten zunehmen. Niemand hätte uns zugetraut, dass es uns gelingen würde – im Übrigen zum ersten Mal in der Geschichte der Menschheit –, aus zwölf Währungen eine zu machen", sagt Juncker.[198]

Schwierig gestaltet sich der Pfad zu einer gemeinsamen Sicherheits- und Außenpolitik. So, wie sie in den Verträgen der EU verankert sei, verdiene sie die Bezeichnung „gemeinsam" vorläufig nicht – was sich am deutlichsten während des Irakkriegs zeigt. Das Bild, das die Europäische Union in dieser Situation abgibt, ist für Jean-Claude Juncker „im schlimmsten Maße erschreckend".[199]

Europa habe es in dieser Frage überhaupt nicht mehr gegeben. „Der währungs- und wirtschaftspolitische Riese ist total untergetaucht, ist kleiner noch als der kleinste Zwerg, der zurzeit weltweit in Fragen gemeinsamer Außen- und Sicherheitspolitik zu besichtigen ist."[200]

Juncker prognostiziert während des Irakkrieges im Frühjahr 2003 „eine verheerende Wirkung auf die europäische Befindlichkeit, wenn der Zustand völligen Abtauchens nicht schnellstens behoben wird".[201]

Doch wer ist schuld an diesem europäischen Desaster? – Es sind die nationalen Alleingänge. Das Verhalten der EU-Mitglieder im Irakkrieg offenbarte „ein totales Durcheinander, das die Glaubwürdigkeit der Europäischen Union weder nach innen noch nach außen gestärkt hat".[202]

Nichts als Kritik hat Juncker für das Verhalten der Großen im Irakkrieg übrig. „Wenn man, wie Luxemburg, zu den kleineren Mitgliedern der Europäischen Union gehört und man sich eigentlich regelmäßig von den Großen erklären lassen muss, wie die Dinge laufen, kann man nur staunen, dass sich die Großen bei gemeinsamen Festlegungen schlimmer benehmen, als es kleine Länder jemals imstande wären zu tun."[203] Ein „Unding" sei es, dass Deutsche, Franzosen, Briten, Italiener und Spanier nicht zu einer gemeinsamen Linie gefunden hätten. „Was würden die beiden Repräsentanten der EU tun, wer hätte sie während des Irakkrieges überhaupt empfangen wollen? Beide wären überhaupt nicht in der Lage gewesen, so etwas wie einen europäischen Konsens herbeiführen und auch weltweit vortragen zu können. Die Frage ist doch, ob wir von dem gemeinsamen politischen Willen beseelt sind, von dem wir beseelt sein müssten, um der europäischen Stimme in der Welt Gewicht zu verleihen."[204]

Die Enttäuschung über das Nichtvorhandensein einer europäischen Position im Irakkrieg kann Juncker nur schwer verhehlen.[205] Dabei sei es ja nicht so, dass Europa uninteressant wäre. „Es gibt ja eine große Nachfrage nach Europa in der Welt. Viele wenden sich an die Europäische Union, um etwas klarer zu sehen. Viele denken, die Europäische Union wäre nicht nur ein Konstrukt für uns selbst, sondern ein Angebot an die Welt, getragen von gemeinsamen europäischen Überzeugungen, von Wertvorstellungen, von Zielsetzungen, die wir für uns selbst, aber auch für die Welt, wenn die Welt dann Abnehmer wäre für derartige Vorstellungen, haben müssten."[206]

Juncker betont, dass er mit vielem, was „unsere amerikanischen Freunde im Detail vorbringen, nicht einverstanden sei und man den Amerikanern sagen müsse, „was man mittragen kann, und was man nicht mittragen kann, und dass es unterschiedliche Wege zu einem gemeinsamen Ziel gibt".[207]

Er wehrt sich auch gegen die amerikanische Qualifizierung der Europäer in zwei Kategorien: die Guten und die Schlechten, in das alte und neue Europa. „So läuft das nicht in dem transatlantischen Verhältnis, von dem ich im Übrigen sage, dass es auf absehbare Zeit und auf lange Sicht keine politisch gestaltbare Alternative in Europa und in Amerika gibt."[208] Dies mag divergierende Meinungsäußerungen wie im Falle des Irakkrieges nicht ausschließen. „In der Demokratie ist es so, dass nicht einer sagt, einer vorsingt und die anderen abnehmen. Es wird gemeinsam gesungen. Und wenn man zu gemeinsamem Gesang noch nicht fähig ist, dann muss man weiter proben und probieren, bevor die Partitur auf adäquate Art und Weise einstudiert ist. Aber das darf uns doch nicht davon abbringen, dass wir im selben Orchester spielen möchten."[209]

Dass sich ein außen- und sicherheitspolitisches Desaster à la Irakkrieg nicht wiederholen kann, heißt für die EU-Mitglieder, aus der Krise zu lernen. „Wenn wir jetzt nachlassen in unserem Bemühen, gemeinsame Außen- und Sicherheitspolitik zustande zu bringen, dann haben diejenigen gewonnen, die auf Dauer von der Tatsache, dass Europa getrennt marschiert und getrennt handelt, profitieren."[210] Angesichts der Enttäuschung, die Europa selbst verursacht hat, sollten die EU-Regierungen die Kraft finden, zu einer gemeinsamen Beschlussfassung und zu den richtigen Instrumenten zu kommen. Die öffentliche Meinung könne hier durchaus als Katalysator wirken.

„Wenn wir jetzt unseren Werkzeugkasten so komplettieren, dass wir über die Schraubenzieher verfügen, die wir brauchen, um europäische Außenpolitik formulierbar und gestaltbar zu machen, dann ziehen wir die richtigen Lehren aus dieser Krise."[211]

Dazu müssten die EU-Staaten Anleihen bei denjenigen nehmen, die nach dem Zweiten Weltkrieg die Europäische Union aufgebaut haben. Wenn diese „so kleinmütig gewesen wären, dass sie beim geringsten Widerstand der damals sechs europäischen Staaten sofort mit der gemeinsamen Anstrengung aufgehört hätten, dann wären wir nie so weit gekommen, wie wir gekommen sind. Wenn die Gründungsväter der Europäischen Union heute in der Europäischen Union leben würden, wenn sie zurückkommen könnten, um sich anzusehen, was wir aus ihrer Idee gemacht haben, dann würden sie aus dem Staunen nicht mehr herauskommen."[212]

Jean-Claude Juncker und einige seiner Kollegen haben sich erhofft, dass die gemeinsame Währung einen Entwicklungsschub für die gemeinsame Außen-, Sicherheits- und Verteidigungspolitik bedeuten würde. „Ich habe mir gedacht, dass der Euro sich wie eine Sprungfeder auf die Gestaltung einer gemeinsamen Außen- und Sicherheitspolitik auswirkt. Er hat es nicht getan."[213]

Einen neuen Anlauf für das Projekt einer gemeinsamen Außen- und Sicherheitspolitik erwartet er sich als Folge des Irakkrieges, der neuen europäischen Verfassung und der Terroranschläge, die durch das Attentat im März 2004 im Bahnhof von Madrid auch Europa erreicht haben. Die Krise, die der Irakkrieg ausgelöst hat, sei „das Element, das uns eigentlich noch zur Beweisführung gefehlt hat, um wirklich in Sachen gemeinsamer Außen- und Sicherheitspolitik Ernst zu machen."[214]

Dass es durch den Irakkrieg zur größten außenpolitischen Krise der EU gekommen ist, lastet Jean-Claude Juncker jenen an, für die Meinungsumfragen wichtiger seien als Überzeugungen. Diesen EU-Kollegen wirft er vor, Demoskopie mit Demokratie zu verwechseln. Es gebe feine Unterscheide zwischen beiden. In der Demokratie müsse man die Zustimmung des Volkes finden. Und die findet man nicht dadurch, dass man nach demoskopischer Vorgabe dem Wähler nachläuft – im Gegenteil: Manchmal müsse man sich dem Wähler auch in den Weg stellen. „Dann sieht man die Wähler auch besser, statt sie immer nur von hinten zu betrachten."[215]

Ein Grund für das weitgehende Fehlen einer gemeinsamen Außen- und Sicherheitspolitik sei die Tatsache, dass die Regierenden „keine Instrumente in der Hand haben, um europäische Außenpolitik gemeinsam entstehen zu lassen. Das hat aber vor allem damit zu tun, dass es den Willen zur gemeinsamen Außen- und Sicherheitspolitik nicht gibt."[216] Dieses Defizit löst auch der von den Staats- und Regierungschefs beim EU-Gipfel am 17. Juni 2004 verabschiedete Verfassungsvertrag nicht. Zuvor hat der Konvent zur Reform der EU darauf keine Antwort gegeben.

Jean-Claude Juncker: „Ein europäischer Außenminister oder ein gewählter Präsident des Europäischen Rates macht noch keine europäische Außenpolitik. Angenommen, Europa hätte zur Zeit der Irak-Krise einen Außenminister oder einen EU-Ratspräsidenten gehabt und der amerikanische Präsident hätte über diese Telefonnummer verfügt, die er in Europa anrufen hätte können. – Er hätte sicher gedacht, das Telefon sei in Europa noch nicht eingeführt worden, denn er hätte überhaupt nichts gehört über die europäische Haltung in der Irak-Frage."[217]

Auch wenn der neue Verfassungsvertrag den Regierungen die herrlichsten Instrumente in die Hand legt, werden diese „damit nichts ausrichten können, weil sie erkennbar nicht den Willen haben, dies zu tun. Ob die Europäer wirklich eine gemeinsame Außen-, Sicherheits- und Verteidigungspolitik haben *wollen*, das ist die eigentliche Frage, die sich den Europäern stellt."[218] Juncker bringt es auf den Punkt. „Wenn wir den Willen hätten, diese wirklich zu wollen, dann würden wir die Instrumente schon finden."[219] Sein Appell: „Eine politische Debatte über die Außen- und Sicherheitspolitik muss in Europa in Gang gesetzt werden, um darüber zu entscheiden, ob eine gemeinsame Außen- und Sicherheitspolitik gewollt wird. Wir müssen uns fragen, ob die einzelnen Regierungen bereit sind, im Ernstfall nationalstaatliche Befindlichkeiten zurückzustellen. Andauernd das gemeinsam Verbindende zu beschwören, das bringt absolut nichts."[220]

Doch die Entwicklung einer gemeinsamen Außen- und Sicherheitspolitik sowie einer europäischen Verteidigungspolitik ist nicht ohne engen Schulterschluss mit Amerika vorstellbar. Ein europäisches

„Konkurrenz-Unternehmen“ zu den USA sei nicht zielführend und auch nicht glaubwürdig.[221] Kritik der USA an den Plänen der EU zur Verteidigungspolitik sei wenig verständlich, zumal die USA seit Jahren fordern, Europa müsse einen größeren Beitrag für seine eigene Sicherheit leisten. „Die Europäer sind keine Vasallen der Amerikaner, sondern Partner, welche auf gleicher Augenhöhe mitreden sollten. Europapolitik ist nicht das Gegenteil von US-indizierter Politikarchitektur. Sie ist aber auch nicht einfach der Abklatsch dessen, was in Washington gedacht und geplant wird.“[222]

In der europäischen Verteidigungspolitik, die als Kern eine europäische Armee und eine gemeinsame Rüstungsindustrie beinhaltet, sieht Juncker keinen „Militär-Muskelprotz“, sondern einen „Mix zwischen notwendigem militärischen Drohpotenzial und zivilen Konfliktlösungsansätzen“.

Ein erster Fortschritt in dieser Frage könnte hierbei die Institution des gemeinsamen Außenministers sein. Dafür brauche die EU aber „nicht jemanden, der sein Gesicht zur Verfügung stellt, sondern jemanden, der den Mund aufmachen kann, damit er im Namen Europas reden kann. Und das setzt voraus, dass wir von einem gemeinsamen Willen beseelt sind.“[223] In Zukunft werde der Außenminister alleine zu wenig sein. Auch institutioneller Reformen werde es bedürfen. Die gestiegene Zahl der EU-Mitglieder werde eine Straffung der Debatten und eine größere Kompromisswilligkeit verlangen. Das würde bedeuten, in manchen Materien vom Einstimmigkeitsprinzip abzurücken.

„Mir ist schon klar, dass dies auch beispielsweise in Steuerfragen zukünftig der Fall sein muss, weil man auf Dauer nicht in Steuerfragen mit der Einstimmigkeitsregel die Welt bewegen kann“, ist Juncker bereit, ein Tabu anzurühren. „Das hört in Luxemburg nicht jeder gerne, auch in Deutschland nicht.“ Doch mit Einstimmigkeit alleine könne man heute nicht mehr vom Fleck kommen, ist sich Juncker bewusst.

„Wenn wir erst einmal in Souveränitätsbereichen essenziellster Natur wie Steuerpolitik oder den Eigeneinnahmen der Europäischen Union mit Mehrheit entscheiden werden, dann muss dies auch bei der gemeinsamen Außen- und Sicherheitspolitik möglich sein." Jeder Politiker werde sich dann die Frage stellen müssen, „ob er es politisch will, ob er es sich politisch leisten kann, seinem Parlament, seiner öffentlichen Meinung, seinem Volk, seinem Land, seinem Staat, seiner Nation zumuten zu können, dass jetzt nicht mehr der nationale Premierminister, die nationale Regierung, das nationale Parlament entscheidet, was in Sachen Außenpolitik passiert, sondern dass dies die Europäer auf dem Wege der Mehrheitsentscheidung tun müssen".

Monate bevor der EU-Konvent den Entwurf für einen europäischen Verfassungsvertrag im Juni 2003 präsentiert und die Regierungskonferenz am 4. Oktober 2003 in Rom feierlich startet, macht Juncker darauf aufmerksam, dass man in der Außenpolitik „nicht von heute auf morgen von der Konsensregel abrücken und blindlings ins Wasser der Mehrheitsentscheidung hinüberrudern kann. Das wird lange Jahre brauchen." Der Prozess dürfte deswegen so lange dauern, weil Europa erst lernen müsse, gemeinsame Außenpolitik gestalten zu wollen. „Erst wenn wir unter Beweis gestellt haben, dass wir diesen Willen auch haben, dass dieser Wille nicht brüchig ist, dass er nicht vom ersten Konflikt, so wie in der Irak-Frage, schon wieder auseinanderbricht, dann kann man diese instrumentale Verfeinerung auf den Weg bringen."[224]

Die Weichen für eine gemeinsame Außenpolitik sind auf Basis der Gemeinschaftsmethode im neuen EU-Vertrag gestellt. Gemeinschaftsmethode heißt: Vorschlag der Kommission, Abstimmung mit Mehrheit im Rat und der Mitentscheidung des Europäischen Parlaments.

Juncker warnt davor, die Irak-Krise zum Vorwand zu nehmen und sich beim Aufbau der gemeinsamen Außen- und Sicherheitspolitik

Zeit zu lassen, weil sonst „in zehn bis 15 Jahren niemand mehr die Kraft aufbringen wird, diese Thema noch einmal aufzuzeigen und in geordnete europäische Bahnen einfließen zu lassen".

Deswegen dürfe die Verfassung für die Europäische Union das Zukünftige nicht aus dem Blick verlieren, sondern müsse „die Dinge so anlegen, dass das, was heute noch nicht geht, morgen gemacht werden kann, wenn die Geister reich sind und wenn die Erfahrungen so geworden sind, dass sie von allen geteilt werden können".[225]

EUROPÄISCHE ERFOLGE: BINNENMARKT – WIRTSCHAFTS- UND WÄHRUNGSUNION – ERWEITERUNG

Die „originäre Begeisterung" jener, die nach dem Ende des Zweiten Weltkrieges das europäische Aufbauwerk begonnen haben, versucht Jean-Claude Juncker durch den Euro aufleben zu lassen. Der Binnenmarkt allein vermöge das heute nicht mehr. „Ich habe seit 1989, in dem Jahr, als ich Finanzminister wurde, bis heute [...] sehr viel Zeit, Energie, Nachdenken, auch Begeisterung, vor allem Begeisterung aufgebracht, als es darum ging, die europäische Wirtschafts- und Währungsunion auf den Weg zu bringen."[226]

Juncker ist davon überzeugt, dass die Debatte über die Wirtschafts- und Währungsunion am Beginn der Neunzigerjahre die deutsche Wiedervereinigung erleichterte. Er vergisst auch nie hervorzuheben, dass für beides vor allem ein Name steht: der des deutschen Bundeskanzlers Helmut Kohl. „Er hat beide Projekte auf Schiene gebracht."[227]

Nach Junckers idealer Vorstellung sollte der Euro wegweisend sein für weitere Integrationsschritte. „Aus der Gemeinsamkeit der Währung würden unendlich viele Gemeinsamkeiten erwachsen: Die politische Union wird von der Stelle kommen. Europa wird stärker zusammenwachsen." – So stellte sich Juncker die Entwicklung vor. Ernüchtert bemerkt er später, dass der Euro sich nicht als dieser Quantensprung herausgestellt hat, an den er stets geglaubt hat. Und Juncker gibt noch eine zweite Enttäuschung zu: „Europas Politiker sind nicht imstande, den Erfolg des Euro dort, wo er funktioniert, nämlich im Bereich der Wirtschafts- und Währungsunion, auch zu genießen."[228] Er bedauert, dass seine Kollegen, die Regierungschefs der Euroländer, diesen Erfolg nicht öffentlich als solchen werten können. Zu wenig sei bekannt, wie sehr der Euro die europäische Wirtschaft – und auch die Bürger – schützt. „Wenn man sich vor

Augen führt, was zurzeit los wäre, wenn es noch das europäische Währungssystem gäbe, in dem zeitweise 14 europäische Währungen zusammengefasst waren. Dieses europäische Währungssystem wäre heute nach den Finanzkrisen – und Kriegen – ein Trümmerhaufen. Es gäbe Abwertungen. Die europäische Volkswirtschaft wäre völlig nutzlos, wenn wir nicht den uns heute schützenden Euro in der jetzigen Form hätten."[229]

Fest steht für Juncker: Die Wirtschafts- und Währungsunion hat eine stabilisierende Wirkung auf den ganzen Kontinent. „Wenn wir jetzt noch mit 14 oder 15 nationalen Währungen konfrontiert wären, dann würden die Menschen von internationalen Krisen mehr spüren und hätten einiges davon schon zu ihren Ungunsten erfahren können. Der Euro schützt uns, und wir kriegen es erstaunlicherweise nicht hin, den Menschen zu erklären, wieso und weshalb der Euro diese stabilisierende Wirkung hat."[230]

Die Zustimmung der Bürger zum Euro musste mühsam aufgebaut werden. Heute ist die gemeinsame Währung akzeptiert, wie Umfragen in den Euro-Teilnehmerländern zeigen.[231] Noch Anfang der Neunzigerjahre war die Situation eine andere. Vor allem in Deutschland, „unter der Professorenschaft und dem etwas zurückhaltenderen Teil der deutschen Politik"[232], gab es damals mehr Kritik und Ablehnung als begeisterte Zustimmung. „Heute ist die Euro-Skepsis weitgehend verflogen. Der Euro hat unendlich viele zustimmende Nachzügler." Das provoziert Juncker zu einem Vergleich: „Wenn die katholische Kirche so viele Spätberufene hätte wie der Euro, dann gäbe es keinen Priestermangel mehr. Dann müssten Seminare gebaut und nicht geschlossen werden."[233]

Auch außerhalb der Grenzen der Europäischen Union gibt es zunächst Skepsis gegenüber der Währungsunion; die wenigsten halten es für machbar. Juncker erinnert sich an einen Besuch im August 1995 beim damaligen Präsidenten der Vereinigten Staaten, Bill Clinton, in Washington. Clinton fragte ihn: „Was gibt es denn so Neues in Europa?" Als sich Juncker mit – wie er sagt – „jungfräulichem Eifer" ins Zeug legt, die Wirtschafts- und Währungsunion zu erklären, habe er an Clintons Mienenspiel sehr schnell erkannt, dass das nicht die Antwort war, die dieser hören wollte. „Er hat gemeint, über diese Frage der gemeinsamen Währung sollte ich doch lieber mit Finanzminister Robert Rubin reden, was ich daraufhin auch tat. Finanzminister Rubin war aber auch nicht sonderlich interessiert an dem, was ich ihm dann wie eine Seminararbeit vortrug."[234]

Ein Jahr später, 1996: Juncker ist wieder in Washington. Sonntagmorgen läutet das Telefon in seinem Hotelzimmer. Es ist der amerikanische Finanzminister, der ihn unbedingt sprechen will. „Sie waren doch letztes Jahr hier. Über dieses europäische Einheitsgeld möchte ich wieder einmal mit Ihnen reden", sagt Rubin am anderen Ende. Juncker spürt, dass das jetzt sehr wichtig ist.

„Ich habe jetzt keine Zeit, um darüber zu reden", sagt er dennoch selbstbewusst. Wenn dem amerikanischen Ressortchef wirklich so viel an dem Gespräch liege, würde er sich wieder melden … Tatsächlich lädt Rubin ihn zum Lunch in das *Treasury* – das US-Finanzministerium – ein. „Zugegeben, wenn der amerikanische Finanzminister sich mit dem luxemburgischen Finanzminister darüber unterhalten möchte, dann ist etwas passiert, das nicht mit dem Kräfteverhältnis zwischen den USA und Luxemburg zu tun hat, sondern mit der erkennbaren Machbarkeit des europäischen Unterfangens namens Euro", interpretiert Juncker diese Begegnung Jahre später.[235]

Die Annahme liegt nahe, dass Europa – ohne die Wirtschafts- und Währungsunion mit dem Euro – international gar nicht wahrgenommen würde. „Das einzige identitätsstiftende Element europäischer Politik nach außen hin ist der Euro. Die gemeinsame Außen- und Sicherheitspolitik ist es mit Sicherheit noch nicht."[236]

„Wir wachsen mit Europa" – so beschreibt Jean-Claude Juncker gerne den Prozess der Erweiterung. 2004 treten zehn neue Mitglieder der Union bei[237], 2007 Rumänien und Bulgarien, 2013 als vorerst letztes Land Kroatien. Argumente, Europa würde sich durch neue Mitglieder finanziell und institutionell übernehmen oder nicht auf die Stimmung der Bürger achten, findet Juncker „kleingeistig"; an so einer Annäherungsweise wolle er sich gar nicht beteiligen.[238] Angesichts der europäischen Geschichte sei die Erweiterung „ein nicht vorhersehbarer Vorgang" gewesen.[239] „In Mittel- und Osteuropa ist Unwahrscheinliches passiert. Die Menschen haben nach dem Zweiten Weltkrieg selbst Geschichte gemacht." Juncker bekennt: „Ich habe es lieber, die Menschen aus Mittel- und Osteuropa haben Erwartungen an uns, als sie richten Raketen auf uns."[240] Er fragt: „Warum vergessen wir so schnell? Was wäre, wenn wir uns nach dem Umsturz 1989 nicht zur Erweiterung entschlossen hätten? Wir hätten eine wesentlich instabilere Lage in Europa. Sechs von acht mitteleuropäischen Staaten haben vor 15 Jahren noch nicht existiert. Die Selbstständigkeit wäre auch ohne eine europäische Perspektive gekommen. Nur instabiler."[241]

Was am 1. Mai 2004 nach jahrelangen Beitrittsverhandlungen und Referenden in den neuen Mitgliedsländern der EU Realität wird, ist nichts Neues. Schon 1947 trafen sich 800 europäische Politiker aus verschiedenen Ländern in Den Haag und formulierten ihre Visionen von einem gemeinsamen Europa, bestehend aus Ost und West, darunter Winston Churchill, François Mitterrand, Konrad Adenauer und viele mehr.

„Churchill, auf dem Höhepunkt seiner moralischen Autorität angelangt, formulierte dort einen nicht berühmt gewordenen, weil nicht geglaubten Satz: ‚Wir fangen jetzt im Westen an, was wir eines Tages im Osten Europas zu Ende führen werden.'"[242]

Dieser Satz, von einem der großen Europäer des 20. Jahrhunderts ausgesprochen, wurde 1959 von Robert Schuman wieder aufgegriffen, der damals zu Protokoll gab, sein Lebensziel bestünde nicht darin, jetzt die Völker Westeuropas zu einigen – sein Traum wäre vielmehr, dass auch die Menschen aus Ost- und Mitteleuropa eines Tages zu dieser europäischen Familie hinzustießen.[243] Beide hätten recht gehabt, findet Juncker aus der Distanz des 21. Jahrhunderts. „Recht hat auch der ehemalige deutsche Bundeskanzler Helmut Kohl, der bei vielen Gelegenheiten immer wieder zum Ausdruck bringt, dass die eigentlichen Realisten bei der europäischen Gestaltung die Visionäre waren – die von vielen verspotteten, ausgelachten Visionäre."[244]

Wachsen mit Europa bedeutet auch einen demografischen Zuwachs um rund 100 Millionen Menschen, was in Summe etwa 500 Millionen Europäer in 28 Mitgliedstaaten ergibt.[245] *Wachsen mit Europa* bedeutet aber auch mehr Reichtum. – Und nicht zuletzt bedeutet es, nicht nur territorial und demografisch zu einer etwas größer wahrnehmbaren politischen Realität zu werden, sondern es hat auch mit der Lebensgeschichte der Menschen in Ost- und Mitteleuropa zu tun, die ihre gebrochenen Biografien wie ihre Erfahrungen mit einbringen in diese Europäische Union. Die Mutlosigkeit, die den Erweitungsprozess manchmal begleitet, findet Jean-Claude Juncker „erschreckend". Die Aufgabe, die die alten und die neuen Mitglieder übernommen haben, sei überwältigend – und zum Erfolg verdammt. „Entweder wir schaffen es, oder wir werfen Europa wieder zurück in die Verfehlungen seiner Vergangenheit." Niemand dürfe sich der Illusion hingeben, dass die Gefahren der Vergangenheit, die den europäischen Kontinent geprägt haben, in Zukunft nicht wieder auftauchen könnten. „Dämonen sterben nie. Dämonen schlafen immer nur. Wenn wir sie nicht wieder wachrütteln wollen, wenn wir sie in sanftem Schlaf belassen wollen, dann müssen wir diesen europäischen Kontinent politisch auf dem Wege der Integration und nach der Gemeinschaftsmethode jeden Tag stärker zusammenfügen. Dann muss diese Europäische Union eine Union immer stärker zusammenwachsender Staaten werden, ohne dass dies hieße, dass das Nationale vergessen würde."[246]

Um diese Erweiterung politisch und kulturell verkraftbar zu machen, dürfe die Nation „nicht einfach an der Garderobe des 21.

Jahrhunderts abgegeben werden. Nationen sind doch keine provisorische Erfindung der Geschichte." Die nationale Identität (Luxemburger sein, Deutscher, Pole, Österreicher, Finne etc....) müsse mit einer europäischen verknüpft werden. „Was hindert uns, Luxemburger *und* Europäer zu sein?", fragt Juncker.

Europa sei ein komplizierter Kontinent, den man nicht mit der intergouvernementalen Methode in den Griff bekommen könne. Man dürfe den europäischen Dingen nicht ihren Lauf lassen, warnt Juncker. „Um die kontinentalen Dinge in den Griff zu bekommen, brauchen wir die Erweiterung, brauchen wir mehr Europa, wie eine gemeinsame Außen-, Sicherheits- und Verteidigungspolitik, Mindeststandards in der Sozialpolitik, mehr Zusammenarbeit bei der Innen- und Justizpolitik, der Terrorbekämpfung. Ein gemeinsam wachsendes Europa braucht die Gemeinschaftsmethode. Und ein gemeinsam wachsendes Europa braucht die Anreicherung um die vielfältigen nationalen Erfahrungen und die nationalen und regionalen Kulturräume."[247]

Als „sehr gefährlich" bezeichnet Juncker die Vorstellung, aus der Vielzahl gewachsener europäischer Politiken nun ganze Teile wieder herauszubrechen, zu renationalisieren, und sie wieder in die exklusive Zuständigkeit nationaler Regierungen und nationaler Parlamente zu führen. Das sei nicht der europäische Weg.

Juncker warnt davor, die EU-Mitglieder in zwei Kategorien einzuteilen: neben den 15 die zehn und dann die zwei plus eins. „Das ist keine europäische Sicht der Dinge." Jean-Claude Juncker verwehrt sich gegen Kritik an jenen Neuen, die sich in der Frage des Irakkrieges auf die Seite der USA geschlagen haben. Dann müsse man auch jene fünf in der Europäischen Union kritisieren, die ihren Standpunkt „ohne Not in die Welt hinausposaunt" hätten.[248]

Die Irak-Krise, das Nein der Schweden zum Euro, die zunehmende Skepsis vieler Bürger gegenüber der EU, die immer wieder in Austrittsforderungen populistischer Parteien eine Kanalisierung findet, sowie die Ablehnung europäischer Symbole zeigen, dass die Europäische Union nicht gefestigt wirkt. Um Europa nicht in eine gehobene Freihandelszone zurückfallen zu lassen, brauche die Europäische Union Überzeugungen, eine Struktur und Instrumente, um diesen komplizierten und zerworfenen Kontinent auch in den nächsten Jahrzehnten in Frieden zusammenhalten zu können.

„Dafür braucht man nicht nur einigen Mut, dafür braucht man viel Ausdauer. Die Strecke ist lang, und wir brauchen Muskeln."[249]

2004: JUNCKER AN DER SPITZE DER EURO-GRUPPE

Anhaltende Konjunkturflauten in einigen europäischen Ländern, drohende Strafverfahren gegen Defizitsünder wie Deutschland und Frankreich, steigende jährliche Budgetdefizite in EU-Staaten: Die zwölf Wirtschafts- und Finanzminister der Eurozone spüren im Sommer 2004 dringenden Handlungsbedarf, ihre Wirtschafts- und Haushaltspolitik besser abzustimmen.

Schon oft wurde bei den informellen Treffen der Euro-Finanzminister über einen Vorsitzenden für ihre Gruppe gesprochen; Anfang Juli 2004 verdichten sich die Gerüchte, der Job könnte schon am 10. und 11. September 2004 beim informellen Rat der EU-Finanzminister im niederländischen Seebad Scheveningen vergeben werden. Ein „Mister Euro" solle die Gruppe vertreten, viele Mitglieder hätten sich dafür ausgesprochen, gibt der amtierende Vorsitzende der Euro-Gruppe und des Rates der Wirtschafts- und Finanzminister (Ecofin), der niederländische Ressortchef Gerrit Zalm, bekannt.[250]

Immer wenn in Europa ein Spitzenjob zu vergeben ist, fällt ein Name: Jean-Claude Juncker. Auch für den Mister Euro wird er als heißer Tipp genannt, zumal Luxemburg die EU-Präsidentschaft turnusmäßig Anfang 2005 für ein halbes Jahr übernimmt. Juncker hält sich zurück – „erst müssen wir den Posten schaffen, dann können wir uns um andere Dinge kümmern" –, aber er dementiert nicht.[251]

Der Vorsitz der Euro-Gruppe rotiert zusammen mit jenem des Ecofin alle sechs Monate. Fällt die EU-Präsidentschaft auf ein Land außerhalb der Eurozone, dauert die Periode des Vorsitzes entsprechend länger. Da ein Protokoll zum neuen europäischen Verfassungsvertrag die Funktion des Euro-Vorsitzenden für zweieinhalb Jahre vorsieht, drängt die große Mehrheit der Ressortchefs, dieses Amt so rasch wie möglich zu schaffen, auch wenn der Vertrag noch nicht ratifiziert und daher in Kraft ist. Die Euro-Gruppe kann, unabhängig vom Vertrag, über ihre interne Organisation selbst entscheiden.

Der informelle Zusammenschluss der Finanzminister der Eurozone besteht seit 1997 und hat sich zu einem wichtigen Gremium der europäischen Finanzpolitik entwickelt. In ihren Sitzungen, an denen auch der Währungskommissar und die Europäische Zentralbank vertreten sind, bereiten die Minister vor der formalen Tagung aller EU-Finanzminister zentrale Entscheidungen für die Überwachung des Stabilitätspaktes vor, diskutieren mit der EZB die wirtschaftliche Situation und stimmen ihre Wirtschaftspolitik untereinander und mit dem EU-Währungskommissar ab. In vielen Fällen ist die anschließende Entscheidung des Ecofin nur noch Formsache.

Der französische Finanzminister Nicolas Sarkozy wirbt beim informellen Treffen der Finanzminister Anfang Juli 2004 dafür, ein Protokoll zum europäischen Verfassungsvertrag vorwegzunehmen und einen Vorsitz für die Euro-Gruppe von zweieinhalb Jahren einzusetzen. Dafür wäre eine einstimmige Entscheidung der Finanzminister nötig. Unterstützt wird der französische Konservative von seinem deutschen Kollegen Hans Eichel (SPD), der ebenfalls betont, dass der Job rasch geschaffen werden solle, unabhängig von dem neuen EU-Vertrag, der ja ratifiziert werden müsse und frühestens 2007 in Kraft treten dürfte.

Kleinere Länder wie Österreich, Irland und Finnland melden Bedenken an. Eichel hält dem entgegen, dass der informelle Charakter des Gremiums auf jeden Fall gewahrt bleiben solle.

Regierungsvertreter aus Helsinki sind nicht glücklich darüber, dass mit dem Job des Euro-Vorsitzenden eine Vereinbarung aus dem noch nicht gültigen Verfassungsvertrag vorweggenommen werde. Das könnte in dem skandinavischen Land ein Legitimationsproblem schaffen.

Kurz vor dem informellen Ratstreffen der Finanzminister am 10. und 11. September 2004 gewinnt die Frage des Euro-Vorsitzenden an

Brisanz. Als fixer Kandidat gilt Luxemburgs Premier- und Finanzminister Jean-Claude Juncker. „Ich nehme zur Kenntnis, dass diejenigen, die Personalvorschläge machen, anscheinend nicht an meiner Person vorbei können“, antwortet Juncker auf die Frage, ob er als Favorit für den Job gelte.[252] Die Bezeichnung „Mister Euro“ weist er vehement zurück. „Das erweckt den Eindruck, der Euro-Rat-Vorsitzende ist so etwas wie der Chef der Europäischen Zentralbank.“[253] Juncker will sich nicht mit dem EZB-Präsidenten Jean-Claude Trichet anlegen.

Am selben Tag, an dem Juncker seine Favoritenrolle bestätigt, titelt die *Financial Times*: „Austria threatens to delay plans für ‚Mr. Euro‘ post“.[254] Das britische Blatt schreibt, dass Finnland seine reservierte Haltung gegen den Posten des Euro-Vorsitzenden aufgegeben habe, doch der österreichische Finanzminister Karl-Heinz Grasser[255] zeige weiterhin Widerstand. In seinem Büro wurde diese Meldung nicht bestätigt, weil zu diesem Zeitpunkt bereits klar ist, dass Grasser Junckers Vize wird.[256] Internationale Medien berichten, dass Grasser Vorbehalte gegen die Schaffung des Euro-Vorsitzenden gehabt habe und sich so lange gegen die Wahl Junckers sperrte, bis die Finanzminister ihm die Funktion des Vizepräsidenten der Euro-Gruppe zusagten.[257]

Ohne Diskussion und Gegenstimme wird Jean-Claude Juncker beim informellen Treffen der EU-Finanzminister am 10. September 2004 zum Euro-Vorsitzenden gewählt, Karl-Heinz Grasser wird für eineinhalb Jahre zum Vize-Vorsitzenden. Eigentlich sollte als Stellvertreter des Mister Euro der weiterhin halbjährlich rotierende Ecofin-Präsident wirken. Da aber die Präsidentschaft im Ecofin-Rat im ersten Halbjahr 2005 von Juncker selbst und im zweiten Halbjahr 2005 vom Nicht-Euro-Staat Großbritannien wahrgenommen wird, wird die Stellvertretung Junckers dem österreichischen Finanzminister übertragen, der Anfang 2005, während der österreichischen EU-Präsidentschaft, turnusmäßig den Ecofin-Vorsitz übernimmt. – Zur

Wahl Grassers und dessen Ehrgeiz meint Juncker nur: „Ich habe nicht die Absicht, sehr oft krank zu werden.“[258]

Junckers Wahl zum Euro-Chef selbst ist unumstritten. Er hat als Dienstältester den Maastricht-Vertrag mitverhandelt, den Stabilitäts- und Wachstumspakt formuliert und ist als Premierminister der Ranghöchste im Euro-Gremium. Juncker ist die Stimme der Euro-Gruppe und wird die Währungsunion, bei internationalen Konferenzen, wie den Treffen der G7-Industrienationen und des Internationalen Währungsfond vertreten und zugleich in der geld- und finanzpolitischen Debatte ein Gegengewicht zum Präsidenten der Europäischen Zentralbank, Jean-Claude Trichet, bilden.

Mit Juncker, so die breite Meinung, werden die Positionen der Euro-Gruppe gegenüber der Europäischen Zentralbank gestärkt. Kritik an der Einführung des Euro-Vorsitzenden kommt von monetaristisch ausgerichteten Ökonomen.[259] Sie sehen in der Aufwertung der Euro-Staaten durch einen eigenen Vorsitzenden und in den Bestrebungen, den neuen Posten für eine aktive Abstimmung von Geld- und Fiskalpolitik zu verwenden, einen Angriff auf die Unabhängigkeit der EZB. Die im Maastrichter Vertrag angelegte Aufgabenteilung zwischen Geld- und Fiskalpolitik sei in Gefahr.[260] Die EZB selbst steht einer engeren Zusammenarbeit mit der Finanzpolitik skeptisch gegenüber. Führende EZB-Direktoriumsmitglieder und nationale Notenbankchefs begrüßen die Einführung eines Euro-Vorsitzenden. Dessen Rolle scheint von vornherein festzustehen: Der Euro-Gruppen-Chef soll dafür sorgen, dass die Gruppe besser zusammenarbeitet. Enge Absprachen zwischen Geld- und Fiskalpolitik zur Konjunktur- oder Wechselkurssteuerung lehnt die EZB ab.

„Herr Juncker ist für die Euro-Gruppe zuständig, ich für den Euro. Wenn es also um die gemeinsame Währung geht, bin ich der Mister Euro“, stellt EZB-Chef Jean-Claude Trichet nach Junckers Bestellung fest. Zudem habe die EZB wiederholt darauf verwiesen, dass der Informationsaustausch bereits gewährleistet sei. Der Vorsitzende der Euro-Gruppe und der EU-Währungskommissar können an den Ratssitzungen der Notenbank teilnehmen.[261]

Das renommierte Centre for European Policy Studies (CEPS) in Brüssel fordert angesichts der wirtschaftlichen Dauerkrise eine enge Zusammenarbeit zwischen EZB und der Euro- Gruppe beziehungsweise den EU-Finanzministern.[262]

Juncker hat das Format und die Kompetenz, mit der EZB-Spitze professionell zusammenzuarbeiten. Offener Krach zwischen den beiden Jean-Claudes ist nicht zu erwarten, beide sind erfahrene Experten und besonnen in ihrer Art. Juncker selbst versteht seinen Job darin, die Sitzungen des Euro-Rates mit der Kommission vorzubereiten, zu leiten und sich auch stärker in die Koordinierung der nationalen Wirtschafts- und Haushaltspolitik einzubringen – was die Franzosen stets forderten.[263] Eine „Wirtschaftsregierung" nach französischem Vorbild werde es aber nicht geben. Ein Anliegen Junckers ist die enge Zusammenschau bei der Gestaltung der Haushaltspläne, was bisher nicht der Fall sei: „Wir renationalisieren uns in lächerlicher Weise, wenn es um die Haushaltsplanung geht."[264]

Juncker strebt im Sinne einer „Ex ante"-Koordinierung an, die nationalen Stabilitätsprogramme beziehungsweise die mehrjährigen Haushaltspläne künftig im Frühjahr und damit noch vor der Aufstellung der nationalen Budgets in Brüssel vorzulegen. Die den mittelfristigen nationalen Plänen (Stabilitätsprogramme) zugrunde liegenden makroökonomischen Annahmen sollen koordiniert werden – und es sollen auch vermehrt strategische Diskussionen etwa über die Sicherung der Pensionssysteme und des Arbeitsmarktes geführt werden, zuerst in der Euro-Gruppe, dann im Kreise aller Finanzminister.

In Junckers Amtszeit als Mister Euro fällt auch die Entscheidung über die weitere Anwendung des Stabilitätspaktes. Der Euro-Vorsitzende hält am Instrument des Stabilitätspaktes fest; dieser „muss in seiner Substanz erhalten bleiben".[265]

Er versteht den Pakt nicht nur als Mittel zur Stabilität, sondern auch zur Förderung von Wachstum und Beschäftigung. Eine flexiblere Anwendung lehnt Juncker nicht ab. Künftig soll im Aufschwung stärker gespart und im Abschwung behutsamer konsolidiert werden. „Es geht um den Wechsel von der zyklusneutralen zur zykluskonformen Anwendung. Seit Monaten predige ich, dass in Zeiten des Wirtschaftswachstums die erzielten Finanzerträge zur Schuldentilgung und zur Defizitabsenkung eingesetzt werden müssen."[266] Das Drei-Prozent-Kriterium für die jährliche Neuverschuldung sei kein Dogma mehr. „Die Antwort kann nicht sein, unter drei Prozent zu kommen, egal wie. Es gibt keine absolute Norm, die sich ohne Berücksichtigung der Gesamtumstände einfach anwenden ließe. Es gibt Raum für politische Entscheidungen."[267]

Genau in diese Richtung gehen die Vorschläge der EU-Kommission zur Reform des Stabilitätspaktes, die für Juncker „zum richtigen Zeitpunkt" kommen.[268] Bei lang anhaltender Konjunkturflaute soll künftig eine Neuverschuldung von mehr als drei Prozent erlaubt sein. Defizitsünder sollen außerdem mehr Zeit für die Wiedereinhaltung des Paktes erhalten. Im Gegenzug strebt die Kommission eine strengere Überwachung der Gesamtverschuldung in wirtschaftlich guten Zeiten an. Die Kommission reagiert damit auf die beispiellose Schuldenkrise, die 2004 fast die Hälfte der 25 EU-Staaten erfasst hat. Sie hofft mit ihren Vorschlägen das Wirtschaftswachstum in der Union zu beschleunigen.

Experten befürchten allerdings, dass damit die bis zu zehn Milliarden Euro Bußen für die größten Defizitsünder Deutschland und Frankreich aufgeschoben werden.

Juncker äußert sich dazu vorsichtig: „Es sollte alles unterlassen werden, was Frankreich und Deutschland den Eindruck geben könnte, sie bräuchten keine massiven Anstrengungen zu machen, um ihre Haushaltslage zu stabilisieren."[269] Um die Glaubwürdigkeit in den Euro und in den Stabilitätspakt zu festigen, steht Juncker nicht an, den notorischen Defizitsündern die Rute ins Fenster zu stellen: „Wenn du nächstes Jahr wieder nicht lieferst, Hans, dann bist du fällig", lässt er seinem deutschen Kollegen Hans Eichel ausrichten.[270] Deutschland hält seit 2002 – ebenso wie Frankreich und andere Euro-Teilnehmer – das Drei-Prozent-Kriterium nicht ein; Berlin könnte die Marke im Jahr 2005 wieder überschreiten, so die Prognosen im Herbst 2004.

In seiner Amtszeit als Euro-Vorsitzender muss Juncker die Glaubwürdigkeit der Gemeinschaftswährung stärken. „Mir geht es um die dauerhafte Festigung der Euro-Glaubwürdigkeit und der Gesamtpolitik. Ohne Stabilität geht es nicht. Ich sage das nicht als Lippenbekenntnis. Im fünften Jahr nach der Euro-Einführung zum 1. Januar 1999 dürften die Menschen nicht den Eindruck haben, dass die EU sich trotz Euro in einer Konjunkturdelle einrichtet. Wenn die Arbeitslosigkeit permanent steigt, das Wirtschaftswachstum negativ oder nur sehr schwach positiv ist, wird man den Menschen nicht erklären können, dass der Euro für jeden Einzelnen ein gutes Geschäft gewesen wäre. Wenn sich dieser Eindruck verfestigen würde, dann könnte sich nach der unsäglichen ‚Teuro'-Debatte die Haltung verfestigen, dass der Euro an allem schuld sei. Ich hielte das für einen gefährlichen Weg, wenn sich ganze Bevölkerungsschichten von dem Euro-Wohlgefühl wegbewegen würden."[271]

Seit der Bekanntgabe, dass Griechenland die Maastricht-Kriterien der jährlichen Neuverschuldung vom Jahr 2000 an gebrochen hat, ist die Glaubwürdigkeit in den Euro in der Tat schwer beschädigt.[272] Die jahrelange Täuschung der EU durch Griechenland wird bekannt, als die von März 2004 an amtierende neue konservative griechische Regierung unter Ministerpräsident Kostas Karamanlis im September 2004 eine Korrektur der Defizitzahlen für die Jahre 2000 bis 2003 nachreicht. Demnach liegt das Haushaltsdefizit 2003 nicht – wie von der sozialistischen Vorgänger-Regierung unter Costas Simitis veranschlagt – bei 1,7 Prozent, sondern bei 4,6 Prozent. Für 2004 rechnet Athen wegen der Ausgaben für die Olympischen Spiele sogar mit einem Defizit von 5,3 Prozent.

Wenige Tage nach der Hiobsbotschaft aus Athen kursiert das Gerücht, auch Italien habe seine Zahlen „frisiert“. Die beiden Fälle Griechenland und Italien machen den EZB-Präsidenten Jean-Claude Trichet nervös. Die jahrelange Verletzung des Stabilitätspakts sei ein „enormes Problem“.[273] Dennoch spricht sich EU-Währungskommissar Joaquín Almunia gegen Strafen aus: „Es ist besser, solche Strafmaßnahmen zu vermeiden. Jetzt ist dringend notwendig, dass Athen Maßnahmen trifft, um bis Ende 2005 zur Reduzierung seines Defizites auf drei Prozent zu kommen.“[274]

Der griechische Ex-Finanzminister Giannos Papantoniou weist den Vorwurf, die sozialistische Regierung habe die Zahlen geschönt, zurück. Sozial- und Militärausgaben seien nicht sofort verbucht worden, daher das jahrelange niedrige Haushaltsdefizit. Dies sei mit der EU-Kommission vereinbart gewesen.[275]

Der Streit mit Griechenland und die Verdächtigungen gegenüber Italien beschäftigen die Euro-Finanzminister und Juncker als Vorsitzenden der Gruppe noch länger. Die Glaubwürdigkeit des Euro, aber auch der EU-Institutionen, wie Eurostat, das für die Datenerhebung zuständig ist, sowie jener Gremien der EU-Kommission, die mit der Prüfung und Kontrolle der Wirtschafts-Statistiken zuständig sind, ist vorerst beschädigt.

20./21. März 2005: Endlich ist die Reform des Euro-Stabilitätspaktes abgeschlossen. In einer Nachtsitzung wird der jahrelange Streit über die Auslegung des Regelwerks beendet, das die Stabilität des Euro garantieren soll. Juncker ist „extrem zufrieden“, Deutschlands Finanzminister Hans Eichel „rundum zufrieden“ und beider Pariser Amtskollege spricht gar von einem „Wunder“.

Was ist der Inhalt der Reform des Stabilitätspaktes, den Juncker selbst formuliert hat? Nun, Deutschland hat sich durchgesetzt: Die Kosten für die „Vereinigung Europas“ werden in besonderer Weise berücksichtigt, wenn sie einen schädlichen Effekt für das Wachstum und die Haushaltslasten eines Mitgliedslandes haben. In diesem Fall kann die Defizitgrenze zeitweise überschritten werden – „kurzfristig und knapp“, wie es im Text heißt. An der Drei-Prozent-Grenze für das Defizit ist jedoch nicht gerüttelt worden, „trotz all dieser Ausnahmekategorien und abstrakten Sätze“.[276] Der „gesunde Menschenverstand“ werde in Zukunft die Entscheidungen bringen, sagt einer der Sitzungsteilnehmer.

Bei vielen Diplomaten und EU-Experten drängt sich der Verdacht auf, dass der Streit über die Interpretation des Stabilitätspakts beim nächsten Anlassfall wieder aufflammen dürfte – und sie werden recht behalten: Ende 2005 werden die Defizitverfahren gegen Deutschland und Frankreich auf Eis gelegt. „Luxemburgs Premier ist auf dem besten Weg, zum Superstar der EU zu werden“, heißt es in den Medien.[277]

Von einer Schulden- und Wirtschaftskrise ist vorerst noch nicht die Rede, auch wenn seit September 2004 bekannt ist, dass Griechenland seinen Beitritt zur Eurozone 2001 nur aufgrund falsch gemeldeter Zahlen geschafft hat und seither jedes Jahr gegen den Stabilitätspakt verstoßen habe; Anfang 2005 wird ein Defizitverfahren gegen Griechenland eingeleitet.[278]

DIE NULLERJAHRE – KRISENJAHRZEHNT FÜR DIE EUROPÄISCHE UNION

Das Jahr 2005 ist für die EU politisch gesehen kein gutes: Das Nein der Franzosen und der Niederländer bei den Referenden stoppt im Frühjahr den Traum von der gemeinsamen europäischen Verfassung.[279] In der öffentlichen Debatte über den Verfassungsvertrag dominieren Ängste vor einer Absenkung der Sozialstandards, einem zügellosen Wirtschaftsliberalismus, Befürchtungen vor der Privatisierung öffentlicher Dienstleistungen und Güter, wie des Wassers, sowie Ängste vor den Folgen der Erweiterung. Der Ratifikationsprozess wird umgehend eingestellt[280], die Staats- und Regierungschefs verordnen sich eine „Denkpause", über die erst Mitte 2006 unter österreichischer EU-Präsidentschaft Bilanz gezogen werden soll. Allein der Begriff „Denkpause" zeigt, wie hilflos die EU-Granden agieren und wie ausweglos die Situation ist. Aller Augen ruhen auf Juncker; bis Ende Juni ist er noch Ratspräsident und soll einen Ausweg finden. Er weiß genau, dass all seine Talente am Verhandlungstisch ins Leere laufen, wenn die entscheidenden Figuren nicht wollen.

Die beiden negativen Verfassungsreferenden erschweren die Verhandlungen über die längerfristige Finanzierung der EU bis Ende 2013. Juncker fordert beim Juni-Gipfel am 16. und 17. Juni 2005 einen gemeinsamen Beschluss ein, um ein positives Signal der Handlungsfähigkeit an die Bevölkerung zu senden – doch sein Versuch missglückt. Der britische Premier Tony Blair und die beiden Regierungschefs aus Schweden und den Niederlanden, Göran Persson und Jan Peter Balkenende, legen ihr Veto gegen den ihrer Ansicht nach zu teuren Budgetplan ein. Die Niederländer wollen nicht länger einer der größten Nettozahler sein, argumentiert Balkenende. Das EU-Budget dürfe nicht mehr als ein Prozent des BIP aller Mitgliedsländer überschreiten, verlangen die Sparmeister der EU.[281]

Bruchlinien in der Gemeinschaft und eine Richtungsdebatte über die Finanzierung und die künftigen Aufgaben der EU werden sichtbar. Großbritannien will nur den Binnenmarkt und keine politische Union, London will nur seinen Briten-Rabatt retten, stellt der enttäuschte luxemburgische Ratspräsident Juncker fest.[282] Obwohl die neuen Mitgliedsländer bereit sind, auf Förderungen zu verzichten, scheitert ein Kompromiss. „Ich habe mich geschämt, als ich gehört habe, dass die neuen Mitgliedsländer eines nach dem anderen erklärt haben, dass sie bereit sind, auf ihre finanziellen Ansprüche zu verzichten“, sagt Juncker und warnt vor dem „Ende der Solidargemeinschaft“.[283]

Im Dezember 2005 gelingt die Einigung für den mehrjährigen EU-Haushalt. Trotz des Kompromisses geht das Jahr als „Annus horribilis“ in die Geschichte der EU ein: Mit der Ablehnung des EU-Verfassungsvertrages durch die Franzosen und die Niederländer sowie durch den Budgetstreit schlittert die EU in ihre schlimmste Krise seit der Gründung der Gemeinschaft im Jahr 1957.

Ausgerechnet im zweiten Halbjahr 2005 hat Großbritannien den Vorsitz in der EU inne. Doch Juncker will dem britischen Ratspräsidenten Tony Blair, der jede Lösung im Haushaltsstreit blockiert und ein Gipfel-Debakel provoziert hat, keine Ratschläge erteilen: „Kein Kommentar. Keine Meinung. Keine Ratschläge“, so Juncker.[284]

Die Krise in der EU schlägt Wellen bis nach Washington, wohin Ratspräsident Juncker, Kommissionspräsident José Manuel Barroso und Außenbeauftragter Javier Solana sofort nach dem gescheiterten Finanzgipfel reisen. Die USA sehen die politische Schwäche der EU mit großer Sorge. US-Außenministerin Condoleezza Rice warnt vor einer europäischen Nabelschau. „Wir hoffen weiter auf ein Europa, das nach draußen und nicht nach drinnen blickt.“[285] Deutlicher fällt die Analyse über das Verhältnis zwischen der EU und den USA von dem Politikwissenschaftler Jeremy Shapiro von *Brookings Institution*, einer Washingtoner Denkfabrik, aus: „Sollten die Europäer anhaltend schwächeln, könnte dies wieder jene Kräfte innerhalb des Bush-Teams stärken, die die EU als Institution lieber links liegen lassen und stattdessen nur mit einzelnen europäischen Regierungen kooperieren wollen."[286]

Am Ende der luxemburgischen Ratspräsidentschaft gibt es im Europäischen Parlament trotz des Neins der Franzosen und der Niederländer zum Verfassungsvertrag – und trotz des Gipfeldebakels – nur Lob für Jean-Claude Juncker: Noch nie war ein in zentralen Anliegen gescheiterter Ratsvorsitzender von den EU-Abgeordneten bei seinem letzten Auftritt vor den europäischen Volksvertretern mit Standing Ovations bedacht worden.

Zu Junckers Erfolgen während der sechsmonatigen Präsidentschaft zählt die Einigung der EU-Finanzminister auf flexiblere Regeln für den Stabilitätspakt, den – neben Deutschland und Frankreich – rund die Hälfte der EU-Staaten zu diesem Zeitpunkt bereits verletzt hatten. Gegen wachsenden Widerstand im EU-Parlament und in der Öffentlichkeit gelingt es Juncker, die Beitrittsverträge mit Bulgarien und Rumänien unter Dach und Fach zu bringen. Positiv bewertet das Parlament auch die Einigung auf ein neues Abgeordneten-Statut.

Außenpolitischer Höhepunkt Junckers ist der Abbau der transatlantischen Spannungen, die der Irakkrieg 2003 ausgelöst hatte. Der Brüssel-Besuch von US-Präsident George W. Bush im Februar 2005 sowie der EU-USA-Gipfel im Juni in Washington markieren eine neue Wende im Verhältnis zwischen der Europäischen Union und den USA.

Einige Mitgliedsländer unterbrechen nach den negativen Referenden den Ratifizierungsprozess der EU-Verfassung. Ehrgeizig, wie Jean-Claude Juncker nun einmal ist, sagt er das Referendum über den Verfassungsvertrag in seinem Land nicht ab. – Im Gegenteil: Er geht sogar so weit, dass er im Falle einer Ablehnung den Hut nehmen will. Das empfinden einige Luxemburger als „Erpressung", andere wiederum sind überzeugt, dass die Verknüpfung des politischen

Überlebens Junckers mit dem Ausgang des Referendums viele Wähler davon abhalten wird, mit Nein zu stimmen. Wenige Tage vor dem Votum am 10. Juli 2005 sehen Meinungsumfragen ein äußerst knappes Ergebnis voraus. Letztlich befürworten rund 57 Prozent der Luxemburger den Vertrag für die EU-Verfassung. Juncker kann aufatmen – er bleibt im Amt.

Das Jahr 2006 beginnt für Juncker als Euro-Gruppen-Vorsitzender zunächst ruhig. Klar positioniert er sich, als eine Reihe spektakulärer wirtschaftlicher Übernahmeversuche anstehen. So will der in Rotterdam ansässige Stahlkonzern Mittal Steel Company den Konkurrenten Arcelor übernehmen, an dem die luxemburgische Regierung 5,6 Prozent hält. „Ich kann nicht erkennen, weshalb es in der EU feindliche Übernahmen geben muss", sagt Juncker der *Financial Times.*[287] „In einer reifen Wirtschaftsdemokratie wie der EU muss es möglich sein, auf dem Verhandlungsweg wirtschaftliche Zusammenschlüsse herbeizuführen, wenn sie rational begründet sind." Juncker betont, sich von „Globalisierungsideologen nicht verbieten zu lassen, Fragen zu industriellen Prozessen zu stellen. Pure Marktideologen übersehen, dass es bei Fusionen auch um menschliche Schicksale geht."

Für seine Verdienste um den europäischen Integrationsprozess und die Würdigung seines vorbildlichen Wirkens für ein „soziales und geeintes Europa" wird der damals dienstälteste Regierungschef in der EU und Mister Euro, Jean-Claude Juncker, am 25. Mai 2006 mit dem Aachener Karlspreis ausgezeichnet. Dieser Preis ist nach Karl dem Großen benannt, der schon von seinen Zeitgenossen als „Vater Europas" bezeichnet wurde, und der erstmalig so etwas wie ein kollektives europäisches Bewusstsein geprägt hat. Die Laudatio hält Junckers langjähriger politischer Mentor, der deutsche Altbundeskanzler Helmut Kohl (CDU). In seiner sehr persönlichen Rede betont der frühere deutsche Kanzler, dass „Juncker ein Mann ist, der stets tut, was er sagt, und nicht nur in den Tag, sondern auch in die Zukunft sieht. Er hat sein charmantes und freundliches Wesen bewahrt, scheut sich aber nicht vor unangenehmen und deutlichen Worten."[288]

„Deutliche Worte" findet Juncker sowohl für europäische Bürger als auch für europäische Politiker. Er verurteilt „die Undankbarkeit der Europäer" gegenüber den Fortschritten im europäischen Einigungsprozess. Gleichzeitig fordert er von seinen Amtskollegen, den Bürgern die positiven Seiten Europas klarer zu vermitteln. „Ich kann nicht verstehen, warum wir uns nur noch beklagen, anstatt uns über das zu freuen, was wir geschaffen haben."[289] Juncker verweist auf den Friedenskontinent Europa, auf die Wiedervereinigung Deutschlands und auf eine höchst erfolgreiche Währungsunion, wovon nicht nur Europa, sondern auch die restliche Welt profitiert. „Der Euro schützt die Union in unerhörtem Maße, und es ist unerhört, dass wir Politiker es nicht schaffen, das zu erklären."

Das hat der EU gerade noch gefehlt: Im Sommer 2006 hängt der Haussegen in der Eurozone plötzlich schief. Nein, es ist noch gar nicht die Schulden- und Bankenkrise, sondern ein Kompetenzstreit zwischen dem Vorsitzenden der Euro-Gruppe, Jean-Claude Juncker, und dem Präsidenten der Europäischen Zentralbank, Jean-Claude Trichet. Nun ist es also doch passiert – die beiden Jean-Claudes sind miteinander im Clinch. Der Grund ist ebenso banal wie vertrackt: ein unbeantworteter Brief. Juncker bat im April 2006 den profilierten Vertreter des gemeinsamen Währungsgebiets, Trichet, um ein Strategie-Gespräch. Hinter diesem Ansinnen verbirgt sich ein Machtkampf der besonderen Art, nämlich die Frage, wer „Mister Euro" ist. Trichet antwortete nicht auf den Brief Junckers, weil für ihn die Sache klar ist. Trichet und die EZB sind ganz offiziell für die Geldpolitik und damit für die Leitzinsen verantwortlich. Demzufolge sieht sich der französische Banker als „Mister Euro". „Sie finden meine Unterschrift auf den Euro-Banknoten", pflegt Trichet auf kritische Fragen zu antworten.[290]

Der Grund für die Spannungen zwischen Euro-Gruppe und EZB ist die Kritik der Finanzminister an der Zinspolitik der Europäischen Zentralbank. Diese belaste die gerade anspringende Konjunktur und riskiere eine weitere Euro-Aufwertung, bemängeln die Euroländer. „Geldpolitik mit Augenmaß" wollen die Finanzminister – und werden dabei vom Internationalen Währungsfonds unterstützt.

Trichet sieht hinter dem Vorstoß Junckers, den Klub der zwölf Euro-Finanzminister zu einem offiziellen Gremium der EU aufzuwerten, einen Versuch, die Unabhängigkeit der Notenbank zu gefährden. Er bekräftigt demonstrativ, die Bank werde Inflationsgefahren weiterhin entschlossen entgegentreten.

Der Streit veranlasst kritische Beobachter zu der Feststellung, es fehle ein schlagfertiges Krisenmanagement in der Eurozone. Finanzexperten verlangen eine bessere Zusammenarbeit zwischen den europäischen Spitzenvertretern.[291] Das Angebot Junckers zu einem verstärkten Dialog mit der EZB scheitert kläglich am Widerstand ihres Präsidenten Trichet. In der Führung der Eurozone knirscht es erheblich.

Jean-Claude Juncker wird zwar beim folgenden Ecofin in Helsinki, dem informellen Treffen der EU-Finanzminister, für weitere zwei Jahre als Euro-Gruppen-Chef bestätigt, doch wer der wirkliche Mister Euro ist, bleibt weiterhin offen. „In jedem Fall ist es Jean-Claude", meint Juncker dazu launig.

Kleines Trostpflaster zum Jahreswechsel 2006/07 für Juncker: die Erweiterung der Eurozone; Slowenien wird Anfang 2007 13. Mitglied der Euro-Gruppe.

Das Jahr 2007 steht für die EU ganz im Zeichen des Abschlusses der mühsamen Verhandlungen über einen neuen EU-Vertrag. Jetzt ist neuerlich Junckers Verhandlungsgeschick gefragt: Beim entscheidenden Gipfel im Juni vermittelt er zwischen Angela Merkel und den polnischen Zwillingsbrüdern, dem Staatspräsidenten Lech Kaczyński, und dem Ministerpräsidenten Jarosław Kaczyński. Die beiden rechtsnationalen Politiker wollen für Polen mehr Einfluss bei Abstimmungen im Rat erkämpfen und die Zahl ihrer Europa-Abgeordneten erhöhen. Dabei schrecken sie auch vor populistischen Fernsehaktionen nicht zurück: So tritt Jarosław Kaczyński – mitten während der Verhandlungen und auch noch zur besten Sendezeit – im polnischen Fernsehen auf, wo er weiter mit einem Veto droht. – Eine Brüskierung sämtlicher Gipfelteilnehmer.

Also holt Juncker sich die beiden polnischen Brüder zum Gespräch, denn er will eine Isolierung des wichtigen osteuropäischen Mitgliedslandes verhindern. Diesmal müssen Dolmetscher einspringen, denn Lech und Jarosław Kaczyński sprechen weder Englisch noch Französisch, geschweige denn Deutsch. Nach Stunden akzeptieren sie einen Kompromiss und machen so den Weg frei für einen neuen EU-Vertrag.

Am dritten Gipfeltag – Samstag, der 23. Juni 2007 – wird die Einigung verkündet. Schließlich wird am 13. Dezember 2007 der Verfassungsvertrag feierlich unterzeichnet – unter portugiesischem EU-Vorsitz in Lissabon, daher der Name „Vertrag von Lissabon".

Das Gesetzeswerk bringt neue Spielregeln für Institutionen und Entscheidungsprozesse in der EU mit sich: Die Möglichkeit des Vetos wird eingeschränkt, es gibt mehr Themenbereiche, die mit Mehrheit und nicht mehr einstimmig beschlossen werden. Gestärkt werden vor allem die Rechte des Europäischen Parlaments. Dieses kann künftig bei so gut wie allen Gesetzesvorschlägen mitbestimmen. Ein auf zweieinhalb Jahre gewählter Ratspräsident soll künftig mehr Kontinuität in die Politik bringen und den Europäischen Rat organisieren. Für die internationalen Beziehungen der EU ist fortan ein Hoher Beauftragter für die Außen- und Sicherheitspolitik zuständig. Dieser „Hohe Vertreter" ist zugleich auch der Vizepräsident der EU-Kommission.

Seit dem Herbst 2008 ist Jean-Claude Juncker rund um die Uhr mit der Lösung der Finanz-, Wirtschafts- und Schuldenkrise beschäftigt.

Ein Krisengipfel folgt auf den nächsten, stundenlange Telefonate, unzählige Reisen kreuz und quer durch Europa – die Aufgabe als Vorsitzender der Euro-Gruppe nimmt ihn voll in Anspruch. In Luxemburg merken die Bürger sehr bald, dass ihr Premierminister sich nicht ausreichend um sie kümmert. Er ist zu selten anwesend.

Das Gefühl, allein gelassen zu sein, spitzt sich unter den Luxemburgern zu – und das im Jahr der Parlamentswahlen 2009. Juncker hat ein Sensorium dafür, er spürt die Stimmung seiner Landsleute und wirft sich im Frühjahr 2009 voll in den Wahlkampf für den Urnengang am 7. Juni. Er ist wieder Spitzenkandidat der Christlich-Sozialen Volkspartei (CSV), und trotz der merkbaren Unzufriedenheit sprechen ihm einen Monat vor der Wahl 90 Prozent der Luxemburger ihre Zustimmung aus – die CSV liegt bei 40 Prozent, weit vor allen anderen Parteien. Auch wenn die Luxemburger den Regierungschef zu Hause vermissen, ihr Vertrauen in Juncker ist groß. Er versteht das zu deuten und setzt alles auf eine Karte. Das Motto seines Wahlkampfes ist „Zusammen wachsen“, und die Auseinandersetzung steht ganz im Zeichen der weltweiten Krise. „Was wir brauchen, das ist ein verantwortlicher, aktiver Staat, der sich aus der Privatsphäre heraushält und der sich in die Wirtschaft einmischt, wenn die Interessen des Landes und der Menschen es verlangen“, sagt er Mitte Mai in einer „Rede zur Lage der Nation“. Er verspricht seinen Wählern: „Auch in schwierigen Zeiten würde ich mich gerne, auch nach dem 7. Juni, in den Dienst der Sache stellen.“ Juncker will also Regierungschef bleiben. Der Wahlkampf ist besonnen; Juncker gibt sich betont nüchtern. Flotte Sprüche und Versprechungen vermeidet er ebenso wie Fernsehauftritte in Unterhaltungsshows oder TV-Kochsendungen. Dieses Auftreten wird bei der Wahl honoriert: Seine Partei erreicht mit gut 38 Prozent der abgegebenen Stimmen das beste Wahlergebnis, seit Juncker als Nummer eins kandidiert und Luxemburg regiert.[292] Der Gewinner, seit nunmehr 14 Jahren Ministerpräsident des Großherzogtums, geht neuerlich eine Große Koalition mit den Sozialdemokraten ein.

ES IST NOCH NICHT VORBEI: ANGST UM DIE EUROZONE

„Die Euro-Rettung gleicht einem brennenden Flugzeug, das mitten im Flug repariert wird“, schildert Jean-Claude Juncker dramatisch den Überlebenskampf um den Erhalt des Euro.[293] Als Vorsitzender der Euro-Gruppe hat er das Management der Euro-Rettung gestaltet. „Ja, es gab den Moment, wo es danach aussah, dass Griechenland den Euro verlässt und die Währungsunion auseinanderbricht. Die Angst, die Eurozone würde zerfallen, gab es in ausgeprägter Form vom Frühjahr bis zum Spätherbst 2012.“[294]

Ein Modell für die Rettung des Euro befand sich in keiner Schublade der EU. Schließlich gab es seit ihrem Bestehen keine so schwere Finanzkrise wie jene von 2007/08. Als diese Krise auf Europa trifft, sind alle ratlos. „Am Anfang hat man die Anzeichen der Krise negiert. Es gab in Europa ein weit verbreitetes Gefühl, die Subprime-Krise würde sich auf Nordamerika beschränken und dort nicht einmal die Realwirtschaft erreichen“, erinnert sich Juncker. Nach der Pleite der Investmentbank Lehman Brothers am 15. September 2008 traf es zuerst die US-amerikanische Realwirtschaft. „Dann hat die Krise auch Europa erreicht, sowohl den Finanzsektor als auch den wirtschaftlichen Bereich.“

Juncker, der Vorsitzende der Euro-Gruppe, hatte eine bange Vorahnung. „Ich habe mein erstes Gespräch über die sich anbahnende Krise im August 2007 mit Jean-Claude Trichet, dem Chef der Europäischen Zentralbank, geführt.“ (Das vollständige Interview mit Jean-Claude Juncker, „Ein Euro-Austritt Griechenlands kam für mich nie infrage“, findet sich im Anhang.) Dieses Telefonat führt Juncker von seinem österreichischen Ferienort in Tirol aus. Daraufhin schlägt die Europäische Zentralbank im August/September 2007 Alarm. Nicht alle wollten diesen Alarm hören. „Es gab viele in Europa, die sich taub stellten. Daran kann sich aber niemand mehr erinnern – auch nicht daran, dass die Bank of England die EZB beschuldigt hat, in Aktivismus zu verfallen." – Ein kleiner Seitenhieb gegen die Briten. „Umso erstaunlicher ist es, dass wir uns danach aus dem angelsächsischen Raum Kritik anhören mussten, nicht zeitgerecht reagiert zu haben."

Was macht die EU tatsächlich, als die Meldung vom „Schwarzen Montag", dem 15. September 2008, an der Wall Street kommt – dem Tag, als Lehman Brothers Insolvenz anmeldet? Frankreich führt gerade den Vorsitz in der EU. Die Euro-Finanzminister kommen zu einer Krisensitzung zusammen, Jean-Claude Juncker ist eben für eine dritte Amtszeit als Chef der Euro-Gruppe bestellt worden. Anfang Oktober ruft der französische Staatspräsident Nicolas Sarkozy die Spitzen der europäischen G-8-Länder (Deutschland, Italien, Großbritannien und Frankreich) zum Diner in den Pariser Élysée-Palast. – Langsam dämmert den EU-Granden, dass es sich um eine globale Systemkrise handelt. Sarkozy drängt auf eine große europäische Lösung: Er will einen Fonds einrichten und die Schlüsselindustrien verstaatlichen. „Nein", sagt die deutsche Kanzlerin Angela Merkel. Derartiges kommt für die CDU-Politikerin nicht infrage. Sarkozy ist enttäuscht, er befürchtet ein Debakel. Als die Gäste weg sind, beklagt er sich über Merkel: „Wissen Sie, was sie zu mir gesagt hat? Chacun sa merde – Jedem seine Scheiße."[295] Etwas dezenter ausgedrückt: *Jeder möge auf sich selbst schauen.* So lautet die Linie der Deutschen.

Juncker bestätigt, dass Euro-Gruppe und EU zu langsam und zu zögerlich auf die Krise reagiert haben. „Bei Ausbruch der Krise haben wir nicht über alle Instrumente verfügt, um der Krise im Finanz- und Bankensektor energisch entgegentreten zu können. Wir haben uns in mühseliger Kleinarbeit und mit einiger Verspätung die Instrumente erarbeitet." Er verweist auf die Konjunkturprogramme, die manche Länder aufgelegt haben. „Es gab das Instrument der Kurzarbeit, dadurch hat sich die Krise auf den Arbeitsmärkten nicht in schwindelerregende Arbeitslosenzahlen verwandelt."

Für reiche EU-Staaten wie Luxemburg, Deutschland und Österreich trifft das zu: Durch Konjunkturprogramme – für die es zu dieser Zeit noch Geld gibt – ist es vorerst möglich, die Arbeitslosigkeit niedrig zu halten. In den Ländern am Rande des Bankrotts klettern die Zahlen der Arbeitslosen stetig nach oben. Mehr als die Hälfte der Jugendlichen bis 25 Jahre haben in Griechenland oder Spanien immer noch keinen Job, die Hälfte der jungen Generation. Die soziale Frage, die Zunahme von Armut in der EU, ist nicht gelöst.

Juncker sieht den Kampf gegen Arbeitslosigkeit als seine wichtigste Aufgabe als Kommissionspräsident an. Als einer der wenigen EU-Politiker hat er nie die Geduld mit den Südländern verloren. „Ich habe mich – im Gegensatz zu anderen – immer um eine andere Griechenland-Rhetorik bemüht. Es gab eine Griechenland-Verunglimpfung der schlimmsten Art („faule Griechen", „raus aus dem Euro", *Anm.*). Ich habe Griechenland gegen diese Ressentiments verteidigt", betont Juncker.

Eine Frage, in der er Griechenland nicht in Schutz genommen hat, war die des Mindestlohns. „Als es darum ging, den Mindestlohn in Griechenland nach unten zu korrigieren, war ich zuerst dagegen, aber dann doch dafür, weil ich sah, dass Slowaken, Slowenen, Zyprioten und Malteser darauf drängten, weil in ihren Ländern die Mindestlöhne und Familienleistungen niedriger waren als in Griechenland", erklärt Juncker. Experten bewerten das als „Politik mit Augenmaß".

Das Thema „Grexit", der Austritt Griechenlands aus der Eurozone, war schon lange kein Tabu mehr. Juncker debattierte es informell, im kleinen Kreis, weil er dieses Szenario um alles in der Welt verhindern wollte. „Ich habe mich stets dagegen gewehrt, dass man einen Euro-Austritt Griechenlands ernsthaft ins Auge fasst. Das hätte ein enormes Ansteckungspotenzial ausgelöst. Deshalb gab es für mich immer zwei Fixpunkte: Griechenland darf nicht austreten, und die Eurozone darf nicht dem Risiko ausgesetzt werden, zu zerfallen."

Auf dem Höhepunkt der Krise beobachtet Juncker, wie im angelsächsischen Raum die Wetten auf einen Griechenland-Austritt und den Zusammenbruch der Eurozone zunahmen. „Damals habe ich festgestellt, dass es innerhalb und außerhalb der EU Euro- und Integrationsfeinde gab. Und das hat meinen Eindruck gefestigt, dass unbedingt verhindert werden muss, dass die Eurozone gefährdet wird, indem Griechenland austritt."

Das brennende Flugzeug stürzt aber nicht ab, die spektakuläre Rettungsaktion gelingt: Die Griechen sind nicht zur Drachme zurückgekehrt, sie haben weiterhin den Euro im Portemonnaie, und das jährliche Budgetdefizit steigt zumindest nicht weiter an. Mithilfe eines Instrumentenkastens, den die Euro-Finanzminister zusammengestellt haben, gelingt es, die schwer verschuldeten Länder – Irland, Griechenland, Portugal, Spanien und Zypern – vor dem Staatsbankrott zu bewahren.

„Alles wurde auf Ebene der Euro-Gruppe schlüsselfertig vorbereitet, damit der Europäische Rat (das Gremium der Staats- und Regierungschefs, *Anm.*) zustimmen kann", sagt Juncker. „Sehr oft wären Europäische Räte gar nicht notwendig gewesen, weil die Entscheidungen auf dem Tisch lagen. Aber einige Regierungschefs haben sich in den Kopf gesetzt, dass *sie* die Entscheidungen treffen müssen, und nicht die Finanzminister." Die Eitelkeiten und das Konkurrenzgehabe in der EU will Juncker nicht weiter kommentieren. „Es hat manchmal sehr heftige Debatten gegeben, die ich im Detail nicht nach außen getragen habe, weil dies finanzmarktstörend gewesen wäre."

Die Rolle der Europäischen Zentralbank bei der Krisenbewältigung streicht Juncker hervor: „Der Beitrag der Europäischen Zentralbank ist nicht geringzuschätzen. Die Glaubwürdigkeit der EZB an den Finanzmärkten war und ist höher als die Durchschlagskraft rein politischer Wortmeldungen. Die Finanzminister hören eher auf EZB-Chef Mario Draghi als auf einen Europäischen Rat."

Nicht nur die Finanzminister, auch die Finanzwelt hört auf Draghi. Bei einer Rede am 16. Juli 2012 in London lässt er beiläufig ein paar Sätze fallen: Die Zentralbank werde „alles tun, was nötig ist, um den Euro zu retten". Vor dem erstaunten Publikum einer Investoren-Konferenz schiebt der Italiener noch einen Satz nach: „Innerhalb unseres Mandats ist die EZB bereit, alles Erforderliche zu tun, um den Euro zu erhalten. Und glauben Sie mir, es wird reichen." – Mit dieser als Versprechen getarnten Drohung gelingt die Beruhigung der Märkte, die schon auf das Auseinanderbrechen der Währungsunion gewettet haben. Die Schwankungen an den Finanzmärkten nahmen ab, die Risikoaufschläge gehen zurück.

Euro-Finanzminister und die Europäische Zentralbank arbeiten in der Krise eng zusammen. Juncker erinnert sich, dass „sich die Lage an den Finanzmärkten sehr oft nach Beschlüssen des Europäischen Rates wieder eingetrübt hat und die Euro-Gruppe erneut korrigierend eingreifen musste". Durch Instrumente, die von den Euro-Finanzministern entwickelt wurden, sei die Eurozone „ohne Zweifel wehrhafter geworden", ist Juncker überzeugt. Von Anfang an hat er eine Bankenunion mit einer gemeinsamen Bankenaufsicht, Bankenabwicklung und einer Einlagensicherung sowie einen Fiskalpakt mit eingebauter Schuldenbremse gefordert, um das Finanz- und Wirtschaftssystem robuster für die globalen Herausforderungen zu machen, auch für mögliche neue Krisen. Europäische Steuerzahler sollen künftig nicht mehr für Bankenrettungen in Milliardenhöhe haften.

Anfang August 2014 muss Juncker ein Déjà-vu-Erlebnis gehabt haben: Die Bankenkrise ist zurück in Europa. Die in Not geratene Banco Espírito Santo (BES), die portugiesische *Bank des Heiligen Geistes*, steht vor dem Kollaps und muss aufgefangen werden. Mit einem Hilfspaket im Umfang von fast fünf Milliarden Euro wird das Finanzinstitut am Leben erhalten.[296]

„Die Lage ist nach wie vor fragil", urteilt Juncker am 4. August 2014 bei seinem Besuch in Athen. Seine erste Reise als designierter

Kommissionspräsident hat ihn ausgerechnet nach Griechenland geführt. Das war kein Zufall, sondern ein politisches Statement. – In der klassischen Tragödie werden Jammer und Schaudern zuletzt überwunden in der Katharsis. Ob Junckers Besuch die Katharsis für Griechenland bedeutet – also das Ende der Finanz- und Schuldentragödie –, werden wohl erst die nächsten Jahre zeigen. Am Anfang seines neuen Amtes hat Juncker zumindest die Hoffnung auf ein Ende der Schuldenkrise.

In seiner neuen Rolle als Kommissionspräsident holen Juncker die Bankenprobleme wieder ein. „Ich bin in pausenlosem Kontakt mit der Regierung in Lissabon. Wir sind noch nicht über dem Berg."[297] Es gebe ständig Ereignisse, die zeigten, „dass wir noch nicht am Ende der Wegstrecke angekommen sind". Er mahnt die europäischen Regierungen, zu sparen und zu reformieren – nicht nur die in Südeuropa. Radikales Sparen lehnt er ab. „Sparen ja, aber keine exzessive Austerität. Das führt zu widersinnigen Ergebnissen, auch beim Wachstum. Beides ist möglich."

Juncker formuliert vorsichtig in seiner neuen Funktion als höchster Politiker Europas; langsam und bedächtig, das fällt auf. Es scheint, als würde ihm immer noch der Satz nachhängen, den er am 27. März 2011 bei einer Veranstaltung in der bayerischen Landesvertretung in Brüssel gesagt hat: „Wenn es ernst wird, muss man lügen." Die mediale und öffentliche Erregung darüber war groß, Juncker „tut das leid". Er wollte damit nur ausdrücken, dass „ein Finanzminister am Freitagnachmittag um 15.00 Uhr, wenn alle Börsen noch offen sind, nicht sagen kann, dass sich die Minister treffen, weil dies zu erheblichen Verwerfungen geführt hätte. Deshalb musste ich sagen, es gibt keine Sitzung." Das geheime Treffen einiger Euro-Finanzminister fand statt. Diesen Satz erklärte Juncker im Nachhinein als „notwendige Lüge, weil jedes Wort eines Politikers Reaktionen der Börsen auslösen könne", eine Notlüge sozusagen.[298] – Konfrontiert man Juncker heute damit, wirkt er zwar ein wenig genervt, stellt jedoch lakonisch fest: „Ich lasse den Satz so stehen, ich muss damit leben."

Immer wenn es Ernstes zu besprechen gibt, fährt Juncker zum Schloss Senningen mit der neugotischen Fassade. Zwischen Wald und Schlosspark, ein paar Kilometer von Luxemburg-Stadt entfernt, können sensible Gespräche geführt werden, ohne dass es gleich jeder mitbekommt. Doch *Spiegel online* enthüllte das geheime Treffen der Finanzminister.

EU-Diplomaten in Brüssel waren sich einig, dass Junckers Verhalten der Glaubwürdigkeit der Politik geschadet habe, der sozialdemokratische Parlamentspräsident Martin Schulz kommentiert das Vorgehen Junckers auf *Spiegel online* als „Euro-Missmanagement" und „Orientierungslosigkeit".[299] Man habe den Eindruck, als seien „in den vergangenen zwölf Monaten nicht ein einziges Mal alle Karten auf den Tisch gelegt worden", stößt sich Schulz an der Geheimniskrämerei der EU-Finanzminister. Die EU-Kommission formuliert es sachlicher: „Am Ende bleibt der Umgang mit Krisen ein Balanceakt zwischen zu viel und zu wenig Information. Nur offen lügen sollte man nicht."[300]

In Erinnerung ist auch ein Eklat bei einem Euro-Finanzministerrat in Kopenhagen, wofür Juncker nichts kann. Es sollte ein Treffen der Geschlossenheit werden, doch stattdessen gibt es den großen Krach. Die österreichische Finanzministerin Maria Fekter (ÖVP), eine Parteifreundin Junckers, geht aus der Sitzung, plaudert mit den Medien und enthüllt dabei, dass sich die Euro-Gruppe auf eine erhöhte „Brandmauer" gegen die Schuldenkrise von mehr als 800 Milliarden Euro geeinigt habe.

Jean-Claude Juncker erhält die Nachricht in der noch laufenden Sitzung. Der dienstälteste EU-Regierungschef ist aufgebracht, er sagt seine Pressekonferenz kurzfristig ab, zumal er als Euro-Gruppen-Chef ein starkes Signal an die nervösen Finanzmärkte geben wollte. *Le Monde* gegenüber sagt Juncker, dass er „das Geschwätz beenden wollte".[301]

Die Auseinandersetzung der beiden Parteifreunde Juncker und Fekter findet eine Fortsetzung in der österreichischen Tageszeitung *Der Standard*. Dort erklärt Fekter die heftige Reaktion Junckers und die Absage der Pressekonferenz mit einer Erkrankung seinerseits. „Er hat erzählt, dass er Nierensteine hat und direkt aus dem Krankenhaus kommt, enorme Schmerzen hat. Das erscheint mir mit ein Grund, warum er heftig reagiert hat", so Fekter.[302] „Ich nehme ihm das nicht krumm, habe mit ihm hinterher gesprochen, mich auch entschuldigt", erklärte sie ahnungslos. Ihr habe das „mangelnde Timing auch leidgetan", und sie habe „ja nur die österreichischen Journalisten informieren" wollen, versucht die ÖVP-Politikerin ihr Vorgehen zu rechtfertigen. Ihre „direkte Art zu reden" sei eben „auf dem diplomatischen Parkett ungewohnt".

Zwei Tage später kommt Juncker nach Österreich. In Linz bekommt er von der Raiffeisen-Landesbank Oberösterreich den „Ludwig Scharinger Preis" verliehen und hält zu diesem Anlass einen Vortrag. Am Rande der Veranstaltung spielt er den Zoff mit Fekter herunter. „Es hat keinen bitterbösen Streit gegeben", sondern eine Aussprache in Kopenhagen. Er habe Fekter deutlich gemacht, dass man nicht dauernd aus Sitzungen herausplaudern darf. „Es hat gereicht."[303] Auf seinen Gesundheitszustand angesprochen, sagt der Euro-Gruppen-Chef: „Den kenne ich selbst."

Der zehnte Geburtstag des Euro im Frühjahr 2008 wird ohne Fest und ohne Champagner gefeiert. Dabei könnten die Staats- und Regierungschefs so stolz sein: Der Euro ist eine Erfolgsgeschichte, weltweit die zweitwichtigste Währung neben dem US-Dollar. Dennoch wird die gemeinsame Währung – allen positiven Statistiken zum Trotz – von vielen Bürgern noch immer als „Teuro" verteufelt.

Es war in der Nacht vom 2. auf den 3. Mai 1998, als Euro und Cent als Buchgeld in elf von den damals 15 Mitgliedstaaten beschlossen wurden. Mit 1. Januar 1999 wird die Europäische Währungsunion Realität. Jean-Claude Juncker ist zu diesem Zeitpunkt

Ministerpräsident und Finanzminister von Luxemburg. Jahre zuvor, in den 1990er-Jahren, hat er maßgeblich das Konzept der Wirtschafts- und Währungsunion ausgearbeitet und große Teile des Maastricht-Vertrages – in dem die Währungsunion mit dem Euro verankert ist – selbst geschrieben (siehe Kapitel S. 60).

Juncker erinnert sich gut, wie es 1998 zur Namensgebung kam: „Euro, das klingt ja nicht gerade erotisch", ist seine damalige Reaktion. Der Erfinder der Bezeichnung, der ehemalige deutsche Finanzminister Theo Waigel (CSU), reagierte mit schwäbischer Gelassenheit auf die abschätzige Bemerkung Junckers: „Hauptsache, es klingt eurotisch."[304]

Am zehnten Geburtstag des Euro lenkt Juncker schon drei Jahre lang (seit 2005) den exklusiven Kreis der Euro-Finanzminister. Zufrieden ist er dennoch nicht. „Das Hauptproblem ist die politische Führung des Euro-Gebietes." Während die Geldpolitik mit Entscheidungen über Leitzinsen bei der EZB gebündelt wurde, blieb die Wirtschafts- und Budgetpolitik weitgehend in der Hand der Mitgliedstaaten. Manche EU-Politiker, vornehmlich aus Paris und Rom, wollen die EZB als Instrument der Konjunkturbelebung einsetzen. Das sorgt für Dauerkonflikte in der Eurozone und macht Juncker als Euro-Gruppen-Chef großes Kopfzerbrechen.

Die Euro-Finanzminister treffen sich unter Leitung Junckers zweimal pro Monat, doch bindende Beschlüsse können sie nicht fassen. „Das ist eine weiche Führung", räumte er zum Zehn-Jahres-Jubiläum ein. „Ich bin nicht zufrieden mit der Koordinierung der Wirtschaftspolitiken."[305] Ein kleiner Trost ist, dass der Vertrag von Lissabon den Euro ausdrücklich als ein Ziel der gesamten EU nennt. Und die Zahl der Euro-Staaten steigt kontinuierlich. Mit Litauen, das Anfang 2015 den Euro als Währung übernimmt, hat die Eurozone dann 19 Mitglieder.

Was die Euro-Schuldenkrise anrichtet, ist beispiellos: Acht Regierungen treten ab, ein Krisengipfel jagt den anderen, Rettungspakete werden geschnürt, das Vertrauen der Bürger in den Euro und in die EU geht zeitweise merklich zurück. Aufgebrachte und verzweifelte Bürger demonstrieren und streiken. Die Finanzmärkte agieren zwischen panisch und euphorisch. Und die Welt schaut verwundert und kopfschüttelnd auf die EU. „Wut und Frustration in vielen unterschiedlichen Formen haben zwischen Ländern von unterschiedlichem Wohlstand innerhalb der Eurozone Spannungen geschaffen und überwunden geglaubte extremistische Politik befeuert", analysiert Amartya Sen, Professor für Wirtschaft und Philosophie an der Harvard-Universität in der konservativen Politik-Zeitschrift *The New Republic*. Jene, die den Euro als ersten Schritt zum vereinten Europa betrachten, hätten tatsächlich Europa „in eine völlig kontraproduktive Richtung" geführt, erklärt Sen.

Mario Monti, der angesehene Wirtschaftsprofessor, ehemalige italienische EU-Kommissar und Nachfolger von Silvio Berlusconi, sagt es dem *Spiegel* so: Wenn der Euro zu einem Faktor des europäischen Auseinanderdriftens werde, dann seien „die Grundlagen des Projektes Europas zerstört".[306] Der italienische Universitätsprofessor spricht eine große historische Richtungsentscheidung in der EU an. Die eine Richtung wäre ein Auseinanderbrechen der Eurozone mit schwer kalkulierbaren Folgen, darunter schwere Erschütterungen der Europäischen Union von bisher 27 Staaten. Die andere Richtung wäre mehr Integration, mehr politische und wirtschaftliche Befugnisse für die EU, auch mehr gemeinsame Schulden – und weniger Rechte für die nationalen Parlamente.

Für die zweite Option ist Jean-Claude Juncker ganz sicher zu haben. Politisch muss er es allerdings erst durchsetzen, wenn er im Chefsessel Europas, im 13. Stock des architektonisch beeindruckenden Berlaymont-Gebäudes in Brüssel, Platz nimmt.

2013: JUNCKER TRITT AB – DOCH SEIN ABGANG WÄHRT NICHT LANGE

So endet – vorläufig – eine Ära: Am Freitag, den 25. Oktober 2013, tritt Jean-Claude Juncker gegen 14.00 Uhr in Brüssel vor die Journalisten, um über den Herbst-Gipfel zu berichten. Zur gleichen Zeit betritt in Luxemburg sein wahrscheinlicher Nachfolger das Palais des Großherzogs. Xavier Bettel berichtet seiner Majestät über seine geplante Koalition aus Liberalen, Sozialdemokraten und Grünen.

In Brüssel, im luxemburgischen Pressesaal im zweiten Untergeschoß des Ratsgebäudes „Justus Lipsius", geht es aber nicht um die Ergebnisse des Gipfels, sondern um den letzten Auftritt des Noch-Ministerpräsidenten. Der Doyen der europäischen Regierungschefs verlässt nach fast 19 Jahren die EU-Bühne. – Dass er bald wiederkehren wird, weiß er in dieser Stunde selbst noch nicht.

„Ich rede nicht gerne über meine Gefühle", sagt Juncker, sichtlich um Fassung bemüht. „Ich glaube, ich habe mehr als 120 Europäische Räte (Gipfel, *Anm.*) und 350 Ecofin-Sitzungen (Treffen der EU-Finanzminister, *Anm.*) mitgemacht. Das ist wirklich eine ganze Menge", rechnet er vor. In diesem Moment wird sogar Juncker sentimental. „Ich habe versucht, das so professionell wie möglich zu machen, um da nicht in Gefühlsausbrüchen mich selbst und andere untergehen zu lassen." Nach kurzer Pause fügt er mit leiser Stimme hinzu: „Aber weh tut das schon."[307]

Die Innenpolitik seines Landes will er nicht kommentieren, auch nicht die Tatsache, dass er bei der vorgezogenen Parlamentswahl im Oktober als Spitzenkandidat der größten Partei in Luxemburg von drei kleineren Parteien gestürzt worden ist.[308] „Aber ich werde sicher noch Gelegenheit haben, zu sagen, was ich vom Verhalten der anderen Parteien halte." – Das klingt schon bitter für einen, der mit größter Begeisterung Luxemburg in der EU verankert hat, der immer mehr Europa wollte – als Friedensgarantie *und* als Demokratiemodell. Juncker erfand den Euro mit, führte achte Jahre lang die Euro-Gruppe, arbeitete Tag und Nacht als Krisenmanager. Er folgte seiner Aufgabe und der ihm selbst auferlegten Pflicht – und griff im Stress dabei häufig zur Zigarette; oft sah er müde, grau und blass aus.

Juncker findet die Fassung schnell wieder – hier bei seiner letzten Pressekonferenz als Premier.

Worauf muss Europa in den nächsten Jahren eine Antwort geben?, wollen die Journalisten von ihm wissen. „Die soziale Dimension ist in der EU immer noch unterbelichtet." Das werde zu schroffen Abwehrbewegungen bei der europäischen Arbeitnehmerschaft führen.[309] Auch die Wirtschafts- und Finanzkrise sei noch nicht zu Ende, „jederzeit kann es Rückschläge geben". „Irreversibel" sei das Friedensprojekt jedoch nicht, und auch „intern sind die Dinge noch nicht so schlüsselfertig geregelt, wie sie es sein müssten, um bei einem erneuten krisenhaften Geschehen die Eurozone in die Lage zu versetzen, adäquat zu reagieren". – Das ist einer der komplizierten, verschachtelten Sätze, die Juncker so liebt … – Er setzt fort: Die EU-Staaten müssten mehr für Entwicklungspolitik tun, auch wegen der Flüchtlingsströme. „Letztendlich ist vor Ort zu helfen, dort, wo die Probleme entstehen. Das tun wir in völlig ungenügender Weise." – Diese Antworten bilden wenige Monate später das Wahlprogramm von Jean-Claude Juncker, des Spitzenkandidaten der Europäischen Volkspartei für die EU-Wahl 2014.

Während der luxemburgische Premier in Brüssel seine Gedanken über die Herausforderungen und die Zukunft der EU formuliert, wird in seiner Heimat der Chef der Liberalen Partei, Xavier Bettel, von Großherzog Henri mit der Regierungsbildung beauftragt.

Bei der Pressekonferenz weist Juncker alle Spekulationen von sich, er könnte an einem hohen EU-Job interessiert sein. Jetzt will er die Opposition führen: „Ich habe nicht vor, mich aus der luxemburgischen Politik zurückzuziehen. Im Gegenteil." Sein neues Büro richtet er in der Fraktion der Christlich-Sozialen Partei ein: ein großer, heller Raum mit bequemer Sitzgarnitur, ein Besprechungstisch und viele Bücherregale. Sein Blick ist direkt auf das Parlamentsgebäude gerichtet. Von hier aus führt er die mandatsstärkste Partei an – und plant strategisch seine weitere berufliche Zukunft.

Am 20. Oktober 2013 sind 238 500 wahlberechtigte Luxemburger zu den Urnen gerufen, nachdem im Sommer die schwarz-rote Regierungskoalition frühzeitig zu Ende gegangen ist.[310] Wegen einer Affäre um illegale Abhöraktionen des luxemburgischen Geheimdienstes SREL („Service de Renseignement de l'Etat luxembourgeois"), ungeklärter Bombenanschläge der Achzigerjahre und mutmaßlicher Korruption hatten die mitregierenden Sozialdemokraten Juncker am 5. Juli 2013 das Vertrauen entzogen.

Ins Rollen gebracht wurde die Affäre von der Zeitung *d'Letzebuerger Land* Ende des Jahres 2012. Das Blatt veröffentlichte wortgetreu ein Gespräch, das Juncker 2007 mit dem damaligen SREL-Chef Marco Mille geführt hatte. Dieser hatte die Unterredung heimlich mitgeschnitten – auf einer Spezialarmbanduhr. Mille teilte Juncker mit, dass 300 000 Karteikarten oder ähnliche Aufzeichnungen mit Informationen über Bürger und Politiker vernichtet worden seien, die während des Kalten Krieges angelegt worden waren. Zugleich verrät Mille, dass Juncker abgehört worden war. Ein Gespräch des Regierungschefs mit Großherzog Henri von Luxemburg wurde aufgezeichnet. Mille spricht auch von Geheimdienstinformationen über Kontakte des Großherzogs zum britischen Geheimdienst.

Als Juncker Ende 2008 erfährt, selbst Opfer illegaler Abhörpraktiken gewesen zu sein, ist sein Vertrauen zu Mille gehörig zerstört. Mille tritt als Geheimdienstchef ab und wird 2010 Sicherheitschef des Siemens-Konzerns.

Nach diesen Enthüllungen richtet das Parlament einen Untersuchungsausschuss ein. In einem Bericht wird Juncker vorgehalten, für das jahrelange unkontrollierte Treiben des luxemburgischen Geheimdienstes „politisch verantwortlich" zu sein.

Nachprüfungen ergeben, dass der SREL rund 13 000 Akten über Bürger, Firmen und Verbände hat. Auch Geschäftsleute sollen illegal bespitzelt worden sein. Die Parlamentarier rügen die Methoden, „die einer Geheimpolizei würdig" seien. Selbst der Bankenplatz Luxemburg gerät durch den Untersuchungsausschuss ins Zwielicht, weil weder der SREL noch Juncker die Justiz verständigt hätten, als 2006 herauskam, dass der ehemalige Machthaber der Republik Kongo, Pascal Lissouba, 150 Millionen Dollar (110,57 Millionen Euro) auf einem Luxemburger Konto hortete. Lissouba war 2001 – in Abwesenheit – von einem Gericht in Brazzaville wegen Hochverrats und Unterschlagung zu 30 Jahren Zwangsarbeit verurteilt, später jedoch amnestiert worden.

Juncker will den Geheimdienst-Thriller nicht still und kampflos auf sich sitzen lassen. Bei einer Plenardebatte am 10. Juli 2013 gibt er vor den Abgeordneten eine Erklärung ab. 120 Minuten Redezeit hat er beantragt. Juncker räumt in seiner Rede Fehler ein und gibt zu, nicht über alle Operationen des Geheimdienstes Bescheid gewusst zu haben, er habe sich wohl nicht ausreichend für die Welt der Geheimdienste interessiert. „Der Geheimdienst war nicht meine erste politische Priorität. Und ich wünsche unserem Land keinen Premierminister, für den der Geheimdienst das Wichtigste ist", sagt er entschlossen.[311]

Die Sozialdemokraten, die 25 Jahre lang als Juniorpartner mit den Christlich-Sozialen regiert haben, versagen Juncker ihre Unterstützung und fordern einen Neuanfang in Luxemburg. Doch der Langzeit-Premier tritt nicht zurück – der alte Polit-Fuchs schlägt Neuwahlen vor.

Juncker geht als Favorit in die Wahl, er führt in den Umfragen, auch wenn das Vertrauen deutlich geringer ist als vor der Wahl 2009.[312] Am 20. Oktober 2013 bleibt Junckers Partei CSV zwar die Nummer eins, muss aber Mandatsverluste hinnehmen.

Schon am Tag nach der Wahl zeigen Liberale, Sozialdemokraten und Grüne ihre Bereitschaft zu einer blau-rot-grünen „Gambia-Koalition" (in Luxemburg haben die Liberalen die Farbe Blau). Damit kündigt sich im Großherzogtum ein historischer Wechsel an; der liberale Bürgermeister von Luxemburg-Stadt, Xavier Bettel, will Regierungschef werden. Seit Kriegsende stellt die CSV – bis auf eine Ausnahme von 1974 bis 1979, als der Liberale Gaston Thorn Regierungschef ist – den Ministerpräsidenten. Nun schmiedet Bettel eine Dreierkoalition: ein Novum für Luxemburg. Seine Regierungserklärung gibt er am 10. Dezember 2013 ab, wenige Tage danach nimmt er als neuer Ministerpräsident an seinem ersten EU-Gipfel in Brüssel teil.

EU-WAHL 2014: ALS EVP-SPITZENKANDIDAT QUER DURCH EUROPA

„Ich bin bereit, wenn man mich fragt", kündigt Jean-Claude Juncker in der angesehenen französischen Tageszeitung *Le Monde* wenige Tage vor Weihnachten 2013 an.[313] Dann präzisiert er: „Ich bin bereit, Spitzenkandidat der EVP für das Amt des Kommissionspräsidenten sein zu wollen." Nun ist es amtlich: Juncker will Nachfolger von José Manuel Barroso werden.

Die Sozialdemokraten ziehen mit dem Präsidenten des Europäischen Parlaments Martin Schulz[314] in den Wahlkampf, so viel steht intern fest. – Zwei politische Schwergewichte und leidenschaftliche Europäer als Listen-Erste, das verspricht einen aufregenden Wahlkampf. Auch Schulz will im Chefsessel Europas Platz nehmen.

Bereits nach der EU-Wahl 2009 haben die großen Fraktionen im Europäischen Parlament – Christdemokraten/Konservative, Sozialdemokraten, Liberale und Grüne – beschlossen, bei der nächsten Wahl, also 2014, Spitzenkandidaten zu nominieren und den Wahlgewinner für das Amt des Kommissionspräsidenten vorzuschlagen. Es geht den Parteifamilien um mehr Transparenz bei der Nominierung des wichtigsten EU-Postens: Sie wollen mehr Demokratie – sie wollen die Wahlbeteiligung erhöhen sowie die Personalisierung fördern. Der Spitzenkandidat der jeweiligen Partei soll Gesicht und Stimme bekommen.

Der langjährige Politprofi Juncker kündigt sein Interesse zum bestmöglichen Zeitpunkt an: Am 19. Dezember 2013 kommen in Brüssel die Spitzen der Europäischen Volkspartei zu ihrem Treffen vor dem EU-Gipfel zusammen. Mit dabei ist auch die deutsche Bundeskanzlerin Angela Merkel, die diesem Spitzenkandidaten-Prinzip allerdings äußerst skeptisch gegenübersteht. Es gebe „keinen Automatismus" zwischen dem Ergebnis der Europawahl und der Bestellung des Kommissionspräsidenten, erklärt sie des Öfteren.

Ein kleines Zugeständnis macht Merkel: Unter dem Druck der Parteifreunde und auch der feststellbaren Dynamik bei den Sozialdemokraten beschließen die konservativen Parteigranden, dass die EVP mit einem Spitzenkandidaten antreten werde. Ob dieser auch gleichzeitig Kandidat für den Posten des EU-Kommissionspräsidenten sein wird, bleibt allerdings offen. Parlamentpräsident Martin Schulz hat sich längst festgelegt: „Der nächste Kommissionspräsident darf nur aus dem Kreis der Spitzenkandidaten für die Europawahl kommen." Das entspricht dem Vertrag von Lissabon, der besagt, dass die EU-Regierungschefs bei ihrer Entscheidung den Ausgang der Europawahl berücksichtigen müssen.

Junckers Interesse am Amt des Kommissionspräsidenten irritiert Merkel – und es durchkreuzt ihre Strategie. Noch vor Jahresende stemmt sie sich laut dem deutschen Nachrichtenmagazin *Der Spiegel* gegen eine allzu starke Rolle des früheren luxemburgischen Regierungschefs in der EU. Merkel wolle verhindern, dass Juncker einen der bald frei werdenden EU-Spitzenposten bekomme, berichtet der Spiegel.[315] Sie fürchtet, dass sich Juncker mit seiner so regelmäßigen wie offenen Kritik viele EU-Staats- und Regierungschefs zu Gegnern gemacht hat. Aber auch das Verhältnis zwischen Juncker und Merkel selbst gilt seit Langem als belastet – was allerdings beide bestreiten. Merkels Favoriten für das höchste Amt in der EU sind Irlands Premierminister Enda Kenny oder Polens Regierungschef Donald Tusk. Bei einem Kongress der EVP am 6. und 7. März 2014 in Dublin soll der Spitzenkandidat gekürt werden.

Wie brisant die Meldung des *Spiegel* ist, zeigt das rasche Dementi aus Berlin. „Es sind keinerlei Entscheidungen gefallen. Die Regierung beteiligt sich nicht an irreführenden Personalspekulationen", stellt der deutsche Regierungssprecher Steffen Seibert klar.[316]

Doch Juncker lässt nicht locker. Bis zum EVP-Kongress wiederholt er seinen Wunsch, Spitzenkandidat werden zu wollen. „Ich wäre grundsätzlich dazu bereit, wenn das Programm und andere Dinge stimmen."[317] Der einfache Abgeordnete bemängelt, dass EU-Politiker sich derzeit „in Erklärungsnot befinden, weil die Menschen sehr oft nicht verstehen, was in Brüssel entschieden wird". Es gebe eine Kluft zwischen der öffentlichen Meinung in Europa und der Politik in der EU. Außerdem sei für ihn die Krise erst dann vorbei, „wenn sich die Arbeitsmarktproblematik für die jungen Menschen positiv ändert".

Das Werben in eigener Sache läuft gut, doch Anfang des Jahres 2014 äußert sich der neue Euro-Gruppen-Chef Jeroen Dijsselbloem wenig schmeichelhaft über seinen Vorgänger. In einer Talkshow nennt der junge niederländische Finanzminister Dijsselbloem Juncker einen „starken Raucher und Trinker".[318] – Auf die Frage des Moderators, ob denn in den Besprechungen der Euro-Gruppe nun nicht mehr geraucht und getrunken werden dürfe, antwortet Dijsselbloem grinsend: „Das war schon immer verboten. Nur hat der ehemalige Vorsitzende sich nicht daran gehalten." Gleichzeitig versichert der ehrgeizige Minister, dass die Euro-Gruppe in ihrem Funktionieren nicht behindert gewesen sei. In Brüssel sei es nicht unüblich, dass zu einem Arbeitsessen Wein serviert werde – „das ist noch ein bisschen die französische Kultur", erfahren die Zuseher von dem Sozialdemokraten aus Den Haag. Der Trend gehe aber zurück, viele Kollegen würden heutzutage keinen Alkohol mehr zum Essen trinken.

In der niederländischen Presse werden Dijsselbloems Äußerungen als Rache dafür gewertet, dass sich Juncker Anfang 2013 kurz nach der Amtsübergabe in der Eurozone öffentlich in die Zypern-Rettung eingemischt und Dijsselbloem damit desavouiert habe.

Junckers Antwort auf die Attacken fällt knapp aus: „Ich habe kein Alkoholproblem. Und ich habe auch nicht vor, auf Äußerungen zu reagieren, die in einer humoristischen Sendung gemacht wurden", stellt er gegenüber der Zeitung *Luxemburger Wort* klar.[319]

Monate später bedauert Dijsselbloem seine Ausführungen über den „starken Raucher und Trinker" Juncker. Die niederländische Nachrichtenagentur ANP informiert er am 25. Juni 2014 – kurz vor dem EU-Gipfel, bei dem Jean-Claude Juncker als Kommissionspräsident nominiert wird –, dass er nach der Ausstrahlung der TV-Sendung Kontakt mit Juncker aufgenommen und gesagt habe, dass es „eine unglückliche Äußerung" war, die „viel nach sich gezogen hat". Juncker hätte in seiner Kampagne damit „viele Probleme, und das ist einfach unangenehm".[320] Seither habe er „normalen Kontakt" zu Juncker. „Wenn er den Spitzenjob bekommt, werden wir normal zusammenarbeiten, so wie wir das in der Vergangenheit auch getan haben", versichert der niederländische Finanzminister.

Die geäußerten Vorwürfe belasten Juncker, aber das ist noch nicht alles; er bekommt jetzt Gegenkandidaten. Der französische Binnenmarktkommissar Michel Barnier bewirbt sich im Interview mit der konservativen Tageszeitung *Le Figaro* ebenfalls um die Nachfolge von Barroso: „Wenn ich von der Europäischen Volkspartei gewählt werde, bin ich bereit, mich zu engagieren."[321] Auch Lettlands Ex-Premier Valdis Dombrovskis bekundet sein Interesse am Posten des EU-Kommissionspräsidenten.[322] An der Gerüchtebörse kursieren außerdem die Namen des finnischen Ministerpräsidenten Jyrki Katainen oder der Chefin des Internationalen Währungsfonds, Christine Lagarde.

Den medialen Spekulationen, Merkel würde Juncker ablehnen, begegnet die deutsche CDU-Vorsitzende Anfang Februar 2014 mit einem überraschenden Anruf bei ihrem Parteifreund. Laut *Financial Times* – die sich auf deutsche Regierungskreise beruft – habe sie Juncker in diesem Telefonat ermutigt, Spitzenkandidat der EVP zu werden, und habe ihm ihre Unterstützung zugesichert.[323] – Damit ist Juncker der klare Favorit.

Zum Kongress der Europäischen Volkspartei am 6. und 7. März in Dublin reist Parteiprominenz aus ganz Europa an. Für Jean-Claude Juncker beginnt der Kongress gleich einmal mit einer positiven Überraschung: Sein Gegenkandidat, Lettlands Ex-Premier Valdis Dombrovskis, zieht seine Bewerbung zurück und erklärt, Juncker unterstützen zu wollen. Dieser hat nun nur noch einen Herausforderer in der eigenen Parteifamilie: den französischen Binnenmarkt-Kommissar Michel Barnier.

Am Freitag, den 7. März, gegen Mittag steigt die Anspannung. Juncker und Barnier sprechen zu den mehr als 800 Delegierten. Barnier verteidigt sein Antreten: „Manche denken, ein französischer Kommissionspräsident ist zwanzig Jahre nach Jacques Delors[324] keine gute Idee. Ich glaube aber nicht, dass es eine Schwäche ist, Europäer und Franzose zu sein." Es gehe darum, bei der Wahl im Mai die Sozialisten – ebenso wie „rechte und linke Populisten" – zu besiegen.[325]

Nach Barnier tritt Juncker ans Rednerpult. Anders als sein Vorredner wirkt er selbstbewusster und kämpferischer. In seiner von starkem Applaus begleiteten Ansprache – abwechselnd gehalten in Französisch, Deutsch und Englisch – stellt Juncker soziale Anliegen in den Mittelpunkt. „Wir sind nicht die Partei der blinden Sparmaßnahmen, Privatisierung und Deregulierung." Das Soziale habe noch nicht den angemessenen Stellenwert in Europa, kritisiert er und verlangt Mindestregeln bei den Arbeitnehmerrechten in der EU – wie zum Beispiel einen Mindestlohn. Bei der kommenden Wahl müsse deutlich gemacht werden, dass die Sozialpolitik nicht den Sozialisten überlassen werden dürfe.

Seine Herkunft aus einem kleinen Land sieht er als Vorteil: Kleine Länder wie Luxemburg könnten manches gelegentlich besser als die Großen. Zum Beispiel Kompromisse finden, ohne in den Verdacht von Großmachtpolitik zu kommen, streicht Juncker seine oft bewiesenen Fähigkeiten als Vermittler hervor. „Wir sind Harmonisierer aus Berufung", sagt er und stellt die Parteienfamilie vor die eigene Person: „Ich bin nur ein kleiner Heiliger in einer großen Kirche."

Er spricht auch den Wirtschaftsflügel und die Arbeitgeber in der EVP an: „Es muss weniger Bürokratie für Klein- und Mittelbetriebe geben, die Jobs schaffen." Und Juncker vergisst eines nicht: Die Arbeitslosigkeit dürfe nicht mit Schuldenmachen bekämpft werden, sondern mit konsolidierten Budgets in den Mitgliedsländern. – Juncker beschließt seine Rede – der Angela Merkel aufmerksam gelauscht hat – mit dem neuerlichen Anspruch: „Ich will Kommissionspräsident werden."

Es kommt zu einer geheimen Kampfabstimmung zwischen Juncker und Barnier. Weniger als die Hälfte der 828 Delegierten auf dem EVP-Kongress votieren für Juncker. Mit 382 zu 245 Stimmen setzt er sich dennoch knapp gegen Herausforderer Barnier durch.[326] Damit ist er der gemeinsame Spitzenkandidat der EVP für die Europa-Wahl im Mai 2014. Enthusiasmus kommt bei der Verlautbarung des Abstimmungsergebnisses nicht auf – trotz der Versicherungen Junckers, er habe nun das Vertrauen der EVP-Granden errungen.

Junckers Wahl steht für eine Richtungsentscheidung in der Europäischen Volkspartei. Seit 1979 dominiert die Fraktion der Konservativen und Christdemokraten das Europäische Parlament, auch wenn ihr die Abspaltung der Tories und der Schwesterparteien aus Polen und Tschechien in die EU-skeptische ECR-Fraktion (Europäische Konservative und Reformisten) im Jahr 2010 einen Dämpfer versetzt hat. In der Wirtschafts- und Finanzkrise stellt die EVP die große Mehrheit der Regierungschefs. Die EVP verbucht somit die Rettung der Eurozone und die damit einhergehenden Sparmaßnahmen als ihren Erfolg, doch die öffentliche Unterstützung für diesen Kurs ist fraglich. Juncker will das ändern, er will aus den Konservativen eine Partei seines Zuschnitts machen: christlich-sozial. Deswegen betont er so vehement die Wichtigkeit der sozialen Frage.

Das politische Gewicht des in Dublin gekürten Spitzenkandidaten bleibt vorerst unklar. Wichtige Mitgliedsparteien der EVP, darunter die CDU/CSU, sperren sich weiterhin dagegen, nach der Europawahl im Mai den Kandidaten der stärksten Parlamentsfraktion „automatisch" zum Kommissionspräsidenten zu machen. Die deutsche Bundeskanzlerin, die vom Automatismus nichts hält, weiß warum: Im Falle eines Wahlsieges der Sozialdemokraten müsste sie

Martin Schulz für den deutschen Sitz in der EU-Kommission nominieren, und das bringt sie bei ihren Wählern nicht durch.

Der Postenpoker ist mit der Wahl Junckers zum EVP-Spitzenkandidaten freilich nicht beendet. Eine ganze Reihe prestigeträchtiger Ämter im gewaltigen EU-Apparat muss 2014 neu besetzt werden – und das Europaparlament hat dieses Mal ein Wort mitzureden. Bei der Wahl des Kommissionspräsidenten wird das Ergebnis der Europawahlen „berücksichtigt" – wie es der EU-Vertrag von Lissabon vorschreibt.

Wie diese „Berücksichtigung" nun im Detail aussehen soll, weiß keiner so genau. Für das Ernennungsprocedere fehlt die Blaupause. Lange vor der Wahl bringen sich die Staats- und Regierungschefs in Stellung. Ihr „Chef", EU-Ratspräsident Herman Van Rompuy, ein belgischer Konservativer, setzt zwei Tage nach der EU-Wahl einen Sondergipfel für den 27. Mai 2014 in Brüssel fest.

Diplomaten zufolge drohen schwere institutionelle Konflikte, denn viele EU-Parlamentarier sind der Meinung, dass zunächst eine Mehrheit der europäischen Volksvertreter einen Kandidaten aussuchen sollte – und dass erst danach die Chef-Runde der Staatenlenker an der Reihe sein solle.

Juncker lässt sich davon nicht beirren, für ihn beginnt unmittelbar nach dem EVP-Kongress der Wahlkampf. Ein Spaziergang wird es freilich nicht werden, denn die Parteien schicken erfahrene Politiker und überzeugte Europäer ins Rennen. Martin Schulz ist die Nummer eins der europäischen Sozialdemokraten. Die Liberalen schicken gleich zwei Frontmänner ins Rennen, den belgischen Fraktionschef der europäischen Liberalen Guy Verhofstadt sowie den finnischen Wirtschafts- und Währungskommissar Olli Rehn. Auch die Grünen haben ein Spitzenduo, bestehend aus der deutschen EU-Abgeordneten Ska Keller und ihrem französischen Kollegen José Bové, erkoren. Europas Linke hat den griechischen Oppositionsführer Alexis Tsipras von der Syriza-Partei angeheuert.

Jean-Claude Juncker ist startklar; keinen Tag will er nach seiner Wahl zum EVP-Spitzenkandidaten verlieren. Sein Team steht schon bereit, es wird von Martin Selmayr geleitet. Der 43-jährige deutsche Jurist ist Kabinettschef der luxemburgischen Justizkommissarin und Kommissions-Vizepräsidentin Viviane Reding; doch für den Wahlkampf gibt er diesen hochrangigen Job auf. Juncker findet in dem Kommunikationstalent Selmayr auch einen hervorragenden inhaltlichen Strategen. Genau das braucht Juncker für einen dynamischen Wahlkampf. Die Chemie zwischen den beiden stimmt – sie teilen den Sinn für harte Arbeit ebenso wie den für Humor. Selmayr wird dem neuen Kommissionspräsidenten als Kabinettschef erhalten bleiben. In Luxemburg umgibt sich Juncker mit engsten Vertrauten wie dem ehemaligen Journalisten Adi Richard. Das Wahlprogramm ist auch schon ausgearbeitet, und das Konzept für den Wahlkampf steht fest. – Es kann losgehen.

Juncker tourt quer durch Europa – per Flugzeug und im Autobus, in die Hauptstädte ebenso wie in die entlegeneren Regionen. Die Krisenländer Griechenland, Portugal oder Spanien stehen ganz oben auf seinem Reiseplan, hier verbringt er viel Zeit. In Mitteleuropa ist er mit einem blauen Bus unterwegs, den die gelben Sterne der Europafahne zieren. Juncker redet mit allen, er trifft viele junge Leute, geht auf ihre Fragen ein. In Wien spaziert er über den Naschmarkt, wo er mit den Marktfrauen plaudert, während er eine erntefrische Marille verkostet. Der Erkennungsfaktor liegt allerdings bei null. „Ist das einer von der ÖVP?“, fragt eine Verkäuferin. Eine junge Studentin verwechselt ihn mit Othmar Karas, dem österreichischen Spitzenkandidaten der ÖVP bei der EU-Wahl. Juncker lässt vieles über sich ergehen, Ungeduld lässt er sich nicht anmerken.

Die Kritik an der EU, die bei der Wahlkampftour an sein Ohr dringt, ist keine prinzipielle. Es geht vielmehr um das Wie, das den Menschen nicht passt. „Ich kann in allen Ländern, die ich bereise, eine grundsätzliche Zustimmung zum europäischen Einigungswerk feststellen. Sobald es um konkrete Details des politischen Tuns und Lassens geht, dann wird die Kritik an der EU sehr gerharnischt, fast feindselig vorgetragen", stellt er nach einigen Terminen fest.[327]

Der Höhepunkt des Wahlkampfes sind die Fernsehdebatten mit seinen Herausforderern, vor allem die mit Martin Schulz. Erstmals finden interaktive Live-Diskussionen der Spitzenkandidaten statt, bei denen die Zuseher über Facebook und Twitter ihre Fragen stellen können. So bekommen Europas Wähler die Möglichkeit, sich ein Bild über die Spitzenkandidaten und ihre Positionen zu machen. Wahlberechtigt sind etwa 400 Millionen Menschen – weit mehr, als die USA Einwohner haben. Das größte Duell zwischen Jean-Claude Juncker und Martin Schulz fand am 8. Mai statt – zur besten Sendezeit. Für die medial stets unterbelichtete Europapolitik ist das eine Riesenchance. Ob es um Flüchtlingspolitik, den Kampf gegen die Arbeitslosigkeit, gentechnisch veränderte Lebensmittel, das Chlorhuhn, das umstrittene Freihandelsabkommen der EU mit den USA (TTIP) oder um die Steuerpolitik geht – Junckers und Schulz' Standpunkte unterscheiden sich nicht fundamental, ja vielfach bloß in Nuancen. Die beiden haben es schwer, sich voneinander abzugrenzen. *Konservativ* gegen *sozialdemokratisch*, das funktioniert nicht. Der Rote Martin Schulz stellt „die Bekämpfung der Jugendarbeitslosigkeit in Europa" als sein wichtigstes Ziel dar. Das will auch Juncker. Seine Betonung liegt auf „dauerhaftem Wachstum und stabilen Staatsfinanzen". Dem hat auch Schulz nichts entgegenzusetzen.

Martin Schulz zeigt der breiten Öffentlichkeit, dass er der bessere Provokateur und Formulierer ist. Angriff ist die beste Werbung, lautet sein Motto. Juncker punktet dafür im Schlagabtausch mit seiner langjährigen Erfahrung als Regierungschef – und belehrt den Heißsporn Schulz, wenn dieser mit falschen Fakten daherkommt.

„Jean-Claude Juncker steht für ein Europa, das hinter geschlossenen Türen tagt", zeigt sich Parlamentspräsident Schulz angriffslustiger gegenüber dem früheren luxemburgischen Regierungschef. Er,

Schulz, stehe hingegen für mehr Transparenz. – „Ich habe Martin Schulz hinter verschlossenen Türen kennengelernt", kontert Juncker, um dem deutschen Sozialdemokraten nicht das Image des Rebellen gegen das EU-Establishment zu überlassen.

Wirklich in die Haare geraten sich die beiden in Steuerfragen. Juncker spricht sich für eine „koordinierte, wenn nicht harmonisierte" Bemessungsgrundlage für die Besteuerung von Unternehmen aus, damit diese nicht „von einem Steuersystem ins andere hüpfen können". Dennoch müsse es noch immer Steuerwettbewerb zwischen den EU-Staaten geben. „Da bin ich entschieden anderer Meinung", erwidert Schulz, „da werden Betriebe verlagert in ein Land, weil die Steuern niedriger sind." Davon hätten die Bürger die Nase voll. „Der gegenseitige Wettbewerb der Staaten um die niedrigste Steuer bringt nur einem Gewinn: den großen Kapitalbesitzern", sagt der deutsche Sozialdemokrat.

Eine Vorgabe macht Schulz am Ende der Debatte: Die nächste Kommission müsse jeweils zur Hälfte von Männern und Frauen besetzt sein. Die Quote wird sich noch als handfestes Problem für Juncker – und für die Wahl der gesamten Kommission – im Europäischen Parlament herausstellen (siehe Kapitel S. 191).

Einig sind sich Juncker und Schulz in der Außenpolitik, bei der Erweiterung („kein 29. Mitglied bis 2020") und in der Türkei-Frage. „Wer Twitter und YouTube sperrt, ist nicht beitrittsreif", sagt Juncker.

Beide Kontrahenten untermauern ihren Anspruch, nach dem Wahlsieg auch Kommissionspräsident werden zu wollen – und sie wirken allen Spekulationen entgegen, dass ein Staats- und Regierungschef womöglich doch noch einen anderen Kandidaten ins Spiel bringen könnte. Schulz und Juncker bauen dieser Möglichkeit vor: Der EVP-Spitzenkandidat prophezeit der EU in diesem Fall eine „schwere Krise". Schulz ist schlagfertiger: „Wer SPD wählt, kriegt Schulz. Wer CDU wählt, kriegt nicht Merkel, sondern Juncker. Wer das nicht akzeptiert, verübt einen Anschlag auf die europäische Demokratie."

Martin Schulz verhelfen die Fernsehduelle in Deutschland zu einem Imagegewinn. EU-weit weisen die Umfragen nach einem anfangs leichten Vorsprung für die Sozialdemokraten gegen Ende des Wahlkampfes auf einen Gewinn der EVP und damit auf Juncker hin.

JETZT WILL JUNCKER KOMMISSIONSPRÄSIDENT WERDEN: EIN HÜRDENLAUF

Der Panther
(Im Jardin des Plantes, Paris)

Sein Blick ist vom Vorübergehn der Stäbe
so müd geworden, daß er nichts mehr hält.
Ihm ist, als ob es tausend Stäbe gäbe
und hinter tausend Stäben keine Welt.

Der weiche Gang geschmeidig starker Schritte,
der sich im allerkleinsten Kreise dreht,
ist wie ein Tanz von Kraft um cine Mitte,
in der betäubt ein großer Wille steht.

Nur manchmal schiebt der Vorhang der Pupille
sich lautlos auf –. Dann geht ein Bild hinein,
geht durch der Glieder angespannte Stille –
und hört im Herzen auf zu sein.[328]

„Der Panther" von Rainer Maria Rilke – das Gedicht über die Raubkatze, die im Pariser Jardin des Plantes hinter den Gitterstäben ihres Käfigs stundenlang, tagein, tagaus hin und her läuft – ist Jean-Claude Junckers Lieblingsgedicht. Kein Wunder, fühlt er sich doch manchmal dem Tier im Käfig sehr verwandt – so wohl auch nach der Wahl am 25. Mai 2014. Das Warten auf eine Entscheidung der Staats- und Regierungschefs ist trostlos. Zwei Gipfeltreffen sind nötig, um Juncker offiziell zum Kandidaten für den Posten des Kommissionspräsidenten zu nominieren.

Ein Lichtblick ist die Tatsache, dass die beiden großen Fraktionen im EU-Parlament seine Kandidatur unterstützen. Das beschließen sie vor dem Treffen der EU-Granden. „EVP und die Sozialdemokraten werden zusammenarbeiten", teilt Hannes Swoboda, der Fraktionschef der Sozialdemokraten, unmittelbar nach der Wahl mit, „Juncker hat ein klares Mandat." Die Stimmen beider Fraktionen genügen, um nach der Nominierung die Wahl im Parlament zu gewinnen.

Spannend wird es trotzdem. Dienstagabend, 27. Mai, in Brüssel: Die 28 Staats- und Regierungschefs treffen zu einem informellen Abendessen ein. „Informell" bedeutet, dass es keine fixe Tagesordnung gibt, jeder Regierungschef kann also frei von der Leber weg sprechen. Außer den Dolmetschern hört niemand zu. Wahlsieger Juncker ist selbst nicht eingeladen – die EU-Granden wollen unter sich sein, wenn sie über den künftigen Kommissionspräsidenten reden.

Bisher war es gängige Praxis, den Chefeuropäer einstimmig hinter verschlossenen Türen zu küren; dabei wurde noch nie ein Land überstimmt, auch Großbritannien nicht, das bisher zweimal Widerstand gegen einen Kandidaten geleistet hat. 1994 verhinderte der damalige britische Premier John Major den Belgier Jean-Luc Dehaene, und zehn Jahre später verweigerte Tony Blair dem belgischen Premier Guy Verhofstadt das Präsidentenamt. Der Portugiese José Manuel Barroso, der den Posten 2004 letztlich bekam, war ein typischer Kompromisskandidat.

Nun, da der Vertrag von Lissabon in Kraft getreten ist, ist alles anders. Rein rechtlich muss die Entscheidung der 28 EU-Granden mit qualifizierter Mehrheit zustande kommen, das heißt, der designierte Kommissionspräsident braucht im Europäischen Parlament für seine Wahl die absolute Mehrheit von 751 Abgeordneten: 376 Stimmen.

Von einem entspannten Abendessen in Brüssel kann keine Rede sein. Bereits vor seiner Ankunft in der EU-Metropole poltert Briten-Premier David Cameron lautstark gegen Juncker – und kündigt Widerstand an. Das Poltern war vorhersehbar; doch jetzt sucht Cameron Verbündete gegen eine Bestellung Junckers. Offen gegen den Luxemburger hat sich bisher nur der ungarische Ministerpräsident Viktor Orbán ausgesprochen – dessen Regierungspartei Fidesz zur EVP gehört. Für die Sperrminorität, die Cameron gegen Juncker sucht, ist Ungarn allein jedoch zu wenig.[329] Teilnehmer der Tafelrunde erzählen nachher hinter vorgehaltener Hand von einem handfesten Streit zwischen Entree, Hauptspeise und Dessert.

Eine Einigung auf Juncker ist nicht in Sicht; die Staats- und Regierungschefs flüchten in nichtssagende Ausreden. „Wir wissen, dass keine der Parteien eine eigene Mehrheit hat. Deshalb wird es jetzt darum gehen, eine möglichst breite Mehrheit zu finden. Jetzt werden wir die Weichen für den Prozess, wie das weiter ablaufen soll, stellen. Hier geht es erst einmal um Inhalte und dann ums Personal", sagt die deutsche Bundeskanzlerin Angela Merkel auf der nächtlichen Pressekonferenz. Mit anderen Worten: Der EU-Gipfel will das Personalkarussell erst einmal zum Stehen bringen. Merkel gilt als Königsmacherin – und sie will David Cameron nicht verärgern. EU-Ratspräsident Herman Van Rompuy erhält ein Mandat, um mit dem Parlament über die Personalfrage zu verhandeln – der nächste Aufreger: Das Parlament sieht durchaus keinen Anlass für Verhandlungen. Der Sieger der Wahl sei der Kandidat für den Kommissionspräsidenten, so sei das Prinzip, tönt es aus dem Parlament.

Cameron holt beim Abendessen weit aus – er verlangt eine grundlegende Reform der EU. „Wir brauchen einen Wandel. Europa sollte sich nur auf die allerwichtigsten Dinge beschränken. Brüssel ist zu groß, zu herrschsüchtig und mischt sich überall ein", schimpft Cameron vor Journalisten. Orbán lehnt den Lissabon-Mechanismus für die Bestellung des Kommissionschefs überhaupt ab. Beiden, Cameron ebenso wie Orbán, ist Juncker zu europäisch, zu integrationsfreundlich. Hilfe im Abwehrkampf gegen Juncker kommt aber auch aus den Niederlanden sowie aus Schweden. Selbst Italiens Ministerpräsident Matteo Renzi ist vorerst skeptisch – aus purer Taktik. Er will nämlich einen Deal: Für die Zustimmung zu Juncker erwartet er die Unterstützung seiner Amtskollegen für die italienische Außenministerin Federica Mogherini als EU-Chefdiplomatin. Außerdem verlangt Renzi – im Einklang mit den Franzosen – die Lockerung des Stabilitätspakts. Das würde nicht nur der italienischen Wirtschaft, sondern auch dem Abbau des italienischen Haushaltsdefizits dienen.

Es gibt aber eine weitere Front, die sich beim Abendessen in Brüssel bildet. Die sozialdemokratischen Regierungschefs wollen einem Personalpaket für sämtliche EU-Spitzenjobs nur zustimmen, wenn auch für ihren Mann, den Wahlverlierer Martin Schulz, ein angemessener Posten dabei herausschaut. Zeitgleich mit dem Gipfeltreffen in Brüssel nennt in Berlin Vizekanzler Sigmar Gabriel den Preis, den die Konservativen zahlen müssten: Der SPD-Chef bringt Schulz als deutschen Kommissar und Vize von Juncker ins Spiel. Das ist für Merkel sowie für CDU und CSU unmöglich. Am Ende bleibt Schulz Parlamentspräsident für weitere zweieinhalb Jahre.

Auch Frankreichs Staatspräsident François Hollande äußert beim Abendessen Wünsche. Er steht wegen des Wahlsiegs des Front National – die Partei von Marine Le Pen erreichte bei der EU-Wahl 25 Prozent – stark unter Druck. Angefeuert von Italiens Matteo Renzi, dessen sozialdemokratische Partei seit der EU-Wahl die stärkste Gruppe innerhalb der sozialdemokratischen Fraktion bildet – wodurch es erstmals einen italienischen und keinen deutschen Fraktionsvorsitzenden mehr gibt –, will auch Hollande eine grundlegende Reform der EU-Politik. Beide wollen eine Kursänderung der Wirtschafts- und Wachstumspolitik. „Europa braucht eine Richtungsentscheidung“ – das sei die Botschaft der Europawahl.

Für Juncker heißt es weiter warten. Eine Entscheidung über das Personalpaket wird für den EU-Gipfel am 26. und 27. Juni in

Aussicht gestellt. Juncker mag sich wieder vorkommen wie Rilkes Panther, er ist Gefangener des Willens anderer.

In der Zeit bis zum Gipfel laufen die Telefone in den Regierungsbüros heiß. Viel wird sondiert und spekuliert. Just auf dem Katholikentag im süddeutschen Regensburg verkündet Angela Merkel die Botschaft: Nach langem Zögern spricht sie sich für Juncker aus. „Deshalb führe ich jetzt alle Gespräche genau in diesem Geiste, dass Jean-Claude Juncker auch Präsident der Europäischen Kommission werden sollte", sagt Merkel der versammelten Menge. Bisher hat sie eine ausdrückliche Festlegung auf Juncker stets vermieden.

Das ist Merkel'sche Dialektik: Indem sie die eigene Position ändert, macht sie auch bei den meisten europäischen Konservativen den Weg frei für Juncker. Mit ihrer Entscheidung gibt sie nicht nur dem Druck der Öffentlichkeit nach mehr Demokratie in der EU nach, sondern will damit auch einige Fehleinschätzungen, die der stets strategisch handelnden Regierungs- und Parteichefin passiert sind, vergessen machen.

Merkel hat die Idee des Spitzenkandidaten nie goutiert. Es war die EVP, die Juncker nominiert hat. Zweitens konnte sie nicht verhindern, dass Juncker beim EVP-Kongress zum Spitzenkandidaten gewählt wurde; à conto ihrer Machtfülle hätte sie „den Europäer vom alten Schlag", wie er von manchen in Berlin genannt wird, demontieren können. Der dritte Fehler Merkels war, dass sie die öffentliche Meinung und die Debatte über die Spitzenkandidaturen bei der EU-Wahl sowie deren demokratische Legitimation lange nicht ernst genommen hat. Sie hat die Sogwirkung des Europäischen Parlaments auf die Bürger unterschätzt.

Von sozialdemokratischer Seite wird der österreichische Bundeskanzler Werner Faymann zum Fürsprecher Junckers. Seine Unterstützung für den luxemburgischen Christdemokraten begründet Faymann mit dessen Wahlsieg: „Wir dürfen die Wähler nicht enttäuschen. Wir müssen das Wählerverhalten und das

Versprechen, der Erste bei der EU-Wahl wird Kommissionspräsident, respektieren."[330]

Ungewöhnlich scharf kritisiert Faymann jene konservativen Regierungschefs, die Juncker blockieren wollen. „Im Europäischen Rat ist etwas passiert, was ich sehr bedaure. Es wurde deutlich, dass einige das Wahlergebnis nicht akzeptieren wollen. Die EVP stellt ihre eigene Vorgangsweise infrage. Sie hat Juncker als Spitzenkandidaten nominiert und sagt jetzt, dass es laut Gesetz keinen Automatismus gebe, den Wahlsieger zum Kommissionspräsidenten zu küren. Es zeigt sich, dass ein Teil der Europäischen Volkspartei von ihrem eigenen Kandidaten abrückt", erklärt Faymann nach dem Sondergipfel am 27. Mai 2014. Er plädiert dafür, bei der Nominierung im Europäischen Rat die qualifizierte Mehrheit einzusetzen. „Man kann nicht sagen, man verzichtet darauf. Da begibt man sich in die Geiselhaft jedes Einzelnen. So lässt sich Europa definitiv nicht führen", sagt Faymann in Anspielung auf die Veto-Drohungen aus London und Budapest.

Europas Sozialdemokraten verbindet inhaltlich viel mit dem Luxemburger: „Juncker ist nicht der Kandidat der neoliberalen Kräfte, die alles verkaufen und die Finanzmärkte und Banken am liebsten wieder unkontrolliert arbeiten lassen wollen. Juncker ist ein christlich-sozialer Politiker, es gibt mit ihm ein Bündnis für eine soziale Union."[331]

Je mehr Regierungschefs sich für Juncker aussprechen, desto heftiger wettert David Cameron gegen ihn. Für helle Empörung sorgt eine *Spiegel*-Meldung, wonach der britische Premier mit einem Austritt des Vereinigten Königreichs aus der EU drohe. Auf jeden Fall werde Großbritannien – wie seit Längerem angekündigt – bis 2017 ein Referendum über die weitere Mitgliedschaft in der EU abhalten. Dass ausgerechnet eine Allianz aus EU-Skeptikern wie Cameron und Orbán die Wahl Junckers blockieren könnte, löst parteiübergreifend – und in ganz Europa – Empörung aus. Von „Wählertäuschung" ist die Rede, der Philosoph Jürgen Habermas stellt gar den Sinn der Europawahl infrage.[332]

Der Streit um das Personalpaket und Reformen in der EU verschärft sich, als Schwedens konservativer Ministerpräsident Fredrik Reinfeldt drei Amtskollegen zu sich einlädt. Angela Merkel, David Cameron und der Niederländer Mark Rutte reisen zu Pfingsten nach Harpsund, südwestlich von Stockholm. Hier liegt das Gästehaus der schwedischen Regierung – direkt an einem See. Das gibt idyllische Bilder im Ruderboot, umgeben von Birkenwäldern. Der Gastgeber rudert; am Bug sitzt Mark Rutte, am Heck Cameron, dazwischen Merkel. Alle tragen Schwimmwesten.

Die beschauliche Szene an diesem Pfingstmontag, den 9. Juni 2014, trügt: Beim „Nordgipfel" ringen drei Männer und eine Frau, wer den Chefposten der Europäischen Union bekommt, und was die Reformagenda der EU sein sollte. Ihre Aussagen bei der Pressekonferenz am 10. Juni sind reichlich unkonkret: Die EU-Staaten brauchen Strukturreformen, konsoliderte Budgets und eine eigene Energiepolitik. Cameron will Kompetenzen aus Brüssel zurückholen, die EU dürfe sich nicht in nationale Angelegenheiten einmischen, und die Sozialsysteme dürfen nicht von Migranten ausgenützt werden. Cameron will einen Stopp der Arbeitnehmer-Freizügigkeit in der EU. Seit die europafeindliche UKIP (United Kingdom Independance Party) die EU-Wahlen in Großbritannien gewonnen hat, sagt das Cameron in jedes Mikrofon.

Schweden geht es im Grunde ausschließlich um die Personalie Juncker. Kanzlerin Merkel steht ihm im Wort, Rutte und Reinfeldt sind skeptisch, Cameron will den Luxemburger auf jeden Fall verhindern. Er verlangt, den bisherigen Bestellmodus beizubehalten. Juncker war nicht Kandidat bei der EU-Wahl in Großbritannien, „er kandidierte nirgendwo"[333], beharrt Cameron auf seiner Ablehnung.

Indes wird das Warten für Juncker immer zermürbender. Er klagt über fehlenden Rückhalt in der eigenen Partei. „Ich lese nicht gern, dass einige nicht zu dem selbst gewählten Spitzenkandidaten stehen", sagt er bei seinem Besuch in der Fraktion der EVP im Parlament.[334] Mit Ausnahme von zwei Regierungschefs habe er seit der Wahl von niemandem mehr etwas gehört, auch kein Wort von Ratspräsident Herman Van Rompuy, der mit ihm über das Arbeitsprogramm reden wollte.

Unerträglich wird es für Juncker und seine Familienangehörigen, als die britische Boulevardpresse eine Schmutzkübelkampagne gegen ihn startet, sein Haus belagert, Nachbarn über das Privatleben und die elende Geheimdienstaffäre ausfragt. Seinem Vater Jos Juncker werfen britische Zeitungen vor, Kollaborateur des Naziregimes gewesen zu sein. Das trifft Jean-Claude Juncker und seinen Vater schwer. In Luxemburg erzählt man, Jos Juncker habe wegen der haltlosen Vorwürfe und der Hetze geweint. Denn das Gegenteil ist wahr: Junckers Vater wurde von deutschen Besatzungssoldaten in die Hitler-Armee zwangsrekrutiert; Familienmitglieder von Jean-Claude Juncker waren Opfer des Faschismus. Gerade vor dem Hintergrund der eigenen Familiengeschichte hat für Jean-Claude Juncker das europäische Projekt, das auf dem „Nie wieder" aufbaut, eine besondere Bedeutung: *Nie wieder Krieg, Faschismus und Holocaust* ist für ihn konstitutives Element der Europäischen Union (siehe Kapitel S. 24).

Die Kampagne der Medien trifft Juncker völlig unvorbereitet. *Tod durch Rufmord* ist eine beliebte Methode des britischen Boulevards, der durch die unverhohlene Ablehnung Junckers durch Premier Cameron noch zusätzlich angetrieben wird. „Bonvivant" ist noch eine der harmloseren Bezeichnungen, mit der ihn die Yellow Press versieht. Die *Sun*, das auflagenstärkste Blatt des Königreiches, nennt Juncker den „gefährlichsten Mann Europas" und bezeichnet ihn als „ruchlosen Opportunisten", der selbst eingeräumt habe, dass man „die Öffentlichkeit belügen muss, wenn es ernst wird". Schlimm wiegt auf der Insel außerdem das Argument, Juncker sei „einer der Gründerväter des Euro" gewesen.

Die konservativen und EU-feindlichen Blätter *Daily Mail* und *Daily Telegraph* ziehen mit. Im *Telegraph* nennt der konservative EU-Abgeordnete Daniel Hannan Juncker einen „rüden, arroganten und aufgeblasenen Euro-Enthusiasten". Die *Daily Mail* ist überhaupt der Meinung, dass die Bestellung Junckers angesichts der bescheidenen Wahlbeteiligung bei der EU-Wahl eine „Verhöhnung der Demokratie" sei.

In ungewohnter Übereinstimmung mit Tory-Chef David Cameron sehen die Medien Juncker als „Gesicht der 1980er-Jahre", der „nicht die Probleme der nächsten fünf Jahre lösen kann". Die *Times* kommentiert unter der Gürtellinie – absolut respektlos und inakzeptabel: „Junk Juncker" („Schmeißt Juncker weg").[335]

Äußerst kritisch ist auch die Berichterstattung der international angesehenen *Financial Times*. Juncker sei „nicht die richtige Wahl", er sei verbraucht und reformunfähig. Seine Bestellung würde einer Machtanmaßung des Europäischen Parlaments nachgeben, andererseits würde seine Wahl zeigen, dass Europas Staatenlenker den Protest bei der EU-Wahl nicht verstanden hätten.

Einzig der europafreundliche, linksliberale *Guardian* spricht sich in Kommentaren dafür aus, Juncker als Spitzenkandidat der EVP das Mandat zu geben.

Nach dieser Medienhetze, die sich über etliche Tage zieht, wird spekuliert, Juncker könnte von sich aus aufgeben.[336] Die „eleganteste Lösung wäre wohl, dass Juncker selbst das Handtuch in den Ring wirft, auch wenn dies dann eine Niederlage für das Europäische Parlament wäre", fasst die belgische Zeitung *De Standaard* zusammen.[337] Eine dubiose Rolle spielt in diesem Zusammenhang Ratspräsident Herman Van Rompuy. Ein enger Mitarbeiter Van Rompuys geht nach Angaben des *Spiegel* davon aus, dass der Ratspräsident den Luxemburger zu einem Rückzug dränge und „Juncker sich am Ende selbst aus dem Rennen nehmen wird, wenn die Kritik an ihm so weitergeht".

Doch er scheint Juncker schlecht zu kennen. – „Niemals gibt Juncker auf!“, verraten enge Vertraute des Luxemburgers. Nach dem Verhalten von Van Rompuy fühlt sich der politische Vollblutprofi erst so richtig kampffreudig. Auch die Europa-Abgeordneten, die die Zügel der Bestellung des Kommissionspräsidenten in der Hand haben, sehen sich in ihrer Position bestärkt. – Der Machtkampf zwischen Parlament und Rat ist voll im Gange.

Wenige Tage vor dem entscheidenden EU-Gipfel am 26. und 27. Juni in Brüssel rückt die inhaltliche Debatte über die Reform der EU und einen neuen Wirtschaftskurs in den Mittelpunkt. In Paris treffen sich am Samstag, den 21. Juni 2014 – auf Einladung von Staatspräsident François Hollande –, die sozialdemokratischen Regierungschefs. Aus dem Élysée dringt eine Botschaft: Der Stabilitätspakt[338] müsse flexibler gehandhabt werden, und die EU muss mehr Geld für Investitionen ausgeben, um die hohe Arbeitslosigkeit in einigen EU-Staaten zu bekämpfen. Die Formel der Sozialdemokraten ist simpel: Die Defizit- und Schuldengrenzen des Stabilitäts- und Wachstumspaktes werden nicht verändert, es werden nur die Regeln mit mehr Flexibilität angewandt.

Europas Sozialdemokraten einigen sich in Paris auch darauf, Jean-Claude Juncker geschlossen zu unterstützen. Dafür nennen sie freilich ihren Preis: die flexible Handhabung des Stabilitätspaktes sowie Zugeständnisse bei den Top-Jobs. So soll die Nachfolge der Hohen Beauftragten für die Außen- und Sicherheitspolitik die italienische Außenministerin Federica Mogherini übernehmen. Weiters beanspruchen die Sozialdemokraten das Amt des Ratspräsidenten für sich: Als Kandidatin wird die dänische Ministerpräsidentin Helle Thorning-Schmidt ins Spiel gebracht.

Die Antwort aus Berlin auf das Pariser Spitzentreffen folgt auf dem Fuß: Der Stabilitäts- und Wachstumspakt sei „die Grundüberzeugung, die diese Bundesregierung leitet“, lässt Regierungssprecher Steffen Seibert wissen, eine flexible Anwendung sei jedoch möglich.

Finanzminister Wolfgang Schäuble formuliert es ein wenig unmissverständlicher: „Eine Aufweichung der Defizitkriterien wollen wir nicht.“[339] Er lehnt Frankreichs Forderung, die Kosten für Reformmaßnahmen aus der Defizitberechnung auszuklammern, ab. Die Debatte, wie flexibel der Stabilitätspakt ausgelegt wird, ist eröffnet. Für die neue EU-Kommission wird das die erste Aufgabe werden.

Den britischen Premier lässt die Diskussion um die Reform des Stabilitätspakts kalt: Sein Land ist nicht beim Euro, und sich die Haushaltspolitik von Brüssel vorschreiben zu lassen, wäre für Cameron sowieso das Letzte. Was Cameron umtreibt, ist die Personalfrage. Kurz vor dem Juni-Gipfel kündigt er an, eine Kampfabstimmung darüber zu verlangen – um damit eine Niederlage im Juncker-Streit bewusst herbeizuführen. Seine Hoffnungen auf einen Pakt mit der deutschen Bundeskanzlerin sind seit dem Treffen in Schweden verflogen; Cameron steht jetzt mit seiner Europapolitik mit dem Rücken zur Wand – nicht nur in Brüssel, sondern auch in London. Das hindert ihn nicht, wie besessen an seinem Ziel festzuhalten, Juncker zu verhindern. Er will damit einen Präzedenzfall schaffen, sodass auch künftige Staats- und Regierungschefs sich nicht nach dem Willen des Parlaments zu richten haben. Die Kommission entwickle sich in den Augen der britischen Regierung zusehends zu einer „Kreatur des Parlaments“.[340] Cameron will beweisen, dass das transnationale Demokratiemodell mit den Spitzenkandidaten gescheitert sei.

Zu Camerons Enttäuschung ziehen kurz vor dem Gipfel die Schweden und Niederländer ihre Vorbehalte gegenüber Juncker zurück; auch Angela Merkel erklärt vor dem Treffen, dass es „kein Drama“ sei, wenn Großbritannien überstimmt werde.

Die anderen Top-Positionen, wie der künftige Ratspräsident, der EU-Außenbeauftragte oder ein Vollzeit-Euro-Gruppen-Chef, werden vor Beginn des Gipfels vertagt: Es gebe noch zu große Differenzen, wer welchen Job bekommen sollte.

Das Treffen beginnt Donnerstagnachmittag, den 25. Juni 2014, mit dem Gedenken des Ersten Weltkriegs in Ypern. Die Stadt im Westen Belgiens steht für das ganze Grauen des Großen Krieges. Fast über die gesamte Dauer der Auseinandersetzungen, von 1914 bis 1918, lagen sich deutsche und vor allem britische Truppen im nahezu bewegungslosen Grabenkrieg gegenüber, 1915 setzten die Deutschen an der Front in Ypern zum ersten Mal Giftgas als Waffe ein. Insgesamt starb in der Region eine halbe Million Soldaten, es gab aber auch viele Opfer in der Zivilbevölkerung.

Nach dem Festakt in Ypern und dem Besuch der Schlachtfelder des Ersten Weltkriegs ist es mit der Harmonie zwischen den EU-Granden schnell vorbei. Schon beim Abendessen im Rathaus von Ypern gehen die Wogen hoch. Den konservativen Regierungschefs passt die Debatte über eine mögliche Kursänderung der EU-Wirtschaftspolitik nicht, das große Personalpaket wird wegen Uneinigkeit nicht aufgeschnürt, Cameron und Orbán bekommen die Kampfabstimmung über Juncker.

Freitag ist es so weit. David Cameron wiederholt gebetsmühlenartig seine Vorbehalte gegen Juncker – Viktor Orbán schweigt, erzählt ein Regierungschef. Andere geben Pro-Juncker-Meldungen ab. Das Ergebnis der Abstimmung überrascht niemanden: 26 gegen 2 für Juncker – damit ist für den luxemburgischen Christdemokraten der Weg zum höchsten Amt in der EU frei. Wie turbulent die Sitzung der EU-Granden tatsächlich verläuft, bleibt offen.

Junckers Nachfolger in Luxemburg, Xavier Bettel, spielt die Dramatik hinunter: „Nein, es war nicht angespannt. Jeder hat seine Position, und jeder hat die erklärt. Aber es hat keiner geweint, es hat keiner geschrien, es ist keiner aufgestanden, und es hat keiner die Tür zugeschlagen.“[341] Ein Protokoll über die Sitzung existiert nicht.

Mitte Juli 2014 nimmt Juncker die nächste Hürde: die Wahl im Europäischen Parlament; erst danach kann er sich als neuer

Kommissionspräsident sicher fühlen – selbst wenn die Bestätigung seines gesamten Teams durch die EU-Abgeordneten noch aussteht.

Das Medienecho auf Junckers Nominierung ist ambivalent: Kritisch in alle Richtungen urteilt die linksliberale britische Tageszeitung *The Independent*: „Er ist das lebende Symbol all dessen, was in der EU heute überholt und nicht mehr aktuell ist, und auch Angela Merkel war kaum beeindruckt von seinem Management der Euro-Krise. Doch Cameron hat in einem gewaltigen politischen Fehlkalkül die Gleichgültigkeit und Abneigung in fast einhellige Unterstützung verwandelt. Dabei hat er sich in eine Ecke manövriert, wo ihm nur der autoritäre Premierminister Ungarns, Viktor Orbán, zur Seite stand. Wenn hinter diesem Reinfall irgendeine Strategie stand, dann war sie kaum zu erkennen."[342]

Die auflagenstarke niederländische Boulevard-Tageszeitung *De Telegraaf* ist ebenfalls skeptisch: „[...] im Wesentlichen ist der Mann ein Repräsentant des europäischen Luftballons, der aufgeblasen wird, bis er platzt. Werden die Briten diesen Ballon nun aufstechen? Oder geschieht das durch den Euro? Natürlich hat Europa große Vorteile: Frieden und Sicherheit, auch der Binnenmarkt. Aber danach hört es schnell auf. Mit Juncker kommt kein neuer Realismus. Der ist nun weiter weg denn je."[343]

Positiv sieht die katholische französischen Tageszeitung *La Croix* die Bestellung von Juncker: „Die Ernennung des Christdemokraten Jean-Claude Juncker zum EU-Kommissionspräsidenten ist ein Ereignis. Erstmals in der Geschichte der EU wurden die Ergebnisse der Europawahl bei der Vergabe dieses wichtigen Postens direkt berücksichtigt. Diese ungewohnte Änderung der üblichen Praxis, bei der die Staats- und Regierungschefs im geschlossenen Kreis das Monopol der Wahl behielten, hat ein Opfer gekostet: David Cameron. Der britische Premier hat nicht den neuen Gemeinschaftsgeist der Europa-Parlamentarier miteinkalkuliert. [...] Es reicht nicht, nur nationale Interessen zu verteidigen."[344]

Die *Stuttgarter Zeitung* hebt die neue „Große Koalition" der EU hervor. Angela Merkel sei in Europa „nicht geschwächt. Wohl aber sieht sie sich einem neuen Umfeld gegenüber. Renzis Auftreten zeigt dies. Merkels Alleinherrschaft ist vorüber. In Brüssel wie in Berlin regiert nun eine Große Koalition. Das zwingt zu Kompromissen. Jean-Claude Juncker ist da als Mann des Ausgleichs vielleicht gar nicht der schlechteste Kommissionspräsident. Personelle Alternativen hat ja selbst Cameron nie genannt."[345]

Merkel-kritisch fällt die Bewertung der *Neuen Zürcher Zeitung* aus: „Die Kanzlerin besaß nicht die Kraft, einen für alle Staaten akzeptablen Chef der Brüsseler Behörde durchzusetzen. Da Frankreich derzeit mit sich selbst beschäftigt ist und Großbritannien wie die Schweiz im Sumpf seiner Europa-Phobie versinken, ist wenigstens deutsche Führung notwendig. Auch wenn die Kleinen dies nicht gerne hören, kommt es doch auf die drei Großen besonders an. Die EU ist so vielstimmig, dass ohne ordnende Hand aus Pluralismus leicht Chaos wird."[346]

Sein widerspenstiges Auftreten in Brüssel bringt David Cameron auf der Insel viele Sympathien ein. „Manchmal muss man bereit sein, eine Schlacht zu verlieren, um einen Krieg zu gewinnen", sagt er bei der Pressekonferenz nach dem EU-Gipfel. In London wird er gefeiert als Märtyrer, als Regierungschef, der den Mut hat, gegen Europa aufzustehen. „Ich gebe ihm die Bestnote", urteilt Fraser Nelson, der Chefredakteur des konservativen *Spectator*. Ganz erfolglos war Camerons Kampf gegen Juncker nicht. Den EU-skeptischen Briten bringt er eine Trophäe mit – in Gestalt einer Schlusserklärung, die besagt, dass Länder das Recht haben, bei der weiteren Integration der EU nicht mitzugehen. „Das Vereinigte Königreich hat einige Befürchtungen über die künftige Entwicklung der EU vorgebracht. Diese Sorgen müssen aufgegriffen werden."[347] Ein weiteres politisches Trostpflaster ist, dass die künftigen Top-Posten nicht gegen den Widerstand eines Landes besetzt werden sollen. Zugleich wollen die

Staats- und Regierungschefs noch einmal darüber nachdenken, wie der Kommissionspräsident künftig bestimmt wird. In der Erklärung heißt es, der Gipfel werde „das Verfahren zur Ernennung des Präsidenten der Europäischen Kommission für die Zukunft überdenken – unter Respektierung der Europäischen Verträge". Die deutsche Kanzlerin Angela Merkel erklärt, man werde „die Sorgen, die Großbritannien hat, aufnehmen".

Die Botschaft des Juni-Gipfels ist eine doppeldeutige: Die offizielle ist die Nominierung von Jean-Claude Juncker. Die inoffizielle lautet: „So bitte nicht wieder!" Etliche Regierungschefs betonen hinter vorgehaltener Hand, dass sich ein Verfahren wie 2014 in fünf Jahren nicht wiederholen dürfe. Fraglich ist nur, ob das Parlament seine neu gewonnenen Spielräume und seinen Anspruch, die EU demokratischer zu gestalten, wieder aufgibt. Derzeit sieht es nicht danach aus.

DER „MANN DES WANDELS" STELLT SICH DEM EU-PARLAMENT

Im Match zwischen Europäischem Parlament und EU-Staaten steht es 1:0 – das Parlament hat sich beim Bestellungsprocedere durchgesetzt. Der vorletzte Akt findet am 15. Juli 2014 statt. Die Wahl Jean-Claude Junckers zum Kommissionspräsidenten steht auf dem Programm. Der letzte Akt ist dann die Abstimmung über die gesamte Kommission durch die europäischen Volksvertreter. „Dieser noch nie da gewesene Wahlprozess ist ein historischer Wendepunkt für die Europäische Union und für die europäische Demokratie", betont der Fraktionschef der Europäischen Sozialdemokraten, der Italiener Gianni Pittella, und fügt dem noch hinzu: „Das Parlament wird seine Macht transparent und demokratisch ausüben."[348]

Zuversichtlich äußern sich auch Abgeordnete der EVP, der Grünen und der Liberalen. Guy Verhofstadt, Chef der Liberalen, bringt es auf den Punkt: „Zum ersten Mal können die europäischen Wähler eine direkte Verbindung zwischen ihrem Abstimmungsverhalten und der Führung der EU sehen. Das ist ein wichtiger Schritt in unserer politischen Entwicklung und ein historischer Präzedenzfall."[349]

Anfang Juli 2014 konstituiert sich das Europäische Parlament neu. Als Teil des großen Personalpakets bleibt Martin Schulz für weitere zweieinhalb Jahre Präsident – das ist der Deal mit der Europäischen Volkspartei, die ab 2017 das Spitzenamt für sich reklamiert. Das Anliegen des Wahlverlierers Schulz, von der deutschen Bundesregierung als Juncker-Vize in die Kommission zu wechseln, wurde von Angela Merkel und dem CDU/CSU-Bündnis abgelehnt.

Gewählt werden Mitte Juli auch die Fraktionsvorsitzenden. Die Rechtsaußen-Gruppierung von Marine Le Pen kommt aufgrund mangelnder formaler Voraussetzungen und interner Widersprüche nicht zustande. Die Wahlgewinnerin wird bei der Suche nach einem Bündnis zur Verliererin.

Jean-Claude Juncker hat nach der offiziellen Nominierung durch die Staats- und Regierungschefs beim EU-Gipfel Ende Juni gut zwei Wochen Zeit, bei den Fraktionen im Europäischen Parlament für seine Wahl zu werben. Inhaltlich ist er gut vorbereitet; um die nötige Zustimmung zu bekommen, muss er seinen Anspruch auf Veränderung der EU-Politik glaubwürdig vermitteln – und Reformpläne präsentieren. Er startet die Gespräche bei Europas Sozialdemokraten mit einer politischen Ansage: „Ich bin nicht der Mann des Status quo, man wird nicht Kommissionspräsident, damit die Dinge bleiben wie sie sind. Nein, ich will Europa ändern, ich will der Mann des Wandels sein. Aber ich kann Europa nicht im Alleingang ändern."[350]

Juncker führt ausführliche Gespräche und stellt sich den Fragen in allen Fraktionen.[351] Er braucht mehr als nur die Stimmen der EVP – er braucht eine absolute Mehrheit von 376 der 751 Abgeordneten. Ein Großteil der Sozialdemokraten ist für ihn; dänische, britische und spanische sozialdemokratische Abgeordnete kündigen an, gegen Juncker zu votieren; Liberale und Grüne machen ihre Zustimmung von seinem Programm und seinen Zugeständnissen abhängig.

Vor der sozialdemokratischen Fraktion betont Juncker, dass er sich nicht als verlängerter Arm der EU-Staats- und Regierungschefs sieht: „Ich möchte nicht Generalsekretär des Europäischen Rates werden", er stellt aber auch klar: „Ich will auch nicht Sklave des Europäischen Parlaments sein."[352] Zur Überraschung aller bietet er den Sozialdemokraten den Kommissar für Wirtschafts- und Währungsfragen an. Diese Zusage wiegt schwer und signalisiert, dass die Wirtschafts- und Wachstumskrise sowie der Kampf gegen die Arbeitslosigkeit nur gemeinsam gelöst werden können.

Realpolitisch kann Juncker keine EU-Politik gegen die Mitgliedstaaten machen, genauso wenig wie gegen das EU-Parlament. Zwischen den Institutionen ist die nötige Balance erforderlich, aber mit Schaukelpolitik hat Juncker schließlich jahrzehntelange Erfahrungen.

In den Gesprächen geben die Abgeordneten ihm zu verstehen, dass sie seinem Kollegium nur zustimmen, wenn Frauen entsprechend vertreten sind. Mindestens neun Kommissarinnen müssen es sein – so viele hat auch die Barroso-Kommission. Juncker versteht den Wink; er bittet alle Regierungschefs, Frauen zu nominieren: „Ich warte verzweifelt auf eine genügend große Zahl an Bewerbungen weiblichen Zuschnitts“, formuliert er ein wenig unbeholfen. – Die Quote ist heilig.

Dienstag, 15. Juli 2014: Um neun Uhr morgens sind die Reihen im Plenum des Europäischen Parlaments in Straßburg geschlossen. Freunde und Feinde Junckers warten auf seine Rede. Er kommt pünktlich, leicht gebückt schreitet er im dunkelblauen Nadelstreifanzug zum Rednerpult, das Manuskript der Rede unter dem Arm. Er wirkt leicht nervös, das ist ungewohnt für den Berufspolitiker.

„Bonjour“, begrüßt er die Abgeordneten, blickt in die Menge und sagt: „Ich möchte auf die Bürger, auf ihre Sorgen und Hoffnungen eingehen. Es gibt noch einen Spielraum für Träume.“ Gleich am Beginn seiner Rede betont er neuerlich: „Ich bin kein Befehlsempfänger der Regierungen, ich bin aber auch nicht der Diener des Parlaments.“ Und: „Ich will nicht Präsident werden, damit Europa bleibt, was es ist. Ich bin ja nicht blöder als die anderen.“ Damit will er auch den von David Cameron erhobenen Vorwurf ausräumen, er verkörpere eine „alte“, bürokratische EU und habe nicht genügend Kraft und Energie, Europa und seine Bürger wieder miteinander zu versöhnen.

Juncker sprüht vor Dynamik, bei seiner Rede im EU-Parlament wirkt er alles andere als alt und verbraucht. Seine engsten Berater haben ihm eingeschärft, ja nicht zu nuscheln, sondern deutlich zu artikulieren, das merkt man. Er spricht langsam, verständlich und wechselt mühelos zwischen Französisch, Deutsch und Englisch. In der knapp einstündigen Rede – sie wird auf Euronews und über den Livestream des Parlaments übertragen – stellt er sein Programm vor. Seine angestrengten Gesichtszüge werden lockerer, als er mehrmals mit starkem Applaus unterbrochen wird.

Die Erneuerung der EU, wie Juncker sie sich vorstellt, basiert auf einer Agenda für Beschäftigung, Wachstum, Fairness und demokratischen Wandel. Europas Kampf gegen die hohe Arbeitslosigkeit und für mehr Wachstum sind seine zentralen Anliegen: „Die Krise ist nicht vorbei, solange 27 Millionen Menschen keinen Job haben." Er lasse sich von dem Prinzip leiten, „dass die Wirtschaft den Menschen zu dienen hat – und nicht umgekehrt". Wenn Juncker über die Wirtschaft redet, dann macht er das auf Deutsch, der „Sprache des Fußballweltmeisters". Wirtschaft heißt für ihn aber auch Wachstum. „Da müssen wir wieder wettbewerbsfähiger werden, wir sind zurückgefallen." Er schlägt einen Zehn-Punkte-Plan vor, um das Wachstum anzukurbeln und neue Jobs zu schaffen. Private und öffentliche Investitionen seien die beste Waffe gegen den Verlust von Arbeitsplätzen. Innerhalb der nächsten drei Jahre will er durch klügere Schwerpunkte im EU-Haushalt Privatinvestitionen stimulieren und mithilfe der Europäischen Investitionsbank, der Hausbank der EU, bis zu 300 Milliarden Euro zusätzlich mobilisieren. Ein anspruchsvolles Investitionsprogramm will er bis Februar 2015 vorlegen. Viele Abgeordnete nicken begeistert und applaudieren.

Mit einem neuen Wachstumsprogramm will Juncker „die Glaubwürdigkeit Europas zurückgewinnen", denn die Distanz zwischen den Bürgern und der EU nehme zu. Allerdings ist die Krise noch nicht vorbei. „Sie wird erst vorbei sein, wenn wir Vollbeschäftigung haben", sagt Juncker und fügt hinzu: „Ich will ein Präsident des sozialen Dialogs sein. Wir brauchen aber auch eine Wirtschaftsregierung, und das werden wir erreichen."

Juncker spricht engagiert und mit Nachdruck. Die Regeln des Stabilitätspaktes wird er nicht erlauben zu brechen, allerdings sollten innerhalb des Paktes die Instrumente flexibler genutzt werden als bisher. „Ich bin für Haushaltsdisziplin, aber nicht für exzessive Austerität." Genauso räumt er ein, dass die strikte Sparpolitik ein Fehler war, und dass die sozialen Folgen der Krise nicht vergessen werden dürfen. Die „Jugendgarantie", ein erfolgreiches Modell der österreichischen Beschäftigungspolitik, will er bis auf das 30. Lebensjahr ausdehnen. Die sogenannte Jugendgarantie besagt, dass allen jungen Menschen unter 25 Jahren innerhalb von vier Monaten nach Verlust eines Arbeitsplatzes oder der Beendigung ihrer Schulausbildung ein Arbeitsplatz, eine weiterführende Ausbildung oder ein Praktikumsplatz ermöglicht werden muss. 17 EU-Staaten haben bis zum Sommer 2014 nach dem Vorbild Österreichs ihre Umsetzungspläne für die Jugendgarantie bei der Kommission eingereicht.

Was für Jean-Claude Juncker nicht verhandelbar ist, sind die Grundprinzipien der EU: freier Personen-, Waren-, Dienstleistungs- und Kapitalverkehr. Dieser Forderung der Briten ist er nicht bereit nachzukommen.

Als der frühere Euro-Gruppen-Chef über die Gemeinschaftswährung spricht, wird es turbulent im Plenarsaal von Straßburg. „Ich bin stolz, dass Griechenland noch Mitglied der Währungsunion ist." Er sei überzeugt, dass „der Euro Europa nicht teilt, der Euro schützt Europa", sagt Juncker mit ruhiger Stimme.

Buhrufe aus den Reihen der britischen EU-Gegner und des rechtsextremen Front National erschallen. „Wir werden weiter ohne Unterbrechung gegen Sie, Herr Juncker, kämpfen", kündigt Front-National-Chefin Marine Le Pen an.

„Vielen Dank, dass Sie nicht für mich sind", entgegnet Juncker ruhig. „Ich möchte nicht die Zustimmung von denjenigen, die zurückweisen, die hassen und die ausschließen."

Beifall gibt es für Juncker von den Abgeordneten aus den Krisenstaaten, als er ankündigt, die umstrittene Troika zur

Überwachung von Hilfsprogrammen für die schwer verschuldeten Länder abschaffen zu wollen – ein Gremium, das er als Euro-Gruppen-Chef selbst mitbeschlossen hat. Das auf dem Höhepunkt der Schuldenkrise geborene Dreier-Gespann aus Vertretern der EU-Kommission, der Europäischen Zentralbank und des Internationalen Währungsfonds (IWF) soll durch ein demokratischeres Gremium ersetzt werden. Zudem solle der IWF keine Rolle mehr spielen.

Die europäische Außenpolitik will Juncker stärken, und er verlangt selbstbewusst einen „erfahrenen Politiker als EU-Außenbeauftragten". Konkrete Antworten auf Fragen, wie die künftige EU-Kommission aussehen werde, vermeidet er.

Juncker spricht auch über das Freihandelsabkommen der EU mit den USA (TTIP) – er setzt sich dafür ein, aber zu europäischen Bedingungen. Außerdem verlangt er eine Energie-Union, eine neue Migrationspolitik, einen eigenen Kommissar für Flüchtlingsfragen und für die digitale Wirtschaft. Seine Rede ist umfassend, sie bietet für jeden etwas.

So richtig emotional wird Jean-Claude Juncker am Ende seiner Rede, als er Jacques Delors, den erfolgreichsten aller bisherigen Kommissionspräsidenten, als seinen „Freund und Meister" bezeichnet. Juncker würdigt vor allem auch die Europa-Verdienste des ehemaligen französischen Staatspräsidenten François Mitterrand – und natürlich den Beitrag des ehemaligen deutschen Bundeskanzlers Helmut Kohl, mit dem Juncker eng befreundet ist und für den er immer noch der „Junior" ist.

Am frühen Nachmittag wird nach ausgiebiger Diskussion im Plenum des Parlaments über Juncker geheim abgestimmt: Er gewinnt mit deutlicher Mehrheit: 422 Pro-Stimmen entfallen auf Juncker, 250 votieren gegen ihn, es gibt 47 Enthaltungen und zehn ungültige Stimmen. Insgesamt werden 729 Stimmen abgegeben. 376 Stimmen sind für die Wahl erforderlich.

Vor der Abstimmung haben die Vorsitzenden der drei stärksten Fraktionen – EVP, Sozialdemokraten und Liberale – Juncker ihre Unterstützung zugesagt. Seine Mehrheit basiert auf dieser „Belgien-Koalition" (EVP/schwarz, Liberale/gelb, Sozialdemokraten/rot). Auch rund ein Drittel der Grün-Abgeordneten wählte Juncker. Durch diese Wahlallianz ist sichergestellt, dass EU-Skeptiker und Extreme jeglicher Couleur nicht die Agenda der Volksvertretung bestimmen können.

Die Freude darüber ist Juncker sichtlich anzumerken: Er strahlt über das ganze Gesicht, die Atmosphäre ist amikal. Er fühlt sich im Europäischen Parlament zu Hause, als Freund unter vielen Freunden. Parlamentspräsident Martin Schulz kommt zu ihm, wie alte Freunde fallen sich die Kontrahenten der EU-Wahl um den Hals.

„Der heutige Tag ist ein historischer. Es wurde eine fundamentale Richtungsänderung in den Strukturen der EU erreicht", resümiert der Parlamentspräsident. Er wünscht Juncker „Glück auf" und schlägt vor, ihm das Abstimmungsergebnis schriftlich zu übermitteln. „Aber bitte schicken Sie die Kopien an alle in der EU", spielt der neue Kommissionspräsident offenbar auf Großbritannien und Ungarn an. – Die Premiers dieser beiden Länder haben im Europäischen Rat gegen Juncker gestimmt.

Mit dem überwältigenden Votum für Juncker erreicht ein riskantes Demokratie-Experiment seinen vorläufigen Höhepunkt. In einem beispiellosen Machtkampf mit den EU-Staaten schaffte es das Parlament, den Sieger der Europwahl vom 25. Mai 2014 an die Spitze der mächtigen EU-Behörde zu bringen.

Umgehend gratuliert auch Bundeskanzlerin Angela Merkel. „Die Wahl ist ein gutes Zeichen für die Handlungsfähigkeit Europas", lässt sie von der Balkan-Konferenz in Dubrovnik ausrichten. Juncker genießt die Glückwünsche, die parteiübergreifend aus ganz Europa eintreffen. Auch Russlands Präsident Wladimir Putin gratuliert und verknüpft seine Wünsche mit Hoffnungen auf bessere Beziehungen zur EU.[353]

Zum Ausruhen hat Juncker keine Zeit. Nur einen Tag nach der Wahl im Europäischen Parlament findet ein informelles Treffen der Staats- und Regierungschefs zum Personalpaket statt. Dort stellt Juncker sein Arbeitsprogramm vor.

DIE ZUKUNFT EUROPAS – JUNCKERS ARBEITSPROGRAMM BIS 2020

Was die Europäische Union – und ihre Zukunft – betrifft, so hat sich Jean-Claude Juncker nie als Visionär gesehen. Er zählt sich vielmehr zu den „Euro-Realisten", das seien jene, „die versuchen, dem gesunden Menschenverstand politische Form zu geben, was eigentlich ein relativ schwieriges Unterfangen ist, weil der gesunde Menschenverstand relativ unterschiedlich unter den breiten Volksmassen verteilt ist. Also bin ich für eine sehr realistische Herangehensweise."[354]

Diese realistische Herangehensweise baut auf dem Grundkonsens auf, dass die Menschen Europa im Prinzip wollen – trotz eines ausgeprägten Europa-Skeptizismus in so gut wie allen Mitgliedsländern. Das sei kein aktuelles Phänomen, sondern vielmehr eine ausgeprägte europäische Stimmungskonstante. Nachdenklich macht Juncker der Befund, dass „es überall Gräben zwischen Politik, den Bürgern und der öffentlichen Meinung gibt. Warum soll ein europäisches Volk, das es ja nicht gibt, zufriedener mit der europäischen Politik sein, wenn es nicht zufrieden ist mit der nationalen Politik? Es gibt ja in Brüssel niemanden, der europäische Politik gestaltet, als die nationalen Politiker. Die Europäische Kommission hat eine andere Aufgabe."[355]

Für „seine", die EU-Kommission von 2014 bis 2019, präsentiert Juncker in seiner Rede im Europäischen Parlament folgende inhaltliche Schwerpunkte.[356] Der neue Kommissionschef stellt sich als Mann des Kompromisses vor, der einem breiten politischen Spektrum etwas anzubieten hat. Sein „Zehn-Punkte-Programm für Jobs, Wachstum, Fairness und demokratischen Wandel" besteht aus Forderungen verschiedener politischer Gruppen. In der von Italien und Frankreich forcierten Debatte um die Ausgestaltung der Haushaltspolitik plädiert Juncker für Stabilität, ist aber auch bereit, die im Stabilitätspakt vorgesehene Flexibilität künftig „verstärkt zu nutzen".

Er spricht sich für den Abschluss des Freihandelsabkommens zwischen der EU und den USA (TTIP) aus, ohne dass die Standards beim Datenschutz und der Lebensmittelsicherheit aufgeweicht werden. Er will einen transparenteren EU-Gesetzgebungsprozess, weniger Bürokratie und mehr Subsidiarität. Das heißt, die EU müsse nicht jede Kleinigkeit regeln, die auf nationaler oder regionaler Ebene besser und effizienter durchgeführt werden kann.

Juncker will außerdem einen digitalen Markt schaffen, der die Wirtschaftspolitik der einzelnen Mitgliedsländer stärker als bisher koordiniert; und der Euro-Gruppen-Chef soll zu einer fixen und hauptberuflichen Funktion werden.

Den Internationalen Währungsfonds will Juncker künftig aus der Troika heraushalten, die die Sanierung von Schuldenstaaten überwacht. Stattdessen sollen die Euro-Finanzminister im Gremium vertreten sein. Damit will Juncker ein Konstrukt korrigieren, das er – als Euro-Gruppen-Vorsitzender – selbst beschlossen hat. Sogar an die EU-skeptischen Briten will er Zugeständnisse machen: Er ist bereit, die Rückübertragung von Zuständigkeiten an die nationalen Regierungen zu verhandeln. Davon ausgenommen sind jedoch freilich die vier Grundfreiheiten der EU: freier Personen-, Güter-, Dienstleistungs- und Kapitalverkehr.

Ein wichtiges Thema bildet für Juncker die Arbeitslosigkeit – vor allem die hohe Jugendarbeitslosigkeit. Um diese besser als bisher bekämpfen zu können, kündigt er ein Paket zur Förderung von Jobs und Wachstum an. Dieses Projekt soll in drei Jahren bis zu 300 Milliarden Euro an öffentlichen und privaten Investitionen mobilisieren. Als Bereiche für Investitionen nennt er die Breitband- und Energienetze sowie die Verkehrsinfrastruktur.

Innerhalb der Währungsunion sollen Anreize für Staaten geschaffen werden, um ambitionierte wirtschaftliche Reformen auf den Weg zu bringen. Auch ein zentrales Wahlversprechen nimmt Juncker in sein Arbeitsprogramm auf: die Einführung eines Mindestlohns in allen Mitgliedsländern. Dieser soll an die Wirtschaftskraft des jeweiligen Landes angepasst sein.

Es ist ein ambitioniertes Programm, das der neue Kommissionspräsident da präsentiert. Ein Patentrezept zu einer stetig neuen Begründung von Europa hat der Luxemburger freilich nicht. „Man kann sich nur jeden Abend vor die Nachrichtensendungen setzen und sich beim Anblick des ganzen Leides, das es in der Welt gibt, die Frage stellen, warum passiert das zurzeit nicht mehr in der Europäischen Union?“[357]

Vieles wäre auf nationaler Ebene nicht möglich, wenn es den europäischen Impetus, den europäischen Ansatz, nicht gäbe. „Wir sind in der Frauenfrage noch nicht da, wo wir sein sollten. Aber wir wären noch nicht einmal auf halber Strecke, wenn es nicht die europäischen Richtlinien über Gleichstellung geben würde.“ Jahrzehnte hätte es gebraucht, um auf nationaler Ebene dahin zu kommen, wo die Europäische Union dank ihrer Gesetzgebung jetzt sei. Die nationalen Regierungen seien besonders in die Pflicht zu nehmen. „Ich denke mir, dass Politiker auf der nationalen Ebene Europa sehr oft schlechtreden, um selbst gut auszusehen. Denn: Wenn wir Europa gutreden, würden wir schlechter aussehen, weil erkennbar wäre, dass wir nicht imstande sind, die Verhältnisse alleine zu ordnen, auch wenn es schön ist, so zu tun, als wäre man der alles Regelnde. Alles Regelnde sind Diktatoren. Und die gibt es nicht mehr.“

In Europa sei es schick geworden zu erklären, dass man nationale Interessen vertreten muss, ja es gehöre fast zum guten Ton, über Brüssel zu schimpfen. Jeder Politiker fühle sich als „der größte aller zur Zeit zu besichtigenden Staatsmänner“, wenn er aus Brüssel nach Hause kommt und sagt, er hätte sich in Brüssel durchgesetzt. „Niemand setzt sich in Brüssel durch! In Brüssel gewinnt Europa – oder verliert Europa.“

KOMMISSARE – UND KOMMISSARINNEN – GESUCHT: NERVENAUFREIBENDE TEAMSUCHE BIS ZUM ENTSCHEIDENDEN PERSONALGIPFEL AM 30. AUGUST 2014

Wie wird Jean-Claude Juncker die neue Kommission besetzen? – Ein Gerücht jagt das andere, und gesicherte Informationen gibt es selbst im Kreis der EU-Botschafter oder unter gut informierten Experten nicht. Seit Wochen wird spekuliert, wer neben Juncker die Top-Jobs in der EU bekommen soll. Es geht um die Nachfolge von Catherine Ashton als Hohe Beauftragte für die EU-Sicherheitspolitik, um den Ratspräsidenten sowie um den hauptberuflichen Euro-Gruppen-Chef.

Der eben erst gewählte Kommissionspräsident ist zum Abendessen eingeladen. Es geht um viel: Den lupenreinen Intergouvernementalisten unter den EU-Regierungschefs mit Angela Merkel an der Spitze ist die Personalauswahl und die damit verbundene starke Rolle des Europäischen Parlaments entglitten; Personal-Experimente soll es nicht mehr geben. Die Kandidatensuche läuft mühsam und wenig harmonisch – noch kurz vor dem Gipfel ist offen, ob und wie viele Posten bereits verteilt sind. Traditionsgemäß gilt es einen Ausgleich zwischen den großen Parteienfamilien, zwischen Nord-, Süd-, Ost- und Westeuropa, zwischen Staaten innerhalb und außerhalb der Eurozone, zwischen alten und neuen Mitgliedsländern sowie zwischen den Geschlechtern zu finden. Mindestens einer der hohen Posten sollte mit einer Frau besetzt sein.

Täglich nehmen neue Kandidaten auf dem Posten-Karussell Platz. Früh haben Italiens Ministerpräsident Matteo Renzi und die sozialdemokratischen Regierungschefs die italienische Außenministerin Federica Mogherini für die Ashton-Nachfolge ins Spiel gebracht – als Gegenleistung für ihre Zustimmung zu Juncker. Deutschland verlängert seinen bisherigen Kommissar für Energie,

Günther Oettinger, für eine zweite Amtszeit. Für Österreich geht Regionalkommissar Johannes Hahn in die Verlängerung.

Am dringendsten ist die Bestellung des Außenbeauftragten, der als Mitglied der EU-Kommission vom EU-Parlament bestätigt werden muss. Der polnische Außenminister Radosław Sikorski ist vielen zu einseitig und zu USA-freundlich; die italienische Chefdiplomatin Federica Mogherini gilt vielen als zu unerfahren – und den Osteuropäern als zu Russland-freundlich. Als Kompromisskandidatin wird die konservative bulgarische EU-Kommissarin für humanitäre Hilfe, Kristalina Georgiewa, in Stellung gebracht. Am dringendsten ist die Klärung der Nachfolge von Catherine Ashton.

Als möglicher neuer, hauptberuflicher Chef der Euro-Gruppe wird der spanische Finanzminister Luis de Guindos gehandelt.

Der Gipfelbeginn wird um zwei Stunden nach hinten verschoben. Statt um 18.00 Uhr soll er jetzt um 20.00 Uhr beginnen. Der Grund? – „Es gibt noch Gesprächsbedarf", heißt es lapidar.

Da Juncker ein Christdemokrat ist, drängt sich als Ratspräsident ein Sozialdemokrat oder eine Sozialdemokratin auf, und immer häufiger fällt für diesen Posten der Name der dänischen Ministerpräsidentin Helle Thorning-Schmidt. Es gibt aber Vorbehalte: Dänemark ist kein Euroland. „Kein Problem", sagt im Vorfeld Angela Merkel, die ganz offensichtlich Sympathien für die Skandinavierin hat. Die beiden trafen einander zuvor schon in Berlin. Thorning-Schmidt ist keine linke Sozialdemokratin, sie unterhält enge Beziehungen zur Regierung in London. Immerhin ist sie mit einem Briten verheiratet – dem Sohn des ehemaligen EU-Kommissars Neil Kinnock, einem Labour-Politiker. Die elegante, groß gewachsene Dänin mit dem Faible für Handtaschen, High Heels und enge Kostüme kann gut mit Konservativen. Das ist nicht unbedingt ein Fehler, vielmehr zeichnet es sie für den Job als Chefin des Europäischen Rates aus.

Nach einem viele Stunden dauernden Abendessen endet das EU-Treffen ohne Personalentscheidungen. Diesmal ist es nicht David Cameron, der den Gipfel scheitern lässt. Es ist die tiefe Uneinigkeit der Mitgliedsländer und der politischen Lager bei der Vergabe der Spitzenämter.

Dass sich die Regierungschefs ohne gänzliche Einigung in die Sommerpause verabschieden, hinterlässt ein fatales Bild: Europas Führungspersonal geht es allein um Jobs, nicht um die Lösung von Problemen und auch nicht um ein starkes Signal an die EU-kritische Öffentlichkeit, handlungsfähig zu sein. Das Vorgehen der EU-Granden bestätigt die Europa-Skeptiker in allen ihren Vorurteilen. Die Chance auf einen Neuanfang nach der Juncker-Wahl ist vertan. Der dritte Gipfel zur Vergabe der wichtigen Posten scheitert an nationalen Egoismen und Befindlichkeiten sowie an einem alten Bestellungsmuster entlang von Regional-, Parteien- und Geschlechterproporz.

Einer der Anwesenden, Italiens Premier Matteo Renzi, spricht es deutlich aus. In seinem Redebeitrag während des Abendessens übt der 39-Jährige ungewöhnlich harsche Kritik am Gipfelmanagement von Ratspräsident Van Rompuy. „Das nächste Mal reicht eine SMS vorher, dass es noch keine Einigung gibt, und dann sparen wir uns die Kosten für die Staatsflüge nach Brüssel", wird Renzi von italienischen Diplomaten zitiert; einige Regierungschefs bestätigen diese Aussage nach dem Treffen. Der erfolgsverwöhnte ehemalige Bürgermeister von Florenz wittert in Brüssel „Mandarine der Verweigerung"[358] und scheut das Duell mit den Technokraten nicht.

Die Zurechtweisungen folgen umgehend: „Die europäischen Kollegen sind entschlossen, den Regierungschef aus Rom zu disziplinieren."[359] Er habe einen „erratischen Zirkus" aufgeführt, sagt einer der Teilnehmer über den Italiener.[360]

„Renzi holt sich eine erste Abfuhr aus Europa", titelt *Die Welt*.[361]

Diplomatische Spielregeln verbieten es, Ärger und Kritik direkt zu adressieren. Demokratiepolitisch ist das bedenklich. – Aber gerade deswegen ist Renzi der neue Star.

Die heftigen Reaktionen auf Renzi sind auch darauf zurückzuführen, dass er zum Auftakt des italienischen EU-Vorsitzes am 1. Juli 2014 Selbstkritik an der Performance der EU geäußert hat. „Wenn Europa heute ein Selfie machen würde, welches Bild würde es zum Ausdruck bringen?", fragt sich Renzi. „Es würde ein Gesicht zeigen, das sehr müde geworden ist, das schon aufgegeben hat", sagt er. Europa biete „ein Gesicht der Langeweile". Dies sei unverständlich, denn „die Welt bewege sich mit ungeheuerlicher Geschwindigkeit weiter", erklärt der Premier bei seiner Rede am 2. Juli vor den EU-Abgeordneten in Brüssel.[362] Er verspricht, dass Italiens EU-Vorsitz „die Seele Europas wiederfinden" wolle.

Der Italiener redet frei, erfrischend und führt einen neuen Stil, eine neue Direktheit, bei den Gipfeltreffen ein, die eigentlich streng geheim und hinter verschlossenen Türen ablaufen. Vieles von dem, was im Sitzungssaal besprochen wird, dringt nie an die Öffentlichkeit. (Manches allerdings schon, weil einige der Anwesenden ein Bedürfnis nach Transparenz haben.) Renzis Art wird jedenfalls nicht von allen goutiert. Dieser bittet daraufhin seine Amtskollegen, ihm ganz offen zu erklären, warum sie gegen seine Kandidatin als EU-Chefdiplomatin seien? Und ob es denn Beweise für die angebliche Russland-Freundlichkeit von Außenministerin Federica Mogherini gebe? – Niemand meldet sich zu Wort.

Mehr Konfrontationen im innersten Kreis der Mächtigen – und mehr Transparenz nach Gipfeltreffen – könnten dem Vertrauen in die Politik und der Glaubwürdigkeit der europäischen Repräsentanten nur dienlich sein … Würden die Staats- und Regierungschefs Konsequenzen aus diesem missglückten EU-Sondertreffen ziehen und mehr Mut beweisen – wie Renzi –, dann stünden sie künftig wohl besser da, auch bei ihren Wählern.

Die auflagenstarke niederländische Zeitung *De Telegraaf* stellt nach dem gescheiterten Gipfel die Frage, was „der Bürger von diesem Postengeschacher hat? [...] Das Ansehen der EU ist bereits schlecht und derartige Übereinkünfte hinter verschlossenen Türen nähren den Verdacht, dass Politiker mehr mit ihren eigenen Karrieren beschäftigt sind als mit dem Anpacken großer Probleme wie der Arbeitslosigkeit und der nur schwachen wirtschaftlichen Erholung."[363]

Renzi betont beim Gipfel auch, dass der neue Ratspräsident nicht nach parteipolitischen Kriterien ausgewählt wird: „Er soll alle vertreten."[364]

Meisterhaft spielt Ratspräsident Van Rompuy die Krise herunter: „Es ist ein bisschen unglücklich, aber nicht dramatisch, überhaupt nicht dramatisch." Manche behaupten, er selbst will noch keine Nachfolgerin oder noch keinen Nachfolger an seiner Seite dulden, sein Mandat läuft noch bis Ende November 2014.

Auch Bundeskanzlerin Angela Merkel verheißt zur Mitternacht, dass alles gut werde: „Ich bin ganz optimistisch, dass Schritt für Schritt, Zug um Zug sich das ergibt."[365] – „Das" ist das Personalpaket.

Von internationalen Kommentatoren wird der Rekrutierungsprozess mit Häme und Verwunderung quittiert. „Kein Unternehmen oder Staatsdienst würde das Führungspersonal so auswählen, wie es die Europäsche Union macht", schreibt Paul Taylor in der *International New York Times*.[366]

– Und die Hängepartie geht weiter: In der Nacht von 16. auf 17. Juli vereinbaren die 28 Staats- und Regierungschefs einen weiteren Personalgipfel für den 30. August. Während die europäischen Lenker nach dem gescheiterten Gipfel in den frühen Morgenstunden des 17. Juli übermüdet in ihre Hotels oder zu den wartenden Flugzeugen steuern, rechnen EU-Diplomaten mit Kalendern in den Händen vor, dass es nur mit ganz viel Glück und gutem Willen möglich sein werde, noch vor Ende Oktober – wenn das Mandat der Barroso-Kommission ausläuft – ein Führungsteam zu installieren. Neben der

Bestellung der Top-Jobs müssen sich sämtliche Kommissare noch einem Hearing im Europäischen Parlament stellen, wo die Europa-Parlamentarier den Kandidaten harte Fragen stellen werden. Erst danach findet die Wahl der gesamten Kommission statt.

Schon ist in Brüssel von einem Fehlstart Junckers die Rede – was aber falsch ist. Den Job des Ratspräsidenten sowie des Euro-Gruppen-Vorsitzenden entscheiden die EU-Granden, der Hohe Beauftragte wird gemeinsam mit dem Kommissionspräsidenten vereinbart. Für Juncker heißt es noch einmal warten; er kann sein Team erst beim August-Gipfel präsentieren. Er ersucht die Staats- und Regierungschefs, bis Ende Juli die Namen der Kommissarinnen und Kommissare bekannt zu geben. Juncker darf sich über sein Team Gedanken machen, aber er kann es noch nicht endgültig bilden.

Am 1. August veröffentlicht die Deutsche Presse-Agentur die Liste der Nennungen: Drei Staaten (Belgien, Dänemark, Bulgarien) haben offiziell keine Kandidaten genannt; unter allen Nennungen befinden sich vier Frauen; Slowenien und die Niederlande haben je drei Kandidaten genannt, darunter auch Frauen. Erfüllt Juncker die Frauenquote nicht – mindestens neun Kommissarinnen, so wie bisher –, ist der Konflikt mit den EU-Regierungen, die Junckers Ansinnen nach mehr Frauen torpedieren, und dem Europäischen Parlament vorprogrammiert. „Ein Männerklub wird im Parlament durchfallen", warnt Parlamentspräsident Martin Schulz. Die Frauenfrage beschäftigt Juncker den ganzen Sommer – und auch die Frage, wer EU-Chefdiplomat oder EU-Chefdiplomatin wird.

Gleich drei Länder nominieren ihre Kandidaten für den Posten des Hohen Beauftragten. Italien mit seiner Außenministerin Federica Mogherini, Polen mit Außenminister Radosław Sikorski und Bulgarien mit Kristalina Georgiewa.

Italiens Ministerpräsident Matteo Renzi schickt einen Brief an Juncker und lässt den „lieben Präsidenten" wissen, dass Italien Frau Mogherini „als Kandidatin für den Posten der Hohen Repräsentantin und Vizepräsidentin der Kommission“ nominiere. „In Freundschaft, Matteo Renzi.“

Der Sommer verläuft turbulent, die EU spielt auf Zeit. Das Mandat der Kommission könnte auch verlängert werden, der Ratspräsident scheidet erst im November aus dem Amt – so einfach klingt das, wenn das EU-Führungspersonal keine Entscheidungen trifft.

Die Berufung der Kommissionsmitglieder ist der erste Lackmustest für die Reformbereitschaft wie für die Durchsetzungsfähigkeit Junckers. Die entscheidende Frage ist, ob er sein Versprechen, der Kompetenz Vorrang vor reinem Proporz bei der Zusammensetzung seines Teams zu geben, auch tatsächlich einhält. Dazu gehört auch, die Arbeit der Kommissare im Hinblick auf die wirklich großen Aufgaben der EU neu zu strukturieren, um den Bürgern künftig sinnlose Richtlinien à la Olivenöl-Kännchen zu ersparen und eine Politik zu betreiben, die Junckers Ziele, die Arbeitslosigkeit zu senken sowie Wachstum und Wettbewerbsfähigkeit zu fördern, umsetzt.

Bis zum Gipfeltreffen nach der Sommerpause am 30. August ringt der designierte Kommissionpräsident, sein Führungsteam so zusammenzustellen, dass eine entsprechende Zahl von Frauen vertreten ist – sein erster Machtkampf mit der Riege der Regierungschefs. Die Mitgliedsländer kommen Junckers Appell, ausreichend Frauen zu entsenden, zunächst nur zögernd nach. In seinem ersten Interview nach seinem Urlaub am Wilden Kaiser in Tirol und eine Woche vor dem Personalgipfel in Brüssel antwortet Juncker auf die Frage, ob der neuen Kommission hauptsächlich Männer angehören werden, mit drastischen Worten: „Man sollte es eigentlich nicht für möglich halten, dass man diese Frage im Jahr 2014 noch stellen muss. Doch leider ist es so, dass trotz meiner wiederholten ausdrücklichen Aufforderung an alle nationalen Regierungen mir die meisten männliche Kommissarsanwärter schicken wollen.“ Und weiter: „Eine

Kommission, in der es keine signifikante Anzahl von weiblichen Kommissaren gibt, wäre deshalb aus meiner Sicht wenig legitim und kaum repräsentativ."[367]

Juncker kämpft und spielt mit hohem Einsatz: Dabei geht es nicht nur um die Frauenquote (mindestens neun weibliche Mitglieder sind die Bedingung des Europäischen Parlaments für seine endgültige Zustimmung zum gesamten Kollegium), sondern auch um eine grundlegende Reform der Kommission. Von einer *Europäischen Regierung* wird in Brüssel gesprochen. Ein Schreckgespenst für viele EU-Skeptiker, die pure Provokation für alle, die das europäische Projekt ablehnen. „EU-Regierung", das ist nicht nur ein flotter Begriff, für Juncker hat er Substanz – er plant nämlich den größten Umbau der Europäischen Kommission seit ihrer Gründung. Er will die Kommissare inhaltlich entlang seiner europäischen Kernprojekte gruppieren. Konkret will er die 27 Kommissare – Juncker eingerechnet umfasst die Kommission 28 Mitglieder – in sieben Gruppen aufteilen: Diese Gruppen sollen Junckers Kernprojekte vorantreiben. Das sind: Beschäftigung, Wachstum und Investitionen, digitaler Binnenmarkt, Energieunion und Klimapolitik, eine starke und faire Wirtschafts- und Währungsunion, Entbürokratisierung und eine bessere Kooperation zwischen den EU-Institutionen, ein effizientes EU-Budget sowie die EU-Außen- und Sicherheitspolitik. Ein Schwerpunkt ist die Umsetzung des 300-Milliarden-Euro-Investitionspaketes, die Einführung sozialer Mindeststandards für grenzüberschreitend tätige Arbeitnehmer, eine gemeinsame Migrationspolitik und mehr Transparenz bei internationalen Freihandelsabkommen. „Das sind Bereiche, in denen die Europäische Union in den kommenden Jahren wirklich etwas bewegen kann und muss."[368]

Jede Projektgruppe soll von jeweils einem Vizepräsidenten geleitet werden. Diese „Super"-Kommissare sind politisch für die Realisierung der Projekte verantwortlich, unterstützt werden sie in ihrer Arbeit von sogenannten Fachkommissaren. „Ich möchte, dass die Europäische Union künftig in großen Fragen Größe und Ehrgeiz zeigt und sich in kleinen Fragen durch Zurückhaltung und Bescheidenheit auszeichnet", kündigt Juncker an.[369]

Zentraler Punkt der Junckersch'en Reform ist nicht nur die grundsätzliche Umstrukturierung und Modernisierung der Brüsseler Behörde, sondern auch ein neues Image. Er will damit der jahrelangen Kritik begegnen, die Kommission sei eine schwerfällige Bürokraten-Hochburg, die an den Sorgen und Bedürfnissen der Menschen vorbei agiere. „Die Kommission soll sich künftig auf das Wesentliche konzentrieren und die Bürger nicht mit der Regulierung ihres Alltags belästigen. Weniger ist für mich deshalb mehr, wenn es um die Aktivitäten der neuen Kommission geht", skizziert Juncker seine Pläne. Keine „Schreibtischtäter" sollen die Kommissare sein – und er will auch, dass sie sich „regelmäßig vor Ort in den Mitgliedstaaten und in den Regionen Europas der Diskussion mit den Bürgern stellen. Europa muss politischer werden, und dazu gehört die regelmäßige Tuchfühlung auf den Marktplätzen."[370]

Diese prinzipiellen Überlegungen Junckers für eine Europäische Regierung wurden vor dem Personalgipfel am 30. August 2014 bekannt. Erstaunlich, dass von den EU-Regierungschefs keine ablehnenden Reaktionen kamen, obwohl deren Grundhaltung ist, um keinen Preis Kompetenzen abgeben zu wollen. Junckers Schachzug ist wohl deshalb geglückt, weil er die Mechanismen der Macht der Regierungschefs kennt und sie deswegen umso leichter nützen – und subversiv unterwandern – kann. Er handelt generell nach dem Motto: *Aus der Kritik der alten Kommission die neue finden.*

Wie strategisch Juncker bei der Zusammenstellung seines Teams vorgeht, zeigt letztlich die rasche Personalentscheidung beim Gipfel. Innerhalb von nur einer Stunde sind sich die EU-Granden über die Führungsfiguren an der EU-Spitze einig.

Für die Nachfolge der EU-Außenbeauftragten Lady Catherine Ashton galt die sozialdemokratische italienische Außenministerin

Federica Federica Mogherini als Favoritin. Sie setzt sich durch, obwohl sie zuvor viele Konservative als „unerfahren“, als „zu jung“ und „zu Russland-freundlich“ kritisierten. Trotz dieser nicht sehr schmeichelhaften und unqualifizierten Bemerkungen mehrheitlich konservativer Politiker schaffte es Mogherini – auch mit Unterstützung der sozialdemokratischen Regierungschefs.

Zum Nachfolger des belgischen Ratspräsidenten Herman Van Rompuy wird der polnische Premier Donald Tusk bestimmt. Der konservative Politiker aus Warschau ist ein deutliches Signal der Stärkung der osteuropäischen Mitglieder innerhalb der EU und ein klares Statement in einem Moment dramatischer Ereignisse in der Ost-Ukraine.

Dieser raschen Personalentscheidung gingen tagelange Konsultationen zwischen Juncker und den EU-Regierungschefs voran, dem britischen Premier David Cameron kam dabei die Rolle zu, Tusk wenige Tage vor dem Gipfel als Top-Kandidaten ins Spiel zu bringen.

Die Spitzenpositionen sind ausgewogen nach Parteifarbe und Geografie besetzt. Juncker steht jetzt der Kraftakt bevor, neben Mogherini sein Team aufzubauen.

Im Halbstundentakt interviewt er die von den EU-Regierungen nominierten Kandidaten für die Kommissarsposten. Dabei ist ihm nicht nur die Präferenz für ein Dossier wichtig, sondern auch eine europäische Einstellung – Herz und Leidenschaft für Europa.

Am 5. September legt er die Liste der Kommissare – vorerst noch ohne Ressortzuteilung – vor. Die Zusammensetzung spiegelt die politische Landkarte der EU wider: 14 Kommissare sind konservativ beziehungsweise christdemokratisch und gehören der Parteienfamilie der Europäischen Volkspartei (EVP) an, acht sind Sozialdemokraten (S&D), fünf Kommissare sind Liberale, und der britische Kommissar Jonathan Hill gehört einer europa-skeptischen Partei (Europäische Konservative und Reformisten) an.

Die Liste weist außerdem fünf ehemalige Regierungschefs auf – und neun Frauen. Juncker hat es damit geschafft, in seiner Kommission auf jene Zahl an weiblichen Mitgliedern zu kommen, die auch die Barroso-Kommission (2009–2014) hatte. Der Erfüllung dieser Frauenquote ging durchaus Druck vonseiten Junckers voraus, indem er den EU-Regierungen mit subtiler Rache drohte: „Weibliche Kommissare werden dann sicherlich sehr gute Chancen auf ein wichtiges Portfolio oder den begehrten Posten eines meiner Stellvertreter haben."[371]

Am 10. September 2014 stellt Juncker sein Team in Brüssel vor. Zuvor hat er tage- und nächtelang mit den nominierten Kommissaren und den Regierungen um die Zuordnung der Ressorts gerungen. Mit Spannung wird sein erster großer Auftritt im Pressezentrum der EU-Kommission im Brüsseler Berlaymont-Gebäude erwartet. Souverän präsentiert er die Kommissare und ihre Portfolios, erläutert die neue Struktur der Aufgabenverteilung und sein Programm. Es ist eine Regierungserklärung, wie es sie noch nie zuvor in der EU-Kommission gegeben hat. Erleichtert stellt er fest, dass er die Frauenquote erreicht hat. Fünf Regierungschefs und etliche ehemalige Minister gehören seinem Team an, das signalisiert höchste Professionalität. Junckers rechte Hand ist der ehemalige niederländische Außenminister Frans Timmermans, er ist der „Erste Vizepräsident" und für umfassende Reformen der Kommission und mehr Bürgernähe zuständig. „Europa und die Europäische Union befinden sich in einer Erklärungskrise", sagt Juncker. Er will, dass die Europäer stolz auf die Europäische Union sind".[372] Die EU sollte den Bürgern etwas bringen, und dafür wird auch Timmermans sorgen müssen.

Neben Timmermanns gibt es noch sechs weitere Vizepräsidenten, drei davon sind Frauen. Diese Vizepräsidenten haben Schlüsselfunktionen inne und sind zuständig für die Durchsetzung der großen Kernprojekte. Sie sind „Koordinatoren, Animateure und Teamleader in der Kommission", sagte Juncker. (Siehe Liste mit der vollständigen Kommission im Anhang.)

Einen Tag nach der Präsentation legt Juncker los: Außerhalb von Brüssel, abgeschottet vom Trubel der Stadt und der Hektik in der Kommission, versammeln sich die neuen Kommissare zu einer Klausur. Atmosphärisch geht es um das Kennenlernen, inhaltlich um die thematische Abstimmung und die Vorbereitung auf die Anhörungen im Europäischen Parlament. Die Kommissare bekommen einen umfassenden Fragebogen von den jeweiligen Ausschüssen im Europäischen Parlament zugesandt. Ende September beginnen die dreistündigen Hearings vor den EU-Abgeordneten. Sollte ein Kandidat nicht den Erfordernissen und Kriterien entsprechen, legt das Parlament dem Kommissionspräsidenten nahe, diese Person auszutauschen. Sofort nach Bekanntwerden der Portfolios hat es Kritik der Europa-Abgeordneten an der Zuständigkeit des konservativen, EU-skeptischen britischen Kommissars Jonathan Hill gegeben. Er ist für Finanzdienstleistungen und die Bankenunion zuständig. Sozialdemokratische und grüne EU-Parlamentarier fürchten, er könnte die Banken- und Finanzmetropole London bevorzugen und britische Interessen vertreten, was Briten-Premier David Cameron schon angekündigt hat. Bedenken gibt es auch gegen die ehemalige slowenische Ministerpräsidentin Alenka Bratusek, sie hat sich nach verlorener Parlamentswahl selbst nominiert.

Nach der Anhörung und der Bewertung der Kommissare durch die EU-Abgeordneten stimmt das Parlament über die gesamte Kommission ab. Wird Junckers Team akzeptiert, kann das Kollegium Anfang November 2014 die Amtsperiode von fünf Jahren antreten.

Klappt der Bestellungsprozess, hat Juncker alle Anforderungen an eine starke und überzeugende europäische Führungspersönlichkeit erfüllt. Er hat damit alles erreicht, was ein europäischer Politiker nur erreichen kann: Er war langjähriger Ministerpräsident Luxemburgs, Vorsitzender der Euro-Gruppe und ist jetzt Präsident der Europäischen Kommission. Ein Politiker aus einem kleinen Land wird zum großen europäischen Politiker.

ANHANG

JUNCKERS TEAM: DIE NEUE EU-KOMMISSION IM ÜBERBLICK

Kommissonspräsident Jean-Claude Juncker steht an der Spitze des folgenden Teams, das er am 10. September 2014 in Brüssel vorgestellt hat.

BELGIEN: Marianne Thyssen (58), Christdemokratin, belgische Europa-Abgeordnete. Sie wird Kommissarin für Beschäftigung, soziale Angelegenheiten, Qualifikationen und Mobilität der Arbeitnehmer.
BULGARIEN: Kristalina Georgiewa (61), Konservative, bisherige EU-Kommissarin für humanitäre Hilfe und Krisenschutz. Sie wird nun Vizepräsidentin der EU-Kommission und verantwortlich für Haushalt und Personal.
DÄNEMARK: Margrethe Vestager (46), Sozialliberale, frühere dänische Ministerin für Wirtschaft und Inneres. Sie übernimmt das Amt der Wettbewerbskommissarin.
DEUTSCHLAND: Günther Oettinger (60), Christdemokrat, bisheriger EU Energiekommissar und früherer baden-württembergischer Ministerpräsident (CDU). Nun wird er Kommissar für digitale Wirtschaft und Gesellschaft.
ESTLAND: Andrus Ansip (57), Liberaler, früherer estnischer Ministerpräsident. Als Vizepräsident der EU-Kommission soll er sich um den digitalen Binnenmarkt kümmern.
FINNLAND: Jyrki Katainen (42), Konservativer, zuletzt übergangsweise Wirtschafts- und Währungskommissar. Katainen war auch finnischer Ministerpräsident. Als Vizepräsident der EU-Kommission wird er für Arbeitsplätze, Wachstum, Investitionen und Wettbewerbsfähigkeit zuständig sein.

FRANKREICH: Pierre Moscovici (56), Sozialist, früherer französischer Finanzminister. Er übernimmt als EU-Kommissar die Bereiche Wirtschaft und Finanzen, Steuern und Zoll.
GRIECHENLAND: Dimitris Avramopoulos (61), Konservativer, griechischer Verteidigungsminister. In Junckers Kommission ist er für das Ressort Migration und Inneres vorgesehen.
GROSSBRITANNIEN: Jonathan Hill, Lord Hill of Oareford (54), Konservativer, früherer Fraktionschef der Tories im britischen Oberhaus. Der Brite wird Kommissar für Finanzstabilität, Finanzdienstleistungen und Kapitalmarktunion.
IRLAND: Phil Hogan (54), Konservativer, ehemaliger irischer Umweltminister. In der neuen Kommission kümmert er sich um Landwirtschaft und ländliche Entwicklung.
ITALIEN: Federica Mogherini (41), Sozialdemokratin, italienische Außenministerin. Sie war bereits als EU-Außenbeauftragte nominiert.
KROATIEN: Neven Mimica (60), Sozialdemokrat, bisher EU-Verbraucherschutzkommissar. Er wechselt das Ressort und ist zuständig für internationale Zusammenarbeit und Entwicklung.
LETTLAND: Valdis Dombrovskis (43), Konservativer, früherer lettischer Ministerpräsident. Als Vizepräsident der Kommission soll er sich um den Euro und den sozialen Dialog kümmern.
LITAUEN: Vytenis Andriukaitis (63), Sozialdemokrat, ehemaliger litauischer Gesundheitsminister. Er bleibt seinem Fachgebiet treu und wird Kommissar für Gesundheit und Lebensmittelsicherheit.
LUXEMBURG: Jean-Claude Juncker (59), Christsozialer, ehemaliger luxemburgischer Ministerpräsident. Juncker ist der künftige EU-Kommissionspräsident.
MALTA: Karmenu Vella (64), Sozialdemokrat, früherer maltesischer Tourismusminister. In seine Zuständigkeit sollen Umweltschutz, Meerespolitik und Fischerei fallen.

NIEDERLANDE: Frans Timmermans (53), Sozialdemokrat, niederländischer Außenminister. Er wird als „Erster Vizepräsident“ die rechte Hand von Juncker. Der Niederländer soll sich um bessere Rechtssetzung, interinstitutionelle Beziehungen, Rechtsstaatlichkeit und die EU-Grundrechtecharta kümmern.
ÖSTERREICH: Johannes Hahn (56), Christdemokrat, bisheriger EU-Kommissar für Regionalpolitik. Künftig kümmert er sich um europäische Nachbarschaftspolitik und Erweiterungsverhandlungen.
POLEN: Elżbieta Bieńkowska (50), Liberalkonservative, polnische Infrastrukturministerin. In Brüssel wird sie für den Binnenmarkt, Industrie, Unternehmertum sowie kleine und mittlere Unternehmen (KMUs) zuständig sein.
PORTUGAL: Carlos Moedas (44), Sozialdemokrat, Staatssekretär beim portugiesischen Ministerpräsidenten. Juncker übergibt ihm das Ressort Forschung, Wissenschaft und Innovation.
RUMÄNIEN: Corina Crețu (47), Sozialdemokratin, rumänische EU-Abgeordnete. Die Rumänin wird Kommissarin für Regionalpolitik.
SCHWEDEN: Cecilia Malmström (46), Liberale, bisherige EU-Innenkommissarin. Sie wird Handelskommissarin.
SLOWAKEI: Maroš Šefčovič (48), Sozialdemokrat, bisheriger EU-Verwaltungskommissar. Er wechselt in das Ressort Transport und Weltraum.
SLOWENIEN: Alenka Bratušek (44), Sozialliberale, slowenische Ministerpräsidentin. Als Vizepräsidentin der EU-Kommission kümmert sie sich künftig um die Energieunion.
SPANIEN: Miguel Arias Cañete (64), Konservativer, spanischer Ex-Minister für Landwirtschaft, Ernährung und Umwelt. In der Juncker-Kommission ist er für Klimapolitik und Energie vorgesehen.
TSCHECHIEN: Věra Jourová (50), Liberale, tschechische Ministerin für Regionalentwicklung. Sie wird Justiz-, Verbraucherschutz- und Gleichstellungskommissarin.

UNGARN: Tibor Navracsics (48), Mitglied der rechtskonservativen Fidesz-Partei, ungarischer Außenminister. In der EU-Kommission übernimmt er das Ressort Bildung, Kultur, Jugend und Bürgerschaft.
ZYPERN: Christos Stylianides (56), Christdemokrat, zyprischer Abgeordneter im Europaparlament. Ihm werden die Bereiche humanitäre Hilfe und Krisenmanagement anvertraut.

INTERVIEW

„Ein Euro-Austritt Griechenlands kam für mich nie infrage“[373]

Als Vorsitzender der Euro-Gruppe war Jean-Claude Juncker wie kein anderer europäischer Politiker mit der Bewältigung der Finanz- und Schuldenkrise beschäftigt. Mit aller Kraft stellte er sich dabei gegen die „Euro- und Integrationsfeinde innerhalb und außerhalb der EU“. Der langjährige luxemburgische Ministerpräsident und Finanzminister unternahm alles, um den Euro-Austritt Griechenlands – und damit auch den Zusammenbruch der Eurozone – zu verhindern.

Herr Juncker, Sie führten acht Jahre lang – von 2005 bis Anfang 2013 – die Euro-Gruppe. War das Ihr Traumjob?

Eine vergnügungssteuerpflichtige Angelegenheit war dies wirklich nicht. In Zukunft sollte jemand dieses Amt hauptberuflich ausüben. Es kann nicht sein, dass – wie in der Vergangenheit – der Euro-Gruppen-Chef wegen einer Haushaltskrise im eigenen Land nicht zur Tagung des Internationalen Währungsfonds in Washington anreisen kann und als Folge der Euro dort keine Stimme hat. Der US-Finanzminister ist ja auch nicht hauptberuflich für die Finanzen von Ohio zuständig und kümmert sich um die Finanzpolitik der USA nur im Nebenjob.

Ab wann war Ihnen klar, dass eine massive Krise auf die EU und die Euroländer zukommt? Sind die Entwicklungen in den Vereinigten Staaten und die Pleite der Lehman-Bank in der EU ernst genommen worden?

Ich habe mein erstes Gespräch über die sich anbahnende Krise im August 2007 mit Jean-Claude Trichet, dem Chef der Europäischen Zentralbank, geführt. Als die EZB im August/September 2007 Alarm geschlagen hat, gab es viele in Europa, die sich taub stellten. Daran kann sich aber niemand mehr erinnern. Es kann sich auch niemand mehr daran erinnern, dass einige nationale Notenbanken die EZB beschuldigt haben, in Aktivismus zu verfallen. Umso erstaunlicher ist es, dass wir uns gerade von Staaten außerhalb der Eurozone Kritik anhören mussten, nicht zeitgerecht reagiert zu haben. Am Anfang hat man die Anzeichen der Krise negiert. Es gab in Europa ein weit verbreitetes Gefühl, die Subprime-Krise würde sich auf Nordamerika beschränken und dort nicht einmal die Realwirtschaft erreichen. Nach dem Zusammenbruch von Lehman Brothers hat es die US-amerikanische Realwirtschaft getroffen. Die Krise hat dann auch Europa erreicht, sowohl den Finanzsektor als auch den wirtschaftlichen Bereich.

Wie reagierte die EU beziehungsweise die Euro-Gruppe darauf?
Wir mussten feststellen, dass wir damals nicht über alle Instrumente verfügten, um der Krise im Finanz- und Bankensektor energisch entgegentreten zu können. Wir haben uns in mühseliger Kleinarbeit und mit einiger Verspätung solche Instrumente erarbeitet. 2008 und 2009 haben wir überall in Europa Konjunkturprogramme aufgelegt, die sehr wirksam waren. Es gab das Instrument der Kurzarbeit, dadurch hat sich die Krise auf den Arbeitsmärkten nicht in schwindelerregende Arbeitslosenzahlen verwandelt.

Gab es den Moment, in dem es danach aussah, dass Griechenland den Euro verlässt, und die Wirtschafts- und Währungsunion zusammenbricht?
Ja, diesen Moment gab es. Mit der Griechenland-Krise haben wir uns im kleinen Kreis intensiv beschäftigt. Die Angst, die Eurozone würde zerfallen, gab es in ausgeprägter Form – vom Frühjahr bis zum Spätherbst 2012. Mein stetes Bemühen war, das Thema Griechenland-Austritt informell zu debattieren, aber das Szenario niemals in eine

operationelle Phase eintreten zu lassen. Ich habe mich stets dagegen gewehrt, dass man einen Euro-Austritt Griechenlands ernsthaft ins Auge fasst. Das hätte ein erhebliches Ansteckungspotenzial gehabt – und einige andere Staaten in einen tiefen Graben gezogen. Deshalb gab es für mich immer zwei Fixpunkte: Griechenland darf nicht austreten, und die Eurozone darf nicht dem Risiko ausgesetzt werden, zu zerfallen. Ich habe genau beobachtet, wie Spekulanten auf den Griechenland-Austritt und den Zusammenbruch der Eurozone gewettet haben. Damals habe ich festgestellt, dass es sowohl innerhalb als auch außerhalb der EU Euro- und Integrationsfeinde gab. In allen G-7- und G-20-Sitzungen haben wir uns von Amerikanern und anderen belehren lassen müssen, damit nicht sie in größere Gefahrenzonen gerieten. Das hat meinen Eindruck gefestigt, dass unbedingt verhindert werden muss, dass die Eurozone gefährdet wird, indem Griechenland austritt.

Sie gelten als Griechenland-Versteher. Stimmt das?

Ich habe mich – im Gegensatz zu anderen – immer um eine andere Griechenland-Rhetorik bemüht. Es gab eine Griechenland-Verunglimpfung der schlimmsten Art. Ich habe Griechenland gegen sehr arge Ressentiments verteidigt. Mit einem Griechenland-Bashing war und ist niemandem geholfen. Gleichzeitig habe ich Griechenland sehr ermuntert, Reformen zu unternehmen, nicht nur aus wirtschaftlicher, sondern auch aus sozialer Vernunft.

Hätte man mit einem raschen Handeln gegenüber Griechenland und einem starken Hilfspaket die Entwicklung – und die Vertiefung der Krise – verhindern können? Hat die EU wirklich alles getan?

Angenommen, wir hätten Griechenland mit einem Paket noch größeren Ausmaßes geholfen, hätte das in keiner Weise das irische und portugiesische Problem verhindert. Von der Ursache her sind die

Krisen in Griechenland, Irland, Portugal oder Zypern völlig anders zu behandeln. In Irland hat es eine Banken- und Immobilienblase gegeben. Der irische Finanzsektor ist sehr groß. Der griechische Finanzsektor ist im Vergleich zum BIP sehr klein. Zypern ist wieder eine andere Sache. Die EU ist ins Epizentrum einer globalen Herausforderung geraten. 2007 waren die Fundamentaldaten der Eurozone besser als die der USA, Japans oder Großbritanniens, das ja nicht zur Eurozone gehört. 2007 konnten die Defizitstände im Schnitt auf 0,7 Prozent gesenkt werden, der öffentliche Gesamtschuldenstand lag bei 60 Prozent. Erst durch die Krisenmaßnahmen, die Wachstumspakete und die Bankenhilfe haben sich die Defizit- und Schuldenstände wieder nach oben bewegt.

Wer hat bei der Krisenbewältigung die entscheidende Rolle gespielt – die Staats- und Regierungschefs, der Vorsitzende der Euro-Gruppe oder die EZB?

Alle haben an einem Strang gezogen. Die Finanzminister der Eurogruppe haben die mühsame und notwendige Vorarbeit geleistet, damit die Staats- und Regierungschefs dann bei den Gipfeltreffen die notwendigen Beschlüsse auf höchster politischer Ebene treffen konnten. Der Chef der Europäischen Zentralbank saß dabei mit uns am Tisch, denn die Expertise der Europäischen Zentralbank ist nicht zu unterschätzen. – Sie hat Glaubwürdigkeit an den Finanzmärkten. Jeder hat seinen Beitrag zur Krisenbewältigung geleistet, was zeigt, dass man nur gemeinsam gewinnen kann.

Sind die Maßnahmen zur Stabilisierung des Finanz- und Bankensektors sowie der Wirtschaft – wie etwa der Fiskalpakt – ausreichend, um die EU als Ganzes zu stärken und für die globale Herausforderung fit zu machen?

Die Eurozone ist ohne Zweifel durch Instrumente, die wir ausgearbeitet haben, wehrhafter geworden. Man denkt sehr oft, man kann die nächste Krise angesichts der Erfahrungen der vorangegangenen Krise bekämpfen. Das stimmt aber nicht. Wenn verheerende Elemente ein Währungsgebiet erschüttern, wird man immer die Instrumente nachbessern müssen. Was wir jetzt an Instrumenten verfügen und weiter vervollständigen, reicht aus. Aber ich schließe nicht aus, dass man künftig noch andere Instrumente brauchen wird. Es kommt jetzt darauf an, dass man im Vorfeld einer denkbaren nächsten Krise alle Vorkehrungen trifft.

Waren die EU-Mitgliedsländer solidarisch in der Krise – oder galt das Prinzip „Jeder gegen jeden"?

In der Euro-Gruppe hat es manchmal sehr heftige Debatten gegeben, die ich im Detail nicht nach außen getragen habe, weil dies finanzmarktstörend gewesen wäre. Es hat Mühe gekostet, Griechenland zu überzeugen, dass es seine Solidaritätsleistung erbringen müsse. Erst als feststand, dass die Regierung in Athen es ernst meint mit Reformen, waren andere Euroländer zur Solidarität bereit. Einmal, als es darum ging, den Mindestlohn in Griechenland nach unten zu korrigieren, war ich zuerst dagegen, aber dann doch dafür, weil ich sah, dass Slowaken, Slowenen, Zyprioten und Malteser darauf drängten, weil in ihren Ländern die Mindestlöhne und Familienleistungen niedriger sind als in Griechenland. Der slowakische und der maltesische Finanzminister mussten in ihren Parlamenten um Zustimmung zum Griechenland-Paket werben. Es hat im Übrigen viele Regierungen mit sozialistischer Beteiligung gegeben, die wesentlich härter gegenüber Griechenland argumentierten als Deutschland. Was ich damit sagen will: Verantwortung für Entscheidungen, die während der Krise getroffen wurden, tragen wir alle gemeinsam, sowohl sozialistisch als auch christlich-demokratisch regierte Länder. Sich gegenseitig die Schuld in die Schuhe zu schieben, bringt uns in Europa nicht weiter.

Sollten künftig Gläubiger bei Bankeninsolvenzen zur Kasse gebeten werden?

Die vom EU-Gesetzgeber im Mai verabschiedeten neuen Regeln zur Sanierung und Abwicklung von Banken schreiben künftig einen Beitrag der Gläubiger ausdrücklich vor. Die Zeiten, in denen allein die Steuerzahler für die Fehler von Bankmanagern zahlen mussten, sind damit vorbei.

Bereuen Sie die Aussage, die Sie im Frühjahr 2011 bei einer Veranstaltung in Brüssel getroffen haben – „Wenn es ernst wird, muss man lügen"?

Ich bereue lediglich, dass die Berichterstattung über den Satz völlig aus dem Kontext gehoben wurde. Ich habe nur erklärt, dass ein Finanzminister am Freitagnachmittag um 15.00 Uhr, wenn die Börsen noch offen sind, nicht sagen kann, dass sich die Minister treffen, weil dies zu erheblichen Verwerfungen auf den Märkten geführt hätte. Damit hätte man nicht den Großkapitalisten gedient, sondern den vielen kleinen Sparern geschadet. Dies ist der Zusammenhang, den man kennen sollte, um den Satz zu verstehen. Ich stehe zu dem, was ich sage.

KURZBIOGRAFIE

Jean-Claude Juncker, geboren am 9. Dezember 1954 in Rédange-sur-Attert im Westen Luxemburgs.

Juncker ist mit Christiane Frising verheiratet.

Für seine Tätigkeit als überzeugter Europa-Politiker wurde er mit zahlreichen Preisen, Ehrendoktorwürden, Professorentiteln und höchsten Orden ausgezeichnet.

1974 Baccalauréat am Lycée Michel Rodange in Luxemburg. Eintritt in die Christlich-Soziale Volkspartei
1975 Studium der Rechtswissenschaften an der Universität Straßburg.
1979 Studienabschluss, Zulassung zum Rechtsanwalt; Parlamentssekretär der Christlich-Sozialen Volkspartei und Präsident des Christlich-Sozialen Jugendverbandes
1982 Ernennung zum Staatssekretär für Arbeit und soziale Sicherheit durch Ministerpräsident Pierre Werner
1984 Wahl zum Abgeordneten des Parlaments; Ernennung zum Arbeitsminister und delegierten Budgetminister in der ersten Regierung von Jacques Santer
1985 Luxemburg hat den EU-Vorsitz inne, Juncker ist Präsident des Haushalts- und Sozialministerrates
1989 Ernennung zum Finanz- und Arbeitsminister; Gouverneur der Weltbank (bis 1995)
1990 Übernahme des Parteivorsitzes der Christlich-Sozialen Volkspartei (bis 1995)
1991 Luxemburg führt den EU-Vorsitz; Juncker ist amtierender Ratsvorsitzender des Wirtschafts- und Finanzministerrates (Ecofin); Hauptakteur bei der Ausarbeitung des Maastricht-Vertrags; rettet mit dem *Opting-out*-Prinzip für das Vereinigte Königreich die Verhandlungen über die Wirtschafts- und Währungsunion

1992 Juncker ist einer der Unterzeichner des Maastricht-Vertrages
1994 Nach der Parlamentswahl erneut Abgeordneter; behält das Amt des Arbeits- und Finanzministers
1995 Übernahme des Amtes des Premierministers von Luxemburg, nachdem Jacques Santer zum Präsidenten der EU-Kommission berufen wird; außerdem Gouverneur des Weltwährungsfonds und der Europäischen Bank für Wiederaufbau und Entwicklung
1996 Verhandlungen über den Stabilitäts- und Wachstumspakt beim Europäischen Rat in Irland; als Retter der Verhandlungen durch die erfolgreiche Vermittlung zwischen deutscher und französischer Regierung medial zum „Helden von Dublin“ gekürt
1997 EU-Präsidentschaft Luxemburgs in der zweiten Jahreshälfte; Juncker wird Vorsitzender des Europäischen Rates. Im November erster Beschäftigungsgipfel in Luxemburg. Erweiterungspläne der EU werden festgeschrieben
1999 Junckers Partei gewinnt die Wahlen, er bleibt Premierminister und behält die Ressorts für Finanzen und Kommunikation
2001 Ehrendoktor der Universität Münster; Ehrendoktor der Universität Bukarest für seine Verdienste um ein vereinigtes Europa
2002 Auszeichnung mit dem Orden des Grand officier de la Légion d'honneur durch Frankreichs Staatspräsident Jacques Chirac
2003 Ehrenbürger der Stadt Trier; Auszeichnung mit dem Orden des Grand-croix de l'Etoile, der höchsten Auszeichnung Rumäniens, für die Unterstützung zum EU- und NATO-Beitritt des Landes durch den rumänischen Staatspräsidenten Ion Iliescu
2004 Ehrendoktor der griechischen Universität Trakien; bei den luxemburgischen Parlamentswahlen am 13. Juni 2004 mit persönlichem Rekordergebnis wiedergewählt und am 31. Juli 2004 erneut als Premierminister vereidigt; nunmehr Staats- und Premierminister sowie Finanzminister in Personalunion; ab September Vorsitzender der Euro-Gruppe
2005 Luxemburg übernimmt den EU-Vorsitz; Juncker ist

Vorsitzender des Europäischen Rates und in dieser Funktion treibende Kraft für die Reform des Stabilitäts- und Wachstumspaktes
2006 Verleihung des Aachener Karlspreises, der höchsten Auszeichnung, die ein Politiker für sein europäisches Engagement bekommen kann; Mitherausgeber der Wochenzeitung *Rheinischer Merkur* bis zu deren Einstellung im Jahr 2010
2009 „European Banker of the Year"; Nach einem neuerlichen Wahlgewinn bei der Parlamentswahl gibt Juncker das Amt des Finanzministers ab; er wird Schatzminister Luxemburgs und bleibt Euro-Gruppen-Vorsitzender
2010 Bestätitung für zweieinhalb weitere Jahre als Euro-Gruppen-Vorsitzender
2012 Fünftmalige Bestellung zum Euro-Gruppen-Chef. Juncker gibt bekannt, die Funktion nur bis Ende des Jahres innehaben zu wollen
Januar 2013: Juncker legt sein Mandat als Euro-Gruppen-Vorsitzender nieder; er wird durch den niederländischen Finanzminister Jeroen Dijsselbloem ersetzt
Juli 2013: Juncker kündigt im Zuge des Untersuchungsausschusses zur Geheimdienst-„Abhöraffäre" Neuwahlen an
Oktober 2013: Die CSV bleibt bei der vorgezogenen Parlamentswahl trotz Stimmenverlusten stärkste Partei; Junckers bisheriger Koalitionspartner, die Sozialdemokraten, einigen sich mit den Liberalen und den Grünen auf eine neue Koalitionsregierung
Dezember 2013: Mit der Vereidigung des neuen liberalen luxemburgischen Ministerpräsidenten Xavier Bettel endet Junckers Amtszeit als Ministerpräsident, die im Januar 1995 begann; Juncker übernimmt den Vorsitz der CSV-Fraktion im luxemburgischen Parlament
März 2014: Nominierung als Spitzenkandidat der EVP für die Europawahl. Junckers Wahlslogan: „Erfahrung, Solidarität unter Menschen und Nationen sowie eine starke Vision für die Zukunft"

Mai 2014: Wahlsieg der EVP bei der Europawahl
Juni 2014: Nominierung als EU-Kommissionspräsident durch den Europäischen Rat
Juli 2014: Wahl zum Kommissionspräsidenten im Europäischen Parlament mit großer Mehrheit
September 2014: Juncker präsentiert sein Team, die Europäische Regierung

ÜBER DIE AUTORINNEN

Margaretha Kopeinig

Dr. phil., geboren 1956, Studium der Politikwissenschaft, Geschichte, Soziologie und Pädagogik in Wien, Genf und Bogotá. 1992 bis 1994 EU-Korrespondentin der Tageszeitung *Kurier* in Brüssel, kurze Zeit *profil*-Redakteurin, seit 1995 Redakteurin des *Kurier* mit dem Schwerpunkt Europa-Berichterstattung. Zahlreiche Veröffentlichungen.

Sabine Edith Braun

geb. 1975, Studium der Politik- und Theaterwissenschaft, Germanistik, Publizistik und Geschichte. Freie Redakteurin, Lektorin, Korrektorin.

ANMERKUNGEN

1 Jean-Claude Juncker am 11. Dezember 2012 aus Anlass des 30. Jahrestages seines Politikerlebens.

2 Margaretha Kopeinig, Jean-Claude Juncker. Der Europäer, Wien: Czernin 2004.

3 Süddeutsche Zeitung, 7./8./9. Juni 2014.

4 Jean-Claude Juncker, Rede am 15. Juli 2014 im Europäischen Parlament.

5 Eurobarometer-Umfrage, präsentiert am 6. August 2014 in Berlin.

6 Europäisches Parlament, Ergebnisse der Europa-Wahl 2014. – Seit der ersten demokratischen Wahl im Jahr 1979 ging die Wahlbeteiligung stetig zurück. 1979: 61,99 Prozent; 1984: 58,98 Prozent; 1989: 58,41 Prozent; 1994: 56,67 Prozent; 1999: 49,51 Prozent; 2004: 45,47 Prozent; 2009: 43 Prozent; 2014: 42,54 Prozent.

7 AFP, 26. Mai 2014.

8 Jean-Claude Juncker, Rede „Europa auf dem Sprung", Bonn, 11. März 2003.

9 Jean-Claude Juncker, Dankesrede anlässlich der Ehrung mit dem europäischen Steuerzahlerpreis, dem „Europäischen Stier", am 9. Juli 2002 in Brüssel.

10 Kurier, 9. Mai 2014.

11 Jean-Claude Juncker, Interview mit Phoenix, 16.01.2004.

12 Der Spiegel, 10. Mai 2004. – Joschka Fischer wurde am 4. Mai 2004 in Rüschlikon am Zürichsee mit dem mit 100 000 Franken dotierten Preis für sein „erfolgreiches Umsetzen von nachhaltigen Veränderungen" geehrt. Der Preis ist nach dem Gründer der Einzelhandelskette Migros benannt.

13 Die CSV gewinnt die Wahl; Jacques Santer löst Pierre Werner als Premierminister ab.

14 Jacques Delors, Mémoires, Paris 2004.

15 Der Spiegel, 26. April 2004. Auf YouTube zu sehen unter: http://www.youtube.com/watch?v=vYGHwUubfdE (11.07.2014).

16 Luxemburgisch für „Ich bleibe hier!".

17 Der französische Sozialist Jacques Delors (geb. 1925) war von 1985 bis 1995 Präsident der EU-Kommission und zählt zu den bekanntesten Kommissionschefs. Delors gilt als Vater des europäischen Binnenmarkts.

18 So heißt der Regierungschef im Großherzogtum.

19 Kurier, 16. Juni 2004.

20 Der Spiegel, 7. Juni 2004.

21 DPA, 14. Juni 2004.

22 Wahlergebnisse 2004 (in Klammern die Ergebnisse des Sprengels Sanem, zu dem Junckers Heimatort Belvaux zählt): Chrëschtlech Sozial Vollekspartei (CSV) 36,11 (36,54) Prozent; Lëtzebuerger Sozialistesch Aarbechterpartei (LSAP) 23,37 (31,06) Prozent; Demokratesch Partei (DP) 16,05 (7,68); Déi Gréng (Die Grünen) 11,58 (11,52) Prozent; Alternativ Demokratesch Reformpartei (ADR) 9,95 (8,73) Prozent; Déi Lénk (Die Linken) 1,9 (2,44) Prozent; Kommunistesch Partei Lëtzebuerg (KPL) 0,92 (2,02) Prozent. – http://www.elections.public.lu/ (11.07.2014).

23 Gespräch mit Elmar Brok, 15. Juni 2004.

24 Financial Times, 17. Juni 2004.

25 Bei diesem Treffen nach dem Ende des Irakkrieges hatten Frankreichs Staatspräsident Chirac, der deutsche Kanzler Gerhard Schröder, Verhofstadt und Juncker den damals umstrittenen Vorschlag zum Aufbau einer eigenständigen europäischen Verteidigungspolitik mit einem militärischen Hauptquartier in Belgien unterbreitet. Es ging auch darum, die durch den Irakkrieg hervorgerufene Spaltung in der EU zu kitten und bei künftigen sicherheitspolitischen Entscheidungen mit einer Stimme zu sprechen. Die von US-Verteidigungsminister Donald Rumsfeld im Januar 2003 getroffene Klassifizierung der EU in „altes" Europa (Staaten wie Deutschland, die einen Krieg ablehnten) und „neues" Europa (EU-Staaten und künftige Mitglieder, die auf der Seite der USA standen und die Invasion befürworteten) lehnte die „Vierer-Bande" ab.

26 Viele Monate vor der Nominierung meldete Lipponen sein Interesse an; vgl. Kurier, 17. November 2003.

27 Financial Times, 1. Mai 2004.

28 Handelsblatt, 17. Juni 2004.

29 Juncker im Radio RTL, 16. Juni 2004.

30 DPA, 17. Juni 2004.

31 Juncker sowie Frankreichs Ministerpräsident Jean-Pierre Raffarin.

32 Alfred Gusenbauer, Vorsitzender der österreichischen Sozialdemokraten, erläutert den Standpunkt der SPE in einer Pressekonferenz am 17. Juni 2004 in Brüssel.

33 Süddeutsche Zeitung, 19./20. Juni 2004.

34 Ebd.

35 Frankfurter Rundschau, 19. Juni 2004.

36 DPA, 19. Juni 2004.

37 Einen Tag nach dem Gipfel bestätigt Pattens Pressesprecherin, dass er sich aus dem Rennen zurückgezogen habe, vgl. DPA, 19. Juni 2004.

38 DPA, 19. Juni 2004.

39 Financial Times, 17. Juni 2004.

40 Frankfurter Rundschau, 19. Juni 2004.

41 Das sind jene Länder, die am Euro teilnehmen und Schengen-Mitglied sind.

42 APA, 19. Juni 2004.

43 Financial Times, 25. Juni 2004.

44 APA, 25. Juni 2004.

45 Ebd.

46 El Mundo, 26. Juni 2004.

47 APA, 26. Juni 2004.

48 DPA, 26. Juni 2004.

49 NZZ am Sonntag, 27. Juni 2004.

50 Frankfurter Rundschau, 27. Juni 2004.

51 Algemeen Dagblad, 28. Juni 2004.

52 The Times, 28. Juni 2004.

53 Financial Times Deutschland, 1. Juli 2004.

54 EVP: 268; SPE: 200.

55 DPA, 16. Juli 2004.

56 Eigene Mitschrift vom 22. Juli 2004.

57 Financial Times Deutschland, 23. Juli 2004.

58 Le Monde, 28. November 1996.

59 Die Zeit, 6. Dezember 1996.

60 In dem Kompromiss, über den der Gipfel entscheiden soll, ist nun eine gewisse Bandbreite vorgesehen. Wenn der Wachstumseinbruch in einem Jahr zwischen minus 0,75 und minus 1,5 Prozent des BIP beträgt, soll der Ministerrat einen Ermessensspielraum haben. Wenn dann ein Haushaltsdefizit über die vorgeschriebene Drei-Prozent-Grenze hinaus steigt, ist nicht mit Geldbußen zu rechnen. Wenn allerdings die Wachstumsdelle kleiner ist, kann das betreffende Land keine Entschuldigung geltend machen.

61 DPA, 14. Dezember 1996.

62 Frankfurter Allgemeine Zeitung, 14. Dezember 1996. – Sieben Jahre später, bei den Defizitverfahren gegen Deutschland und Frankreich, wird sich dieser Satz von John Major bestätigen.

63 Die Einigung sieht vor, dass in der Wirtschafts- und Währungsunion die Mitgliedstaaten nur im Falle einer schweren Rezession mit einem Rückgang des Bruttoinlandsprodukts (BIP) von mindestens zwei Prozent keine Sanktionen zu gewärtigen haben, wenn sie das Maastrichter Stabilitätsziel für die Neuverschuldung von höchstens drei Prozent ausnahmsweise überschreiten. Gleichzeitig verpflichten sich die EU-Partner dazu, bei einem Rückgang der gesamtwirtschaftlichen Leistung von mindestens 0,5 Prozent ein Abstimmungsverfahren von EU-Kommission und Ministerrat über die Angemessenheit von Sanktionen in Gang zu setzen.

64 Die Zeit, 20. Dezember 1996.

65 École nationale d'administration: in Straßburg ansässige Hochschule, an der traditionell die Elite der französischen Verwaltungsbeamten ausgebildet wird.

66 Die Zeit, 20. Dezember 1996.

67 Eigene Mitschrift der Pressekonferenz.

68 Frankfurter Allgemeine Zeitung, 14. Dezember 1996.

69 Frankfurter Allgemeine Zeitung, 16. Dezember 1996.

70 DPA, 15. Dezember 1996.

71 Frankfurter Allgemeine Zeitung, 17. Dezember 1996.

72 Beschlüsse vom Parteitag der PS am 15. Dezember in Noisy-le-Grand.

73 Frankfurter Allgemeine Zeitung, 17. Dezember 1996.

74 APA, 21. April 1997.

75 Lionel Jospin, zit. n. APA, 21. April 1997.

76 Jospin versprach im Wahlkampf die Schaffung von 700 000 Arbeitsplätzen allein in Frankreich, davon rund die Hälfte im öffentlichen Dienst; vgl. APA, 1. Juni 1997.

77 DPA, 2. Juni 1997.

78 APA, 1. Juni 1997.

79 Nouvel Observateur, 1. Juni 1997.

80 APA, 9. Juni 1997.

81 Ebd.

82 AFP, 9. Juni 1997.

83 Reuters, 9. Juni 1997.

84 APA, 9. Juni 1997; DPA, 10. Juni 1997.

85 AFP, 10. Juni 1997.

86 APA, 10. Juni 1997.

87 AFP, 13. Juni 1997.

88 Reuters, 13. Juni 1997.

89 APA, 11. Juni 1997.

90 APA, 14. Juni 1997.

91 Ebd.

92 APA, 16. Juni 1997.

93 APA, 15. Juni 1997.

94 Die EIB vergab im Jahr 1996 Darlehen für Programme zur Förderung von Beschäftigung im Wert von rund 20,6 Milliarden Euro.

95 Juncker, Pressekonferenz, Amsterdam, 16. Juni 1997.

96 Die Zeit, 20. Juni 1997.

97 APA, 16. Juni 1997.

98 Ebd.

99 Ein Beispiel: Deutschland hatte 1996 ein Haushaltsdefizit von 3,8 Prozent und hätte damit 0,2 Prozent plus 0,08 Prozent = 0,28 Prozent des BIP zahlen müssen. Das hätte für Bonn knapp zehn Milliarden DM ausgemacht. Diese Summe müsste zuerst zinslos bei der EZB hinterlegt werden. Liegt das Defizit nach zwei Jahren immer noch über drei Prozent, wird die Einlage in eine Buße umgewandelt und fließt in die EU-Kasse.

100 APA, 16. Juni 1997.

101 APA, 17. April 1998.

102 APA, 22. April 1998.

103 EU-Kommission, Konvergenz-Bericht 1998.

104 APA, 22. April 1998.

105 Attali, Interview im Radiosender France-Inter, zit. n. APA, 22. April 1998.

106 Frankfurter Allgemeine Zeitung, 5. Mai 1998.

107 Zu diesem Zeitpunkt umfasst das Europäische Parlament 626 Abgeordnete.

108 Die Zeit, 7. Mai 1998.

109 APA, 3. Mai 1998.

110 Die Zeit, 7. Mai 1998.

111 APA, 3. Mai 1998.

112 Ebd.

113 Ebd.

114 Die Zeit, 7. Mai 1998.

115 Ebd.

116 El Pais, 3. Mai 1998.

117 APA, 4. Mai 1998.

118 Juncker im ZDF-Interview am 7. Mai 1998, zit. n. APA, 7. Mai 1998.

119 Die Welt, 7. Mai 1998.

120 Ebd.

121 Ebd.

122 Ebd.

123 New York Times, 5. Mai 1998.

124 Frankfurter Allgemeine Zeitung, 5. Mai 1998.

125 Ebd.

126 Am 31. Januar schlägt die EU-Kommission – auch an Portugal als Defizitsünder – einen blauen Brief vor. Am 12. Februar verschonen die EU-Finanzminister Deutschland, aber auch Portugal, vor der Zusendung des blauen Briefes. Deutschland sichert zu, die Defizit-Obergrenze von drei Prozent des BIP nicht zu überschreiten. Diese Erklärung wird bald Makulatur. Am 13. November 2002 bringt die EU-Kommission ein Defizitverfahren gegen Deutschland auf den Weg.

127 Am 21. Januar 2003 bestätigen die EU-Finanzminister das Defizitverfahren gegen Deutschland und schicken Frankreich einen blauen Brief.

128 DPA, 16. November 2003.

129 Der Stabilitätspakt sieht Strafgelder gegen notorische Defizitsünder vor. Allerdings kann nicht einfach die Kommission eine Strafe verhängen. Der Beschluss muss mit einer Zweidrittelmehrheit der Finanzminister gefasst werden, wobei der Defizitsünder nicht mitstimmen darf. In letzter Konsequenz kann im Defizit-Strafverfahren eine Geldbuße im Ausmaß zwischen 0,2 und 0,5 Prozent des BIP eines Landes verhängt werden. Im Falle Deutschlands mit einer Wirtschaftsleistung von fast 2,1 Billionen Euro wären dies vier bis zehn Milliarden Euro; im Falle Frankreichs bis zu 7,5 Millarden Euro. – APA, 25. November 2003.

130 Gegen diese Maßnahme stimmen die Finanzminister der Niederlande, Österreichs, Finnlands und Spaniens.

131 DPA, 13. Juli 2004.

132 Eichel in der ARD-Sendung „Sabine Christiansen“, 30. November 2003.

133 APA, 26. November 2003.

134 Expansion (spanische Finanzzeitung, *Anm.*), 27. November 2003.

135 APA, 25. November 2003.

136 Die Zeit, 15. Januar 2004.

137 Ebd.

138 Ebd.

139 Ebd.

140 Frankfurter Allgemeine Zeitung, 15. Januar 2004.

141 Juncker im Deutschlandfunk, zit. n. Frankfurter Allgemeine Zeitung, 15. Januar 2004.

142 Ebd.

143 Delors, Interview mit France Inter, 18. Januar 2004.

144 Berliner Zeitung, 14. Januar 2004.

145 APA, 14. Juni 2004.

146 DPA, 13. Juli 2004.

147 Ebd.

148 Ebd.

149 Ebd.

150 APA, 13. Juli 2004.

151 Financial Times Deutschland, 14. Juli 2004.

152 Ebd.

153 Informelles Treffen der neuen EU-Kommission unter dem designierten Kommissionspräsidenten José Manuel Durão Barroso am 20. August 2004 in Brüssel.

154 Jean-Claude Juncker, „Europa wird erwachsen“, Rede am 29. April 2003 in Düsseldorf.

155 Ebd.

156 Ebd.

157 Jean-Claude Juncker bei der Veranstaltung „Das Brüsseler Interview“ der Hanns-Seidel-Stiftung in Brüssel am 12. November 2003.

158 Ein Warnbrief wurde am 28. April 2004 angekündigt.

159 EU-Finanzministerrat am 5. Juli 2004.

160 Frankfurter Rundschau, 9. Februar 2004.

161 Ebd.

162 Ebd.

163 Frankfurter Rundschau, 4. Mai 2004.

164 Jean-Claude Juncker, „Europa wird erwachsen", Rede am 29. April 2003 in Düsseldorf.

165 Ebd.

166 Ebd.

167 Ebd.

168 Wenn es etwa zu einem massiven Anstieg der Ölpreise aufgrund eines Krieges kommt, könne es nicht sein, dass beispielsweise die Franzosen ihre Steuern auf Ölprodukte absenken und die Deutschen ihre Mineralölsteuer weiter in ungeahnte Höhen emporschießen lassen. Dann müsse es so sein, dass diese zwei Staaten, die immerhin gemeinsam mehr als 50 Prozent des europäischen BIP ausmachen, zu einvernehmlichen Regelungen, abgesprochen mit den anderen europäischen Regierungen, kommen, um eine adäquate, europaweit gültige Antwort auf diese Herausforderung formulieren zu können. Aus: Jean-Claude Juncker, „Europa wird erwachsen", Rede am 29. April 2003 in Düsseldorf.

169 Jean-Claude Juncker, „Europa wird erwachsen", Rede am 29. April 2003 in Düsseldorf.

170 Ebd.

171 Am 9. Mai 1950 wird im französischen Außenministerium der Schuman-Plan vorgestellt – die Geburtsstunde der Europäischen Union. Die Staats- und Regierungschefs beschließen 1985 auf einem Gipfeltreffen in Mailand, den 9. Mai als „Europatag" zu feiern.

172 Heiner Timmermann, „Genau das ist es, ein Sprung ins Unbekannte", in: Frankfurter Allgemeine Zeitung, 9. Mai 2000.

173 Ebd.

174 Konrad Adenauer, Erinnerungen, 1966.

175 Zitate aus: Robert-Schuman-Erklärung, Homepage des Europäischen Parlaments. http://www.europarl.europa.eu/pdf/cardoc/24663-5531_DE-CARDOC_JOURNALS_No6-complet_low_res.pdf (01.09.2014).

176 Zit. n. Heiner Timmermann, „Genau das ist es, ein Sprung ins Unbekannte", in: Frankfurter Allgemeine Zeitung, 9. Mai 2000.

177 Ebd.

178 Jean-Claude Juncker, „Europa – ein komplizierter Kontinent", Rede am 15. Januar 2002, Christoph-Martin-Wieland-Vorlesung der Universität Erfurt.

179 Jean-Claude Juncker, „Europa auf dem Sprung", Rede am 11. März 2003, Bonn.

180 Jean-Claude Juncker, Interview mit „Phoenix", 16. Januar 2004.

181 Ebd.

182 Jean-Claude Juncker, „Europa – ein komplizierter Kontinent", Rede am 15. Januar 2002, Christoph-Martin-Wieland-Vorlesung der Universität Erfurt.

183 Ebd.

184 Ebd.

185 Ebd.

186 Jean-Claude Juncker, Interview mit „Phoenix", 16. Januar 2004.

187 Ebd.

188 Jean-Claude Juncker, „Europa – ein komplizierter Kontinent", Rede am 15. Januar 2002, Christoph-Martin-Wieland-Vorlesung der Universität Erfurt.

189 Ebd.

190 Ebd.

191 Jean-Claude Juncker, Interview mit „Phoenix", 16. Januar 2004.

192 Jean-Claude Juncker, „Europa – ein komplizierter Kontinent", Rede am 15. Januar 2002, Christoph-Martin-Wieland-Vorlesung der Universität Erfurt.

193 Jean-Claude Juncker, „Europa auf dem Sprung", Rede am 11. März 2003, Bonn.

194 Ebd.

195 Jean-Claude Juncker, „Die europäischen Institutionen und die Ost-Erweiterung der EU", Rede am 15. Januar 2002, Erfurt.

196 Ebd.

197 Jean-Claude Juncker, „Europa – ein komplizierter Kontinent", Rede am 15. Januar 2002, Christoph-Martin-Wieland-Vorlesung der Universität Erfurt.

198 Ebd.

199 Jean-Claude Juncker, „Europa wird erwachsen", Rede am 29. April 2003, Düsseldorf.

200 Ebd.

201 Ebd.

202 Ebd.

203 Ebd.

204 Ebd.

205 Ebd.

206 Ebd.

207 Ebd.

208 Ebd.

209 Ebd.

210 Ebd.

211 Ebd.

212 Ebd.

213 Jean-Claude Juncker, „Europa auf dem Sprung", Rede am 11. März 2003, Bonn.

214 Ebd.

215 Ebd.

216 Ebd.

217 Ebd.

218 Ebd.

219 Ebd.

220 Ebd.

221 Jean-Claude Juncker bei der Veranstaltung „Das Brüsseler Interview" der Hanns-Seidel-Stiftung in Brüssel, 12. November 2003, zum Thema „Europa – Mut zur Gestaltung".

222 Ebd.

223 Jean-Claude Juncker, „Europa auf dem Sprung", Rede am 11. März 2003, Bonn.

224 Gespräch mit Juncker, 2. September 2004, Luxemburg.

225 Jean-Claude Juncker, „Europa auf dem Sprung", Rede am 11. März 2003, Bonn.

226 Ebd.

227 Gespräch mit Juncker, 2. September 2004, Luxemburg.

228 Jean-Claude Juncker, „Europa auf dem Sprung", Rede am 11. März 2003, Bonn.

229 Jean-Claude Juncker, „Europa wird erwachsen", Rede am 29. April 2003, Düsseldorf.

230 Ebd.

231 Eurobarometer-Umfragen zeigen, dass die Zustimmung zum Euro stabil ist.

232 Jean-Claude Juncker, „Europa wird erwachsen", Rede am 29. April 2003, Düsseldorf.

233 Ebd.

234 Ebd. – Robert Rubin fungierte von 1995 bis 1999 als 70. Finanzminister der USA.

235 Jean-Claude Juncker, „Europa wird erwachsen", Rede am 29. April 2003, Düsseldorf.

236 Jean-Claude Juncker, „Europa auf dem Sprung", Rede am 11. März 2003, Bonn.

237 Slowenien, Ungarn, Slowakei, Tschechien, Polen, Estland, Lettland, Litauen, Malta und Zypern.

238 Kurier, 24. März 2004.

239 Jean-Claude Juncker, „Wir wachsen mit Europa", Rede am 9. Oktober 2002, Konrad-Adenauer-Stiftung Brüssel.

240 Kurier, 24. März 2004.

241 Ebd.

242 Jean-Claude Juncker, „Wir wachsen mit Europa", Rede am 9. Oktober 2002, Konrad-Adenauer-Stiftung Brüssel.

243 Ebd.

244 Ebd.

245 Aktualisierter Stand 2014.

246 Jean-Claude Juncker, „Europa auf dem Sprung", Rede am 11. März 2003, Bonn.

247 Ebd.

248 Ebd.

249 Ebd.

250 Nach dem Ecofin-Treffen am 5. Juli 2004.

251 Financial Times Deutschland, 6. Juli 2004.

252 Kurier, 7. September 2004.

253 Ebd.

254 „Österreich droht die Pläne für den Mr. Euro zu verzögern" – Financial Times, 7. September 2004.

255 Karl-Heinz Grasser ist unter der schwarz-blauen Koalition unter Wolfgang Schüssel (2000–2002) FPÖ-Finanzminister. Nach den Neuwahlen im Herbst 2002 ist Grasser in der Regierung Schüssel II unabhängig. Er wird der ÖVP-Ministerriege zugeordnet, an Sitzungen des ÖVP-Parteivorstands nimmt er als Gast ohne Stimmrecht teil.

256 Kurier, 8. September 2004.

257 Frankfurter Rundschau, 11. September 2004; Financial Times Deutschland, 13. September 2004.

258 Ebd.

259 Nach den Lehren des Monetarismus ist die Geldmenge die wesentliche Bestimmungsgröße für die Inflation.

260 Financial Times Deutschland, 17. September 2004.

261 Financial Times Deutschland, 21. September 2004.

262 Financial Times Deutschland, 13. September 2004.

263 Kurier, 7. September 2004.

264 Financial Times Deutschland, 7. September 2004.

265 Handelsblatt, 13. September 2004.

266 Gespräch mit Juncker, 2. September 2004.

267 Kurier, 7. September 2004.

268 Ebd. – Die EU-Kommission schlägt am 3. September 2004 wegen der anhaltend hohen Neuverschuldung in zahlreichen EU-Staaten eine flexiblere Auslegung des Euro-Stabilitätspaktes vor.

269 Kurier, 7. September 2004.

270 Der Spiegel, 6. September 2004.

271 Gespräch mit Juncker, 2. September 2004.

272 Süddeutsche Zeitung, 21. September 2004.

273 DPA, 23. September 2004.

274 DPA, 24. September 2004.

275 Ebd.

276 Ebd.

277 Ebd.

278 Eurostat-Direktor Michel Vanden Abeele bestätigt die statistischen Falschmeldungen Griechenlands.

279 Am 29. Mai 2005 lehnen 55 Prozent der Franzosen den Verfassungsvertrag ab; am 2. Juni 62 Prozent der Niederländer.

280 Einzig Luxemburg und Malta scherten aus und haben den Vertrag dennoch ratifiziert. 2005 ist der Verfassungsvertrag erst von 13 Staaten beschlossen.

281 Zu den Sparmeistern bzw. Nettozahler-Ländern gehören sechs Staaten: Großbritannien, die Niederlande, Schweden, Österreich, Deutschland und Frankreich.

282 Die EU-Mitgliedschaft Großbritanniens ist durch den sogenannten Briten-Rabatt von 1984 durch viele Ausnahmen und Sonderregelungen gekennzeichnet: Großbritannien gehört nicht dem Schengen-Raum an, der vielen EU-Bürgern Reisefreiheit bietet. Großbritannien hat seit 1999 eine Ausnahmeregelung, den Euro auch dann nicht einführen zu müssen, wenn die Kriterien für die Währungsunion erreicht sind. London hat sich dem Fiskalpakt nicht angeschlossen. Seit der EU-Vertrag von Lissabon 2009 in Kraft getreten ist, kann Großbritannien wählen, welche Gesetze im Bereich Inneres und Justiz es annimmt und welche nicht. Bis heute stellt der Briten-Rabatt ein ständiges und unüberwindliches Hindernis bei Verhandlungen über den mehrjährigen Haushaltsplan der EU dar.

283 AP, DPA, 18. Juni 2005.

284 DPA, 18. Juni 2005.

285 AFP, 21. Juni 2005.

286 Ebd.

287 Financial Times, 3. April 2006.

288 AP, 25. Mai 2006.

289 Redemanuskript von Jean-Claude Juncker, Karlspreis-Verleihung in Aachen am 25. Mai 2006.

290 DPA, 27. Juni 2006.

291 DPA, 27. Juni 2006.

292 Wahlergebnisse 2009 (in Klammern die Ergebnisse des Sprengels Sanem, zu dem Junckers Heimatort Belvaux zählt): CSV 38,04 (34,58) Prozent; LSAP 21,56 (27,50) Prozent; DP 14,98 (9,48) Prozent; Grüne 11,71 (11,51) Prozent; ADR 8,13 (8,59) Prozent; Linke 3,29 (4,03) Prozent; KPL 1,47 (2,49) Prozent. – http://www.elections.public.lu/ (11.07.2014).

293 Jean-Claude Juncker, Hearing in der sozialdemokratischen Fraktion des Europäischen Parlaments, 8. Juli 2014.

294 Das Gespräch mit Juncker fand am 10. März 2014 in Luxemburg statt.

295 Cerstin Gammelin, Raimund Löw, Europas Drahtzieher. Wer in Brüssel wirklich regiert. Econ-Verlag, Berlin 2014, S. 62.

296 Das Geld, das in die Rettung der Bank gepumpt wird, stammt aus dem Rettungsfonds, aus der Restsumme der 78 Milliarden, die Lissabon drei Jahre zuvor von den internationalen Geldgebern (EU-Kommission, EZB, IWF) zugesichert bekam, aber nicht vollständig aufgebraucht hat. Denn die Wirtschaft erholt sich schneller, und Portugal hat am 17. Mai 2014 den Rettungsschirm der EU verlassen und auf die letzte Tranche der Hilfe verzichtet.

297 APA, 4. August 2014.

298 Deutsche Wirtschaftsnachrichten, 18. Juni 2014.

299 Spiegel online, 9. Mai 2011.

300 Frankfurter Allgemeine Zeitung, 10. Mai 2011.

301 Le Monde, 31. März 2012.

302 Der Standard, 2. April 2012.

303 APA, 3. April 2012.

304 DPA, 26. Mai 2008.

305 Ebd.

306 Der Spiegel, 6. August 2012.

307 Jean-Claude Juncker, Pressekonferenz, Brüssel, 25. Oktober 2013.

308 Wahlergebnisse 2013 (in Klammern die Ergebnisse des Sprengels Sanem, zu dem Junckers Heimatort Belvaux zählt): CSV 33,68 (31,19) Prozent; LSAP 20,28 (26,12) Prozent; Die Grünen 10,13 (9,85) Prozent; ADR 6,64 (7,31) Prozent; DP 18,25 (11,52) Prozent; Die Linken 4,94 (6,65) Prozent; Piratenpartei 2,94 (3,19) Prozent; KPL 1,64 (2,78) Prozent. – http://www.elections.public.lu/ (11.07.2014).

309 Juncker spricht im Herbst 2013 aus, was bei der EU-Wahl am 25. Mai 2014 als Faktum feststeht: Europa-Ablehnung und Europa-Skepsis nehmen zu.

310 Regulär hätte die Parlamentswahl zur Bestimmung der 60 Abgeordneten erst im Mai 2014 stattgefunden.

311 DPA, 10. Juli 2013.

312 Vor den Wahlen 2009 sprachen in den Umfragen 68 Prozent der Luxemburger Juncker ihr Vertrauen aus; 2013 waren es 47 Prozent. – DPA, 18. Oktober 2013.

313 Le Monde, 20. Dezember 2013.

314 Martin Schulz wird offiziell bei einem Parteitag der Europäischen Sozialdemokraten am 1. März 2014 in Rom zum Spitzenkandidaten gekürt; er hat keinen Gegenkandidaten. Seine Wahl zum Spitzenkandidaten der Sozialdemokraten ist ein Formalakt, die Partei hat sich schon Ende 2013 auf Schulz festgelegt.

315 Der Spiegel, 30. Dezember 2013.

316 DPA, 29. Dezember 2013.

317 Juncker in einem Interview mit dem deutschen Radiosender RBB am 9. Januar 2014.

318 Die niederländische Fernsehsendung „Knevel & Van den Brink“ mit den Äußerungen Dijsselbloems wurde am 6. Januar 2014 ausgestrahlt.

319 Luxemburger Wort, 8. Januar 2014.

320 ANP, 25. Juni 2014.

321 Le Figaro, 14. Januar 2014.

322 Dombrovskis tritt Ende November 2013 als Regierungschef Lettlands zurück. Er übernimmt damit die Verantwortung für die Supermarkt-Katastrophe in Riga. Beim Einsturz eines Supermarkt-Gebäudes wegen Baumängeln waren kurz davor 54 Menschen ums Leben gekommen.

323 Financial Times, 3. Februar 2014.

324 Der französische Sozialist war von 1985 bis Ende 1994 Kommissionspräsident.

325 APA, 7. März 2014.

326 Ebd.

327 Jean-Claude Juncker, Gespräch mit der Autorin, 7. Mai 2014, Wien.

328 Rainer Maria Rilke, Kommentierte Ausgabe in vier Bänden. Hg. v. Manfred Engel et al. Frankfurt/M. – Leipzig: Insel 1996. Bd. 1: Gedichte 1895–1910, S. 469.

329 Rein rechnerisch sind für eine qualifizierte Mehrheit im Rat mindestens 260 von 352 Stimmen und mindestens 15 EU-Staaten erforderlich. Die EU-Staaten haben bei ihrer Abstimmung je nach ihrer Größe unterschiedlich viele Stimmen – Deutschland, Frankreich, Großbritannien und Italien haben jeweils 29 Stimmen. Ungarn hat zwölf Stimmen, Österreich zehn. Auf Wunsch kann ein Land sogar beantragen, dass bei einer Abstimmung mindestens 62 Prozent der EU-Bevölkerung repräsentiert sein müssen. Dieses Prinzip der doppelten Mehrheit stellt einen zusätzlichen Sicherheitsmechanismus dar, der ein Land vor Verletzung wichtiger nationaler Interessen schützen soll. Bisher kam dieses Prinzip aber noch nie zur Anwendung.

330 Kurier, 29. Mai 2014.

331 Ebd.

332 Der Spiegel, 2. Juni 2014.

333 David Cameron, Gastbeitrag in der Süddeutschen Zeitung, 12. Juni 2014.

334 Süddeutsche Zeitung, 6. Juni 2014.

335 Die zitierten britischen Medien erschienen in der Woche vom 1. bis 7. Juni 2014.

336 Süddeutsche Zeitung, 10. Juni 2014.

337 De Standaard, 10. Juni 2014.

338 Der Stabilitäts- und Wachstumspakt (1997) besagt, dass die gesamten Schulden eines Staates nicht höher als 60 Prozent seines Bruttoinlandsprodukts (BIP) sein dürfen. Für das jährliche Defizit im Haushalt liegt die Obergrenze bei drei Prozent des BIP. Für den Fall von Verstößen wurden Defizitverfahren mit Fristen für die Behebung der Vergehen und die Möglichkeit von Sanktionen beschlossen. Die Regeln wurden zuletzt 2005 geändert – sie wurden auf Bestreben der damaligen Defizitsünder Deutschland und Frankreich aufgeweicht.

339 AFP, 23. Juni 2014.

340 Reuters, 25. Juni 2014.

341 DPA, 27. Juni 2014.

342 The Independent, 28. Juni 2014.

343 De Telegraaf, 28. Juni 2014.

344 La Croix, 28. Juni 2014.

345 Stuttgarter Zeitung, 28. Juni 2014.

346 Neue Zürcher Zeitung, 28. Juni 2014.

347 Schlusserklärung des Europäischen Rates, 27. Juni 2014.

348 Presseaussendung, 27. Juni 2014.

349 APA, 27. Juni 2014.

350 Presseaussendung der sozialdemokratischen Fraktion, 8. Juli 2014.

351 Europäische Volkspartei, Sozialdemokraten, Liberale, EU-kritische Fraktion der „Europäischen Konservativen und Reformisten“, Europäische Linke, Grüne, EU-kritische Fraktion „Europa der Freiheit und der Demokratie“.

352 Presseaussendung der sozialdemokratischen Fraktion, 8. Juli 2014.

353 AFP, 15. Juli 2014. – Zu diesem Zeitpunkt waren die harten Wirtschaftssanktionen der Stufe 3 gegenüber Russland wegen der Ukraine-Krise noch nicht beschlossen.

354 Jean-Claude Juncker, „Europa wird erwachsen“, Rede am 29. April 2003, Düsseldorf.

355 Jean Claude Juncker, Gespräch mit der Autorin, 2. September 2004, Luxemburg.

356 Jean-Claude Juncker, Rede im Europäischen Parlament, 15. Juli 2014.

357 Jean-Claude Juncker, „Europa auf dem Sprung", Rede am 11. März 2003, Bonn.

358 Frankfurter Allgemeine Zeigung, 19. Juli 2014.

359 Süddeutsche Zeitung, 18. Juli 2014.

360 Ebd.

361 Die Welt, 18. Juli 2014.

362 Matteo Renzi, Rede aus Anlass der Übernahme der EU-Präsidentschaft durch Italien, 2. Juli 2014, Straßburg.

363 De Telegraaf, 17. Juli 2014.

364 DPA, 17. Juli 2014.

365 Ebd.

366 International New York Times, 22. Juli 2014.

367 Jean-Claude Juncker, Interview, Kurier, 24. August 2014.

368 Ebd.

369 Ebd.

370 Ebd.

371 Ebd.

372 Juncker bei seiner Pressekonferenz am 10. September 2014 in Brüssel.

373 Jean-Claude Juncker, Gespräch mit der Autorin, 10. März 2014.